Corrado Augias

DIE GEHEIMNISSE ITALIENS

Roman einer Nation

Aus dem Italienischen von
Sabine Heymann

C.H.Beck

Titel der italienischen Originalausgabe:
«I segreti d'Italia.
Storie, luoghi, personaggi nel romanzo di una nazione»

Die deutsche Ausgabe erschien zuerst 2014
in gebundener Form im Verlag C.H.Beck.

Mit 16 Abbildungen

1. Auflage in C.H.Beck Paperback 2015

Für die deutsche Ausgabe:

Satz, Druck u. Bindung: Druckerei C.H.Beck, Nördlingen
Umschlaggestaltung: Geviert, Grafik & Typografie, Christian Otto
Umschlagabbildung: © shutterstock/Malgorzata Kistryn
Autorenfoto: © laif
Gedruckt auf säurefreiem, altersbeständigem Papier
(hergestellt aus chlorfrei gebleichtem Zellstoff)
Printed in Germany
ISBN 978 3 406 68147 9

www.beck.de

INHALT

AN DIE DEUTSCHEN LESER

Dieses Buch ist eher eine Erzählung als ein historischer Essay. Eine Reise durch den Raum und die Zeit – und durch die Literatur, die Raum und Zeit manchmal besser zu erkennen vermag als die Historiker. Es ist auch eine Verbeugung vor dem berühmtesten Ausländer, der die italienische Halbinsel bereist hat, Johann Wolfgang von Goethe, der mit seiner «Italienischen Reise» Maßstäbe gesetzt hat. Er war einer der ersten, die – für immer – einige der Wesenszüge unseres Landes und seiner Bewohner festgehalten haben.

Zu den Prämissen dieses Buches gehört auch Benedetto Croce, der idealistische Philosoph, Freund und Kollege Karl Vosslers, des großen Philologen und Italienkenners, Übersetzers der *Divina Commedia*. Croce hat auf die Frage, was denn der Charakter eines Volkes sei, geantwortet: «Der Charakter eines Volkes ist seine Geschichte, seine ganze Geschichte.»

Urteile über Italien (und seine Bewohner) zu fällen ist leicht. Alle Vorzüge, alle Fehler des Landes liegen offen zutage, und im Übrigen tun auch die Italiener selbst nichts, um sie zu vertuschen. Das gilt vor allem für die Fehler. Man vergleiche nur, welch breiter Raum der Berichterstattung über Politskandale in den italienischen Zeitungen eingeräumt wird und welch viel geringerer etwa in der französischen oder deutschen Presse.

Hinter den Vorzügen, hinter den Fehlern aber steht die Geschichte, die zu ergründen zum gegenseitigen Verständnis beitragen kann. Unsere Reise durch Italien erzählt von Ereignissen, Personen, dramatischen Momenten, die erlebt und nicht selten erlitten wurden, von dem immensen und permanenten Aufruhr, der die Geschichte der Halbinsel seit den Zeiten des Römischen Reiches geprägt hat. Es soll hier darum gehen, das Italien der Vergangenheit und das der Gegenwart verstehen zu lernen, angefangen bei den Problemen, die aus seiner prekären Geografie erwachsen sind: ein zu langes, zu schmales Land, in dem die Kommunikation immer problematisch gewesen ist und in dem sich Hunderte von Kulturen und Völkern vermischt haben.

Ich schulde Sabine Heymann großen Dank und große Anerkennung. Sie hat sich nicht darauf beschränkt, das Buch zu übersetzen, sondern den Originaltext, wo es notwendig erschien, mit Scharfsinn und Respekt ergänzt, um dem deutschen Leser ein besseres Verständnis und damit auch ein größeres Vergnügen bei der Lektüre dieses «italienischen Romans» zu ermöglichen.

Meine Hoffnung ist, dass dieses Buch für den Leser in vieler Hinsicht eine echte Entdeckungsreise wird und dazu beiträgt, Marcel Prousts Empfehlung umzusetzen, das bereiste Land «mit neuen Augen zu sehen».

Rom, im Juli 2013 *Corrado Augias*

DIE ITALIENER, GIBT ES SIE ÜBERHAUPT?

Eine Art Vorwort

Ich möchte mit einem Ereignis beginnen, das einen tiefen Eindruck bei mir hinterlassen hat und seine Bedeutung bis heute bewahrt. Eine entfernte Erinnerung, die sich in meinem Gedächtnis aber mit einer Klarheit eingeprägt hat, wie es nur Erlebnissen aus frühester Jugend vorbehalten ist, insbesondere dann, wenn sie sich in einem historischen Moment zugetragen haben. Die Villa Celimontana[1] in Rom ist zwar ein wunderschöner Ort, aber nicht gerade eine Touristenattraktion. Die Anlage mit dem Palazzo Mattei ist zu Unrecht viel weniger berühmt als die Villa Borghese oder der Gianicolo, denn der Park mit den von römischen Ruinen gesäumten Wegen, den Wäldchen, dem kleinen versteckten Obelisken, der Renaissance-Palazzina, in der heute die Italienische Geografische Gesellschaft ihren Sitz hat, mit der Fassade direkt gegenüber den gewaltigen Ruinen der Caracalla-Thermen – all dies macht die Villa Celimontana zu einem der zauberhaftesten Ensembles, die die Stadt jedem zu bieten hat, der sie aufzuspüren weiß. Es ist einer der in Rom gar nicht so seltenen Orte, an denen neoklassische und romantische Stilelemente ineinander übergehen und kaum noch zu unterscheiden sind.

Die Villa erhebt sich, wie schon der Name sagt, auf dem Gipfel des Caelius, einem der sieben Hügel Roms. Einst von Weingütern bedeckt, verwandelte ihn die Familie Mattei im 16. Jahrhundert in eine Oase aus Gärten und ländlicher Idylle. Der Haupteingang grenzt an die Basilika Santa Maria in Domnica (auch: Santa Maria alla Navicella), eine der alten frühchristlichen Basiliken, die so viel schöner sind als die barocken Prachtkirchen, die später das Stadtbild dominieren sollten. Ich kann einen Besuch dort nur empfehlen.

Im Juni 1944 hatten die Amerikaner die Villa Celimontana besetzt und dort eines ihrer Lager aufgeschlagen. Sie thront am oberen Ende der abschüssigen Via Navicella und ist von einer robusten Backsteinmauer umgeben, die das Straßenbild bestimmt. Dass sie zum Quartier der Truppe auserkoren wurde, lag also nahe: Hinter der Mauer befanden sich Zelte, Baracken, die unvermeidliche Fahnenstange mit dem Stars-and-Stripes-Banner, Trompetensignale und alles, was zu einem Militärlager gehört. Diese Flagge war übrigens die erste, die ich auf Halbmast wehen sah. Meine Mutter erklärte mir, warum: «Der amerikanische Präsident ist gestorben», sagte sie. Es muss also im April 1945 gewesen sein. Am 12. des Monats war Franklin Delano Roosevelt gestorben, der Mann, der sein Land durch den endlosen Krieg geführt hatte.

Das Ereignis aber, dessen Erinnerung ich heraufbeschwören möchte, liegt noch weiter zurück und ist von ganz anderer Art. Es war an einem weder besonders kalten noch besonders warmen Sonntag, vermutlich im Herbst 1944, als die Stadt nach dem Ende der deutschen Besetzung wieder zu leben versuchte. An der Hand meiner Mutter ging ich nach dem Besuch bei einer Freundin nach Hause. Über die Mauer der Villa Celimontana gelehnt sah ich eine Gruppe amerikanischer Soldaten in Feierlaune, in ihren schönen Uniformen mit den scharfen Falten, die das Bügeleisen auf den Hemden hinterlassen hatte. Ich war an den Anblick unserer Infanteristen gewöhnt, mit ihren ausgebeulten Hosen, deren Bügelfalten meist plattgedrückt waren, mit ihren Uniformen aus unnötig schwerem, grobem Tuch. Diese frisch gebügelten Hemden, die chicen Gürtel aus solidem Khaki-Geflecht, der Duft von Seife, Tabak, Brillantine, das alles kam mir vor wie der Gipfel der Eleganz, ja: echten Reichtums. Wie sie von da oben auf uns herabsahen, schienen sich diese Soldaten köstlich zu amüsieren. Sie warfen Zigaretten auf die Straße, die sie einzeln aus der Packung zogen. Eine Zigarette, noch eine Zigarette, ohne Hast, zwischen einem Zug und dem nächsten. Zu Füßen der Mauer eine dichtes Knäuel italienischer Jugendlicher, die bei jedem Wurf laut aufschrien und sich, die anderen beiseite stoßend, genau dahin stürzten, wo die

Zigarette am Boden landen musste. Ein bisschen Spiel, ein bisschen Wettstreit, ein bisschen Gerangel, Tumult. Meine Mutter zerrte mich weg und beeilte sich, auf die andere Straßenseite zu kommen, und wahrscheinlich blickte ich mich um, weil ich das Spektakel sehen wollte – um es dann in einem Schlupfwinkel der Erinnerung lange Zeit zu vergessen.

Viele Jahre später, wieder an einem Sonntag, ging ich mit meiner Tochter in den Zoo. Vor einem der Käfige warfen die Besucher, auch sie in sehr ausgelassener Stimmung, mit Nüssen nach den Affen. Die Analogie der Bewegungen ließ die weit zurückliegende Erinnerung wieder hochkommen. Nicht dass ich die armen jugendlichen Römer von 1944 auch nur im Entferntesten mit den Affen vergleichen will. Die Erinnerung kam hoch, weil den Verhaltensweisen eine ähnliche Rollenverteilung zugrunde lag: eine Mischung aus Spaß und Komplizenschaft, Spiel und Wettstreit, auf der einen wie der anderen Seite.

Wiederum viele Jahre später, als ich über die Geschichte Roms arbeitete, bin ich über Vergils hinreißende Verse aus dem 6. Buch der *Aeneis* gestolpert. Aeneas hat den Schatten seines Vaters getroffen und vergeblich versucht, ihn zu umarmen. Anchises erklärt ihm die Theorie der Zyklen, auf der das Universum beruht, und prophezeit die großen Männer, die von ihm abstammen werden. Er fügt hinzu, dass andere Völker durch Künste und Wissenschaften Ruhm erlangen, die Römer dagegen die Welt dank der Weisheit der Gesetze regieren werden: «*Tu regere imperio populos, Romane, memento (hae tibi erunt artes) pacique imponere morem, parcere subiectis et debellare superbos*» – «Du aber, Römer, bedenke, dass du mit deiner Macht die Völker lenken sollst! Darin wird deine Kunstfertigkeit bestehen. Und in den Frieden sollst du Gesittung pflanzen, schonen die Unterlegenen und die Anmaßenden mit Krieg überziehen.»[2]

Natürlich haben die Amerikaner uns geschont nach dem unsinnigen Krieg, der ihnen durch Mussolini im Dezember 1941 in einem Moment von Leichtsinn und geistiger Umnachtung erklärt worden war. In meiner Erinnerung aber hatten diese unbekümmerten Soldaten, die sich langweilten, weil sie den Sonntag im Lager verbringen mussten statt in ihren frisch gebügelten Hemden auf der Jagd nach schönen Mädchen durch die Stadt zu ziehen, eine wohl unbewusste Art gefunden, mit ein paar Zigaretten klarzumachen, wer hier den

Krieg gewonnen und wer ihn verloren hatte – trotz der uneindeutigen Position als «Alliierte» der letzten Stunde.

Parcere subiectis, die Unterlegenen schonen, gewiss, aber mit den *subiecti* kann man ruhig auch ein bisschen Spaß haben.

«Geheimnis» ist ein großes Wort, noch dazu, wenn es sich um die «Geheimnisse Italiens» handelt, mit allem, was sich über die Jahrhunderte in diesem Land ereignet hat. Eine Bibliothek würde nicht ausreichen, sie alle zu erzählen, wenn man bedenkt, dass allein von den hundert Rätseln des 20. Jahrhunderts fast alle ungelöst geblieben sind. In unserem Falle muss das Wort «Geheimnis» jedoch eines Teils seiner Emphase entledigt und in seiner Dimension reduziert werden. Aus den unzähligen Geheimnissen der Geschichte Italiens aber kann man sich eines aussuchen, das Geheimnis aller Geheimnisse, und das lässt sich schlicht so zusammenfassen: Warum sind die Dinge so gelaufen, wie sie gelaufen sind? Warum gibt es in der Geschichte dieser Halbinsel eine so ungewöhnliche Häufung von Irrungen und Wirrungen, Leidenschaften, Katastrophen und verpassten Gelegenheiten? Und warum hat gleichzeitig ausgerechnet dieser schmale Landstreifen, der wie hingeworfen ins Mittelmeer hineinragt und eine gefährliche, problematische Nahtstelle zwischen Balkan, Nordafrika und Europa bildet, eine so große Zahl an Genies hervorgebracht? Was ist so besonders an Italien, dass es, so lange man denken kann, in einem außergewöhnlichen Maße das Interesse der Ausländer auf sich zog, mal schwärmerisch, mal feindselig, mal verächtlich? Mit anderen Worten, aus welchem Grund ist dieser «Roman einer Nation» so abenteuerlich und kontrovers? In der internationalen Wertschätzung ist der Kurswert Italiens ähnlichen Schwankungen unterworfen wie die Börsenkurse in schwierigen Zeiten: Er kann sehr hoch steigen, aber auch sehr tief fallen.

Für diese Schwankungen sind an allererster Stelle die Italiener selbst verantwortlich, die sich über ihre Rolle nicht ganz im Klaren sind. Wer sind die Italiener? Die Emigranten, die in fernen Ländern mit einem Sack voller Lumpen auf dem Buckel an Land gingen? Die armen Schlucker, die sich für ein paar Groschen zu den niedrigsten und gefährlichsten Arbeiten verdingten? Oder die brillanten Architekten, die großen Stilisten, die überragenden Künstler, denen die Bewunderung der ganzen Welt zuteil wurde? Es gibt – zumindest in Europa – kein zweites Volk, das sich in solchen Extremen bewegt hat. Das ist unser eigentliches Geheimnis, das (fast) alle übrigen Geheimnisse einschließt. Gibt es eine Methode, mit der man zumindest versuchen kann, ihm auf den Grund zu gehen?

Italien ist ein Land, das aus Städten besteht. Großen und kleinen, ruhmreichen und berüchtigten, die aber alle unsere Aufmerksamkeit verdienen, vor allem wegen der geballten Ladung an Vergangenheit, die sie bewahren; manch einer spricht sogar von einem Übermaß an Vergangenheit. Wenn man Frankreich Paris wegnimmt und Großbritannien London, bleibt nicht allzu viel übrig. Wenn man Italien dagegen Rom wegnimmt, bleibt noch ziemlich viel. Deshalb sind in diesem Roman einer ganzen Nation die hundert Romane ihrer hundert Städte enthalten, Romane nicht nur als Metapher, sondern im eigentlichen Sinne, also die durch Geschichten und Figuren der Literatur erzählten Geschichten.

Dieses Buch beginnt mit den Italienern, von außen besehen: mit den Augen der ausländischen Reisenden. Gleich darauf werden die Italiener von innen besehen: durch die Brille zweier Ausnahme-Bücher, Romane, deren Helden das kollektive Bewusstsein der Italiener nachhaltig geprägt haben. Sind das Geschichtsbücher? Im engeren Sinne nicht; vielleicht sind sie aber noch wichtiger, denn die Romanfiguren sind Archetypen der Italiener, deren Nachfahren sich bis in unsere Tage unter uns tummeln, man kann ihnen jeden Tag irgendwo begegnen, im Bus oder in den Zeitungsnachrichten.

Über Rom und Mailand, die beiden Hauptstädte, ist viel geschrieben worden. Es ist also nicht ganz einfach, einen Zugang zu finden, der nicht bereits ausführlich unter die Lupe genommen wurde. Aber nicht unmöglich. Die großen Städte sind riesige Geschichten-Archive, Orte, wo selbst die Mauern sprechen. Über Rom wird Giacomo Leopardi erzählen. Wie er diese Stadt sah, als er dort auf dem weitläufigen, heruntergekommenen Anwesen der Verwandtschaft seiner Mutter zu

Gast war, in den traurigen Jahren der Restauration, als das Papsttum nach den Revolutionen am Ende des 18. Jahrhunderts gerade wieder Atem geschöpft hatte und ein Dichter wie Giuseppe Gioachino Belli, der große Spötter und Lästerer, sich als päpstlicher Zensor verdingen musste, um sein Leben zu fristen. Mailand dagegen wird uns aus einer Perspektive gezeigt, die marginal erscheinen mag, es aber nicht ist, in einer Momentaufnahme der Zeit direkt nach 1945, als es die Mailänder und ganz allgemein die Italiener schafften, aus Trauer und Ruinen heraus einen Boom in Gang zu setzen, der die Physiognomie Italiens grundlegend verändern sollte – und ein wenig auch den Charakter des Landes. Die Energie, die Visionen dieser Jahre wirken im Lichte der dumpfen Mittelmäßigkeit, der Kurzsichtigkeit und Resignation zu Beginn dieses 21. Jahrhunderts schier unglaublich. Es hat sie aber gegeben, sowohl die Energie als auch die Visionen. Mit verschlissenen Kleidern am Leib und abgemagert bis auf die Knochen ist es den Italienern gelungen, alles gleichzeitig wiederaufzubauen: die Häuser, die Fabriken, die Kultur und die Zivilgesellschaft mit dem Wunder der Verfassung.

Dann ist da das weite, ganz Unteritalien umfassende Gebiet, das einmal Königreich beider Sizilien hieß, bis zur Einigung Italiens der größte und zugleich ärmste Teilstaat, aus dem nach 1861 der Mezzogiorno wurde. In dem Kapitel über den Süden stößt der Leser möglicherweise auf einige echte Überraschungen. Wenn er zum Beispiel die Berichte und Ergebnisse der parlamentarischen Untersuchungen kurz nach der Einheit Italiens liest, als die in den Süden versetzten Piemonteser Beamten und Funktionäre unverhohlen ihre Besorgnis darüber zum Ausdruck brachten, welcher Einsatz und welcher Aufwand an Ressourcen erforderlich wären, um die katastrophalen Zustände in der Region zu beheben – ein Fass ohne Boden. Im Jahre 2011 sind anlässlich der 150-Jahr-Feier der nationalen Einheit Italiens einige Publikationen erschienen, die die Geschichte des Risorgimento aus der Perspektive des Südens neu erzählt haben. Diesen *sudisti* zufolge haben die Piemonteser den Mezzogiorno Italiens kolonisiert und ausgeplündert und damit zur Unterentwicklung verdammt. Das ist aus der Luft gegriffen, kann aber als Symptom für die politische Stimmung im Land gelten. Unter anderem wird von den *sudisti* behauptet, die Piemonteser hätten den gewaltigen, in den Banken Süditaliens gelagerten Staatsschatz des Königreichs beider Sizilien geraubt und in den Norden verbracht. Ernstzunehmende historische Quellen belegen oder erwähnen das nicht. Wenn die Geschichte stimmt, ist das natürlich ein äußerst schwerwiegender Tatbestand. Ich füge aber hinzu, dass die Bourbonen, selbst wenn die Geschichte nicht stimmt, deshalb nicht etwa entlastet sind. Denn über einen gewaltigen Staatsschatz zu verfügen und ihn im Tresor zu lassen, wäre angesichts des Elends und der miserablen Lebensbedingungen der Bevölkerung des Mezzogiorno bei Garibaldis Ankunft – es herrschte eine unvorstellbare Armut bei einer Analphabetenquote von 87 Prozent – sicher nicht weniger gravierend als eine Überführung dieser Ressourcen nach Turin.

Nehmen wir eine Stadt wie Parma, die man aufgrund ihrer geografischen Lage, des Einkommens ihrer Bewohner, der Qualität ihrer Produkte mit Fug und Recht eigentlich als vom Glück verwöhnt bezeichnen kann. Stattdessen ist sie auf obskure Weise korrumpiert durch die beinahe irrsinnigen Vorkommnisse der letzten Jahre. Parmalat, einer der größten Lebensmittelkonzerne Europas (Milch und Milchprodukte), vom eigenen Gründer und Eigentümer um Hunderte von Millionen Euro betrogen; eine skandalös unfähige Stadtverwaltung mit einem Lackaffen an der Spitze, dessen Leichtfertigkeit schon an Gewissenlosigkeit grenzt – inzwischen steht er unter Hausarrest, die Staatsanwaltschaft ermittelt wegen Veruntreuung öffentlicher Gelder und Korruption. Eine gewisse Tendenz zum Wahnsinn bleibt in diesem Falle nicht auf ein einzelnes Individuum und einige seiner Familienangehörigen beschränkt, denn immerhin wurde er von einer ausreichend großen Anzahl von Bürgern zum Bürgermeister gewählt. Als Reaktion darauf folgte eine Stadtverwaltung, die man vielleicht als innovativ bezeichnen könnte, die vielleicht aber auch nur exzentrisch ist.[3] Und doch hat Parma in der Vergangenheit Persönlichkeiten und Geschehnisse vorzuweisen, die aus der Stadt einen der faszinierendsten kleinen Höfe Europas gemacht haben, einen mythischen Ort des Geistes, was Stendhal erkannt hatte, als er in seinem Roman *Die Kartause von Parma* mit Fabrizio del Dongo einen der Protagonisten der Weltliteratur schuf. Wieder einmal sind es Bücher von solchem Niveau, die uns das Porträt einer idealisierten Stadt liefern.

Die Art und Weise, wie die Republik Venedig, *La Serenissima Repubblica di San Marco,* unterging, ist von schmerzhaft exemplarischem Charakter. Unter dem Eindruck der aktuellen Situation könnte man in einem Anfall von Pessimismus versucht sein, darin ein Modell für die gesamte wechselvolle Geschichte Italiens zu sehen: die Unfähigkeit, die Egoismen des Kastendenkens zu überwinden, den engen Horizont des unmittelbaren Eigeninteresses, der selbst in den Momenten der schlimmsten Krise nicht aufgebrochen und erweitert wurde. Die einstige Seehandelsmetropole war nach dem militärischen und ökonomischen Niedergang für Napoleon während seines Italienfeldzugs eine leichte Beute. Kampflos wurde sie von ihm den Österreichern überlassen in einem Kuhhandel, auf dessen Aktivseite nichts als die Gründung der Cisalpinischen Republik stand. Möglicherweise lag diesem Tauschgeschäft Weitsicht zugrunde, womit es zu einer Art Präambel für die spätere Einheit Italiens würde – und dies wäre nicht der schlechteste Aspekt. Der schlechteste aber ist die Art und Weise, wie diese Abtretung, oder der Verrat, erfolgte: der Doge verängstigt, die Stadtaristokratie rückgratlos, das Volk ohnmächtig. Hinzu kamen die widersprüchlichen Befehle, die Untätigkeit, die Flucht – typisch auch für andere Momente der italienischen Geschichte. Zum Beispiel der 24. Oktober 1917, Beginn der Schlacht von Caporetto, der letzten von zwölf blutigen Auseinandersetzungen zwischen Italien und Österreich-Ungarn im Ersten Weltkrieg (die sogenannten Isonzoschlachten), die mit der schlimmsten Niederlage endete, die Italien jemals hinzunehmen hatte. «Caporetto» bedeutet deshalb im italienischen Sprachgebrauch heute das, was «Waterloo» im Deutschen ist: ein Synonym für vernichtende Niederlage.[4] Oder der 8. September 1943, als Mussolinis Nachfolger im Amt des Ministerpräsidenten, Pietro Badoglio, einen einseitigen Waffenstillstand mit den Alliierten schloss und Italien aus dem Krieg ausstieg, mit der Folge, dass die deutschen Truppen das Land besetzten. Ippolito Nievos großer Roman *Le confessioni di un italiano (Die Bekenntnisse eines Italieners)*[5] über die Katastrophe von Venedig ist sehr aufschlussreich; mit erschreckender Präzision leuchtet er die historische und die menschliche Dimension des Desasters aus.

Bei Palermo ist der Diskurs ein anderer. Jede italienische Stadt hat ihre ganz eigene Geschichte, und die Geschichte Palermos ist von dem Meer bestimmt, an dem es liegt – und das ist nicht nur räumlich Welten entfernt von der nördlichen Adria. Ich spreche nicht so sehr über das Palermo der Mafia und der Attentate, von denen die Titelseiten der Zeitungen voll sind. Mein eigentliches Interesse richtet sich auf die alte Geschichte der Stadt, die mit den Römern und Griechen beginnt und den Arabern, den Normannen, den Anjouern, den Bourbonen und schließlich den Piemontesern weitergeht – und ihre Gegenwart vorwegnimmt. Ich meine ihre sprichwörtlich gewordene *vena di follia,* den «Wahnsinn», der ihr «im Blut» steckt, den man dort immer wieder findet, angefangen bei den Aristokraten in ihren pompösen, baufälligen Residenzen, die ihr Vermögen beim Spiel oder mit Tänzerinnen und Chansonetten, den *demi-mondaines,* durchbrachten und die launenhaft waren wie Kinder. Der «Wahnsinn» übertrifft hier jede individuelle Dimension, er findet seine Erklärung einzig in jener *corda pazza,* der «verrückten Uhrfeder» oder der «verrückten Saite» der Sizilianer, über die von Pirandello bis Sciascia so viele Schriftsteller und Intellektuelle geschrieben haben.[6]

Palermo ist eine von düsterer, pathetischer oder, wenn man so will, zügelloser Religiosität durchdrungene Stadt, mit Traditionen, die schon so lange bewahrt und überliefert werden, dass sie zu einem Teil der kollektiven Identität geworden sind, sich in eine Art zweite Natur verwandelt haben. Ernst Bloch spricht von Ländern mit einem «Überschuss an Vergangenheit». Über das hinaus, was von der Vergangenheit vergangen sei, gebe es da noch «jenen unabgegoltenen Überschuß an Zukunft in der Vergangenheit», schreibt Bloch.[7] Dabei dachte er gewiss nicht an Palermo, doch kann man seine Aussage gut auf die sizilianische Hauptstadt anwenden, so sehr ist dieser Überschuss an Vergangenheit in der Stadt mit Händen zu greifen.

Aus den zahlreichen Quellen zu Art und Umfang der (geheimen) historischen Verflechtungen zwischen den Städten der Halbinsel möchte ich an dieser Stelle nur eine Episode herausgreifen: Als der große Kaiser Friedrich II. («*stupor mundi*» – «Staunen der Welt») 1248 in Parma eine entscheidende Schlacht verlor, bemächtigten sich die Einwohner seines Harems, der ihm überallhin gefolgt war, und teilten alle 300 Konkubinen unter sich auf. Die Konkubinen des Kaisers, die aus ganz Europa nach Palermo gekommen waren, endeten also in Parma.[8]

Die oben zitierten Verse Vergils verweisen auf die Methode, mit der die Geschichten dieses Buches erzählt werden. Immer wieder habe ich die Geschichte, die sich real ereignet hat, mit den Geschichten aus der Literatur vermischt. Der Literatur gelingt es nämlich, auch wenn sie aus Phantasie gewebt ist, die Realität zu potenzieren, und das ist ihre Stärke. Attilio Brilli, der große Reiseliteratur-Experte, hat in seinem Buch *In viaggio con Leopardi* (Reise mit Leopardi) bemerkt, die Seite eines Buches könne ein Instrument sein, mit dem man sich auch durch die Zeit bewegt:

> [Die] Seite eines Buches kann für uns Reisende durch eine gleichförmige Welt, in der die Unterschiede auf Null reduziert sind, zum besten Reisepass werden. Einen Ort zu besuchen wird dann also bedeuten, sich jenseits des Augenscheins, des Selbstverständlichen zu begeben, um das Echo der Erinnerungen zu hören, die sich dort verdichtet haben, ihn also mit unseren Augen zu betrachten und gleichzeitig mit den entfernten Blicken derer, die uns vor langer Zeit zuvorgekommen sind, mit ihren Vorlieben, ihrem Geschmack, in einem faszinierenden Spiel von Verdoppelungen und Rekompositionen.[9]

Der Name Giacomo Leopardis fällt hier nicht von ungefähr, wie man im Kapitel über Rom gut sehen wird. Der Dichter, so kränklich er auch war, reiste viel, ließ sich tagelang auf scheußlichen Straßen in extrem unbequemen Karossen durchrütteln. Auf all seinen Wegen begleitete ihn eine Unzufriedenheit, gegen die er nur eine einzige Arznei kannte. Am 23. Juli 1827 schreibt er:

> Da ich öfters meinen Aufenthaltsort gewechselt habe und dort länger, hier kürzer, Monate oder Jahre, verweilt habe, ist mir aufgefallen, dass ich mich niemals zufrieden, nie in meinem Element, nirgendwo heimisch fühlte, mochte der Ort auch vorzüglich sein, solange ich nicht bestimmte Erinnerungen mit diesem Orte verknüpfen konnte – mit den Räumen, die ich bewohnte, mit den Gassen, mit den Häusern, in denen ich verkehrte; und diese Erinnerungen bestanden nur darin, sagen zu können, hier war ich vor so langer Zeit; hier tat, sah, hörte ich dies vor so vielen Monaten – etwas, das sonst ohne jede Bedeutung sein mochte; doch die Erinnerung, das Mich-entsinnen-Können machte es mir wichtig und lieb.[10]

Die «Erinnerungen» als Raster, das er braucht, um sich nicht in einer unkontrollierbaren Dimension zu verlieren – Erinnerungen und Phantasien, die er «Vorspiegelungen» oder «Illusionen» nennt. 1828, im Alter von dreißig Jahren, notierte er im *Zibaldone* (etwa: Sammelsurium) den folgenden Gedanken:

> Für einen mit Empfindungs- und Vorstellungskraft begabten Menschen, der – wie ich während langer Zeit – auch beständig in seinen Empfindungen und Vorstellungen lebt, ist die Welt, sind die Gegenstände gewissermaßen doppelt. Mit den Augen sieht er einen Turm, eine Landschaft; mit den Ohren hört er den Klang einer Glocke; und gleichzeitig sieht er in seiner Vorstellung einen anderen Turm, eine andere Landschaft und hört einen anderen Klang. In dieser zweiten Ordnung der Dinge liegt all ihre Schönheit und Annehmlichkeit.[11]

In diesem Sinne hilft die Phantasie, die Realität besser zu erkennen, und sie kann Geschichte gewinnbringend in einen Roman verwandeln, nicht um die Ideen durcheinanderzuwirbeln, sondern um sie zu klären.

Dieses Buch ist eine Reise durch die Zeit, die Geschichte, die Literatur, inspiriert auch von den Berichten der großen Reisenden, den Gründen, die sie zum Reisen bewegt haben, den Spuren, die sie in ihren Texten hinterlassen haben. 2008 ist bei Mondadori ein Merian erschienen, das den italienischen Reiseschriftstellern der Jahre 1700–1861 gewidmet war, mit einem schönen Vorwort von Luca Clerici.[12] Hier habe ich einige kuriose Ansichten über das Reisen gefunden. Zum Beispiel in den Abenteuern Vincenzo Coronellis, der eine bizarre Persönlichkeit war, Franziskanerbruder, aber auch Kartograph und Enzyklopädist. Zwischen 1681 und 1683 konstruierte er in Paris, wo sich der unternehmungslustige Frater eigens hinbegeben hatte, im Auftrag des Sonnenkönigs Ludwigs XIV. zwei riesige Globen. Auf dem ersten, einem Erdglobus mit einem Durchmesser von beinahe vier Metern, ist unser Planet mit den zur damaligen Zeit bekannten Ländern und Erdteilen dargestellt. Der zweite ist ein Himmelsglobus mit einer Abbildung der Konstellationen im Augenblick der Geburt des Königs. Diese beiden ausgeklügelten Geräte, die zusammen ein

Vincenzo Coronelli konstruierte 1681–1683 zwei Globen für Ludwig XIV.: Der eine ist ein Erdglobus und stellt unseren Planeten mit den damals bekannten Ländern und Erdteilen dar; der andere, ein Himmelsglobus, zeigt die Konstellationen zum Zeitpunkt der Geburt des Königs.

Gewicht von rund vier Tonnen haben, gehören heute zur Sammlung der französischen Nationalbibliothek. Der ruhelose Frater macht eine interessante Bemerkung über die Nützlichkeit des Reisens. Es diene dazu, «den Genius der Nationen kennenzulernen, ihre Gesetze, ihre Manufakturen, ihre Gebräuche». Dies also ist ein möglicher Nutzen: sich anderen Erfahrungen zu öffnen oder, wie wir es heute lieber ausdrücken, anderen Kulturen.

Ganz anderer Ansicht ist der Dichter und Literat Ippolito Pindemonte, der sich in seinem satirischen Diskurs *I viaggi* («Die Reisen») Ende des 18. Jahrhunderts als überzeugter Verfechter der Sesshaftigkeit outet: «Glücklich, wer nie einen Fuß außerhalb seines Geburtslandes setzte!» Doch es gibt auch Carlo Silvestri, einen Adeligen aus Rovigo, in der ersten Hälfte des 18. Jahrhunderts Autor eines Werkes mit dem ellenlangen Titel *Istorica e geografica descrizione delle antiche paludi Adriane, ora chiamate Lagune di Venezia, e del corso di que' fiumi, che i varj tempi hanno contributto al loro interramento* (Historische und geografische Beschreibung der alten adriatischen Sümpfe, heute Lagune von Venedig genannt, und des Laufs jener Flüsse, die zu unterschiedlichen Zeiten zu ihrer Trockenlegung beigetragen haben), – dann folgt noch der Untertitel –, dem Bischof von Adria gewidmet. Darin bekundet er seine Neigung zu Reisen, sofern sie zielgerichtet sind. Dagegen lehnt er Reisende ab, die

> … schwitzen und sich abplacken, um mit dem größten Eifer Kunde … aus Indien, Japan, Neuseeland, Australien und anderen eher märchenhaften als bekannten Orten zu erlangen, sich aber nicht darum scheren (eine schwerwiegende Nachlässigkeit), die Ereignisse und Katastrophen in Erfahrung zu bringen, die dem eigenen Vaterland zugestoßen sind; die sie so sehr ignorieren, dass sie überhaupt nichts darüber wissen, fast als würden sie zu einem unbekannten, in den imaginären Räumen des Mondes gelegenen Lande befragt.

Dies also mit den Worten des heute vergessenen Silvestri eine weitere bemerkenswerte Ansicht über das Reisen beziehungsweise die «echte Entdeckungsreise», die, wie der bereits zitierte Marcel Proust in seinem großen Romanwerk schreibt, «nicht darin besteht, neue Länder zu suchen, sondern diese mit neuen Augen zu sehen». Die echte Reise also liegt zwischen Phantasie und Realität, und es ist nicht gesagt, dass die sogenannte Realität immer der wichtigere Aspekt ist. In Italien ist die Vergangenheit, wie ich bereits gesagt habe, von solchem Gewicht, dass man sie nur selten beiseite lassen kann, wenn man ernsthaft um Verstehen bemüht ist.

Ich habe weit ausgeholt und bin verschlungene Wege gegangen, um am Ende wieder zur Anfangsfrage der «Geheimnisse» zurückzukehren. Dieses Buch erzählt Geschichten über Orte, Personen, Charaktere, reale und imaginäre Momente, die den Chroniken und der Literatur entnommen wurden. Genauso gut könnten es andere Quellen sein, genauso gut könnten es zwei- oder drei- oder hundertmal so viele Erzählungen sein. Die italienische Geschichte ist von einer so dramatischen Reichhaltigkeit, dass sich Beispiele wie die auf den Seiten dieses Buches in Hülle und Fülle finden ließen. Tausende von Jahren, Millionen von Protagonisten, Dutzende von Heeren, Hunderte von Städten, ganze Zivilisationen, die auf diesem winzigen Fleckchen Erde, «dem schönen Land, welches der Apennin teilt und das Meer und die

Alpen umgeben»,[13] um es mit Petrarca zu sagen, geboren und gestorben, entstanden und vergangen sind. Ich habe also eine sehr persönliche, eine willkürliche Auswahl getroffen, beeinflusst von Eindrücken, Erinnerungen, Jugendlektüren. Das einzige, sagen wir: objektive Kriterium war ein gewisses Gleichgewicht zwischen dem Norden, dem Zentrum und dem Süden in diesem so langen und schmalen Land.

Es reicht eben nicht, wenn man sich Italien ansieht, wie es heute ist. Wer wirklich verstehen will, muss sich den vielen Ereignissen der Vergangenheit, Leopardis «Schimären», nähern auf einer Reise, die sich sowohl im Raum als auch in der Zeit vollzieht.

I. EIN LAND VOLLER ÜBERRASCHUNGEN

Die Italiener, von außen besehen

George Gordon Byron kommt im November 1821 in Pisa an, wohnt im Palazzo Lanfranchi am Ufer des Arno und findet sofort Anschluss in dem kultivierten und exzentrischen Kreis um das Ehepaar Shelley, zu dem auch die Geschwister Teresa und Pietro Gamba gehören. Die Zeit verbringt er aufs Angenehmste mit literarischen Aktivitäten, langen Ausritten, Tontaubenschießen auf einem Anwesen außerhalb Pisas. Im Dezember 1821 schreibt er an seinen Verleger und Freund John Murray:

> Ich bin hier in einen berühmten alten, feudalen Palazzo geraten, am Arno, groß genug für eine Garnison, mit Verliesen unten und Zellen in den Mauern und so voll von Geistern, dass der gelehrte Fletcher (mein Kammerdiener) um Erlaubnis gebeten hat, sein Zimmer zu wechseln, und dann weigerte er sich, sein neues Zimmer zu bewohnen, weil es da noch mehr Geister gebe als in dem anderen. Es ist ganz richtig, dass es die ungewöhnlichsten Geräusche gibt (wie in allen alten Gebäuden), die die Diener derart erschreckt haben, dass es für mich extrem lästig war.[1]

Ein Geist hat sich sehr lange herumgetrieben, und im Bewusstsein der Italiener treibt er sich noch heute herum: Es ist die Art und Weise, in der sie als Volk von außen, von den Ausländern betrachtet und beschrieben werden. Die Italiener bewohnten die langgestreckte Halbinsel seit langem, lange Zeit vor der Proklamation des Königreichs Italien. Wenn man streng und ein wenig provokatorisch sein wollte, könnte man Massimo d'Azeglios Prophezeiung «*Pur troppo s'è fatta l'Italia, ma non si fanno gl'Italiani.*» – «Italien ist geschaffen, aber leider schafft man nicht die Italiener» umkehren: Es waren die Italiener, die schon geschaffen waren, aber nicht Italien – was noch zu schaffen war, waren also nicht sie, die Italiener, sondern eben Italien.[2]

Externe Beobachter der italienischen Halbinsel waren sich dieser Tatsache immer bewusst. Sie waren imstande, gewisse Verhaltenskonstanten der Bewohner zu erkennen in einer geografischen und gesellschaftlichen Wirklichkeit, die zerklüftet, widersprüchlich, in gewissen Aspekten faszinierend, in anderen dagegen abstoßend wirkte. Dabei war der Abstand zwischen einem sehr positiven und einem sehr negativen Pol so groß wie sonst fast nirgendwo in Europa. Kein anderes Volk hat jemals so gegensätzliche Bewertungen erfahren, auch deshalb, weil kein anderes Volk sich selbst so gegensätzlich bewertet hat.

Die Art und Weise, wie die Ausländer die Italiener gesehen haben, ist also zu einem Gutteil die logische Konsequenz der Art und Weise, wie die Italiener sich selbst gesehen haben. Das war früher nicht anders als heute, und heute kann man das unter anderem daran sehen, dass Urteile über Italien, die von Zeit zu Zeit von «maßgeblichen» Publikationsorganen im Ausland gefällt werden, im Allgemeinen auf Beobachtungen und Einschätzungen beruhen, die vorher schon in italienischen Zeitungen zu lesen waren.

Vor etlichen Jahren haben Studenten der Princeton University, nach einer Definition der italienischen Wesensart befragt, mit breiter Mehrheit die folgenden drei Adjektive gewählt: *artistic, impulsive, passionate*. Die sozialpsychologische Untersuchung, zu der die Antworten gehörten, liegt zwar schon fast dreißig Jahre zurück, ich glaube aber nicht, dass sich das Urteil seither wesentlich geändert hat, nicht zuletzt deshalb, weil es zweihundert Jahre zuvor auch nicht sehr viel anders ausgefallen war – in einigen Fällen sogar noch krasser, da Impulsivität und Leidenschaftlichkeit meist auf Verbrechen, Verrat, Korruption bezogen wurden. Ich habe diese Untersuchungsergebnisse bereits in einem meiner vorhergehenden Bücher zitiert, und ich wiederhole sie hier, weil ihre Gültigkeit, wie auch immer man diese bewerten mag, auch durch meine eigenen Erfahrungen während langjähriger Auslandsaufenthalte bestätigt wurde. Diese oder ähnliche Adjektive in Bezug auf Italien habe ich immer wieder gehört. Lucio

Sponza, ein aus Venedig stammender, in England lehrender Ökonomie-Professor, hat sich lange Zeit mit der Frage beschäftigt, auf welche Weise und mit welchem Resultat sich im 19. Jahrhundert in Großbritannien das Bild Italiens geformt hat. Eine mögliche Synthese ist folgende: «Auf der einen Seite der Medaille ist da ‹Italien›, das Land der Schönheit und der Kultur; auf der anderen sind da die ‹Italiener›, eine geniale, aber korrupte, unzuverlässige und undisziplinierte Spezies.»[3] Diese Bewertung ist in sich so widersprüchlich, dass sie jede der beiden Einzelaussagen ad absurdum führt: Wie soll ein so «korruptes, unzuverlässiges und undiszipliniertes» Volk eine solche Tradition nicht nur der Schönheit, sondern einer harmonischen, kohärenten, liebenswürdigen Schönheit zustande gebracht haben? Die Macht der Vorurteile liegt aber gerade darin, dass sie von jeglicher Kohärenz absehen und nur dem Bedürfnis folgen, in einem Urteil, so brutal es auch sein mag, eine Menge ungleichartiger Eindrücke griffig zusammenzufassen. Mario Praz, einer der größten Anglisten Italiens, berichtet in seinem Essay *Scoperta dell'Italia* (Entdeckung Italiens), wie die Italiener gegen Ende des 18. Jahrhunderts von englischen Schriftstellern gesehen werden:

> Die Italiener des Volkes schmutzig, träge und kriminell; die der hohen Klassen arm, unhöflich und im Allgemeinen Ehebrecher; Plebs und Aristokratie abergläubisch und charakterlos gegenüber den Tyrannen. Die Venezianer versetzten bei der geringsten Provokation meuchlings Dolchstöße, die Neapolitaner waren von Natur aus diabolisch und so weiter. Vor allem die Art der religiösen Hingabe der Italiener irritierte die Engländer dieser Epoche.[4]

Einhellig berichteten die von der *Grand Tour* durch Italien nach England zurückgekehrten Reisenden, die Halbinsel sähe aus wie ein riesiges Ruinenmuseum und sei bevölkert von bettelarmen, lasterhaften Menschen, die sich lärmend auf den Straßen drängten und dank des milden Klimas praktisch im Freien lebten, nur mit Lumpen bedeckt oder halbnackt, ohne die geringste Ahnung von ihrer glanzvollen Vergangenheit. Diese Mischung aus Faszination und Grauen war typisch vor allem für die Sicht auf die Länder des Papsttums und des Mezzogiorno, die stets als äußerst armselig beschrieben wurden, bewohnt von einer hungernden, untätigen Bevölkerung, die sich nur im Umgang mit dem Messer durch Schnelligkeit auszeichnete.

Eines der spannendsten Beispiele des Genres Schauerroman ist Ann Radcliffes *The Italian or the Confessional of the Black Penitents (Der Italiäner oder Der Beichtstuhl der schwarzen Büßermönche*[5]*)*, bei dem bereits im Titel die wichtigsten Elemente des Plots zusammengefasst sind. Die Handlung beginnt 1764 in einem Kloster in der Nähe Neapels, den düsteren Hintergrund bildet das Tribunal der Inquisition. Die Geschichte dreht sich um die mysteriöse Figur des Mönchs Schedoni und um zwei unglücklich Liebende, Elena Rosalba und Vincenzo di Vivaldi. Ingredienzien sind schaurige Abenteuer, undurchsichtige Verhältnisse, Sünde, Verrat, Verbrechen. Schedoni ist immer schwarz gekleidet, die Kapuze trägt er tief ins Gesicht gezogen. Ein schauerromantischer Schurke, mit Mönchskutte und italienischer Nationalität ausgestattet:

> Der Unbekannte war in eine Mönchskutte gehüllt, und sein im Dunkel der Nacht ohnehin schon unkenntliches Gesicht wurde von der Kapuze vollends verborgen ... Wie sie ihren Schatten auf die fahle Blässe seines Antlitzes warf, vertiefte nur noch dessen Düsternis und verlieh den großen, melancholischen Augen einen Ausdruck, der ans Erschreckende grenzte. Solche Schwermut entsprang aber keinem empfindsamen, verletzten Herzen, sondern ganz augenscheinlich einer düster brütenden Grausamkeit ..., unser Mönch besaß die Gabe, sich auf das Wesen und die Leidenschaften derjenigen Personen, die er für sich gewinnen wollte, mit erstaunlicher Leichtigkeit einzustellen, was dann zumeist seinen vollkommenen Triumph zur Folge hatte.

An anderer Stelle heißt es: «Die Augen halb geschlossen, Symptom von Verrat, gelegentlich Blitze schleudernd.»[6] Bereits Ende des 18. Jahrhunderts finden wir also in einem englischen Erfolgsroman das Modell des Italieners als Manipulator und Verräter, das nicht nur eine bemerkenswerte Literaturkarriere machen sollte, sondern sein Pendant durchaus auch in der Zeitgeschichte zu haben schien.

In einer alten Notiz finde ich, ohne Hinweis auf die Quelle allerdings, was ein englischer Kritiker gegen Ende des 19. Jahrhunderts schrieb: «Die Klöster wirkten wie subtile sadistische Gefängnisse, die Beichtstühle wie Schlupfwinkel zum Schmieden geheimnisvoller Komplotte.» Nicht zuletzt aufgrund seiner lärmenden und heidnischen Religiosität – so haben es die Engländer immer gesehen – wird Italien zum bevorzugten Schauplatz für Horrorgeschichten, Verschwörungen, Betrug, ruchlose Mörder. Dazu noch einmal Praz:

> Diese Skandale mit ihrer ganzen finsteren Begleitatmosphäre mussten durch die «schwarzen» Romane, für die Horace Walpole mit *Castle of Otranto* (1765) die Rezeptur vorgegeben hatte und die Ann Radcliffe gegen Ende des Jahrhunderts perfektionieren sollte, einfach wieder hochkommen. Dazu wurden auf der Suche nach möglichst pittoresken Beschreibungen der italienischen Landschaft die Rückkehrer von Italienreisen ausgeplündert und das elisabethanische Drama nach dem Porträt des finsteren machiavellistischen Italieners durchforstet.

Ein großer romantischer Dichter wie Percy Bysshe Shelley, ein Mann von höchster Sensibilität, schrieb in einem seiner Briefe aus Italien: «*The people here, though inoffensive enough, seem both in body & soul a miserable race. The men are hardly men, they look like a tribe of stupid & shrivelled slaves, & I do not think I have seen a gleam of intelligence in the countenance of men since I have passed the Alpes.*» («Die Leute hier sind zwar ziemlich harmlos, sie scheinen mir aber in Körper und Geist ein armseliges Volk zu sein. Die Männer, die man kaum als solche bezeichnen kann, kommen einem eher vor wie ein Rudel dummer, verschrumpelter Sklaven, und ich glaube nicht, dass ich auch nur einen Hauch von Intelligenz in den Gesichtern der Menschen gesehen habe, seit ich die Alpen überquert habe.») Und über die Frauen: «*The fact is, that first, the Italian woman are perhaps the most contemptible of all who exist under the moon; the most ignorant, the most disgusting, the most bigotted, the most filthy.*» («Tatsache ist, dass die italienischen Frauen vielleicht die verachtenswertesten Geschöpfe sind, die unter dem Mond existieren, die ignorantesten, unappetitlichsten, scheinheiligsten, schmutzigsten.»)[7] Krasse, überzogene Urteile, selbst wenn man bedenkt, dass der Autor die erbarmungswürdigen Lebensbedingungen der Italiener der damaligen Zeit vor Augen hatte.

Der Schweizer Schriftsteller Karl Viktor von Bonstetten, der sich für alle Aspekte der europäischen Kultur interessierte, schrieb 1824 einen Essay mit dem Titel *L'homme du midi e l'homme du nord* (*Der Mensch im Süden und im Norden*[8]). Einer der zentralen Gedanken darin ist, dass der Mensch des Nordens, den das strenge Klima ins Haus oder jedenfalls in geschlossene Räume zwingt, offenbar in wesentlich stärkerem Maße zur Reflexion, zu Ruhe und Ausgeglichenheit neigt und auf kollektiver Ebene dazu, das gesellschaftliche Leben auf harmonische Weise zu organisieren. Der Mensch des Südens dagegen, der umgeben von einer gnädigen Natur in einem paradiesischen Klima lebt, sonnig, mild – im «Land der Sonne», wie es in einem populären neapolitanischen Lied heißt *(Chist' è ‹o paese d› o sole)* –, verwandelt sich mit der Zeit in eine «leichte Fliege, die in den Tag hinein lebt vom Nektar der Blumen, die das von ihr bewohnte Land bedecken».

Aus Bonstettens recht naiver Sicht ist «Süden» alles, was südlich der Alpen liegt, wodurch der Italiener zu einem Einheitsmodell wird, bei dem soziale Klassen ebenso wie geografische und berufliche Unterschiede ignoriert werden. Der Schweizer Schriftsteller teilt also das im 19. Jahrhundert weit verbreitete Vorurteil, wonach Italien ausschließlich wegen des Klimas, der «Landschaft», seiner faszinierenden «Ruinen» geschätzt wird, die als Projektionsfläche für eine idealisierte Vergangenheit dienen, wenn sie nicht auf den «pittoresken Hintergrund» für irgendein Aquarell reduziert werden. Die dort lebenden Italiener sind nichts als eine anthropologische Größe und werden im Übrigen als lästige Begleiterscheinung hingenommen, manchmal sogar als Störfaktor in einer außerordentlichen Bühnenarchitektur aus Natur und Kultur empfunden. Unter den hundert möglichen Beispielen für das verklärte Bild der italienischen Landschaft braucht man nur an die Gemälde von Jean-Baptiste Camille Corot zu denken, in denen eine zugleich üppige und herbe Natur eine x-beliebige imposante Ruine aus dem klassischen Zeitalter zum Hintergrund hat. Es sind die Mauern und die Bögen, die Säulen, die Standbilder und die Türme, von denen Leopardi spricht, die aber nichts mehr mit dem alten «Ruhm» zu tun haben, dem sie ihre Entstehung verdanken.[9] Mehr als ein Jahrhundert lang ist es nur dies, nichts anderes, was die Augen des fremden Besuchers von Italien wahrzunehmen imstande sind.

Im Übrigen hat selbst Marcel Proust bei seiner Rückkehr aus Italien geschrieben: «[Das] wahre Land der Barbaren ist nicht das, welches die Kunst nie kennengelernt hat, sondern das, welches, übersät von Meisterwerken, diese weder zu schätzen noch zu bewahren weiß.» Das ist zwar eine andere Perspektive, dennoch wird hier dasselbe, unzählige Male in Sachbüchern und in der Belletristik geäußerte Urteil wieder aufgegriffen.

Marie-Henri Beyle, wie Stendhal eigentlich hieß, vertieft diese Diagnose in einem Eintrag seiner *Passeggiate romane (Römische Spaziergänge)*, indem er einen der möglichen Gründe für diese Unzulänglichkeit identifiziert. Er schreibt:

> [Wir trafen] eben zwei junge Römer mit ihren Geliebten und deren Familien, die auf einem Karren saßen und von einer Vergnügungspartie auf dem Monte Testaccio zurückkehrten. Sie sangen, gestikulierten und waren wie toll, Männer und Weiber; es war keine leibliche Betrunkenheit, aber der geistige Rausch kann nicht weiter gehen.[10]

«Geistiger Rausch» – die italienische Fassung geht mit der Übersetzung als «moralische Trunkenheit» *(ebrietà morale)* sogar noch weiter –, das ist ein sehr hartes Urteil aus der Feder eines Schriftstellers, der Italien eigentlich liebte, den leidenschaftlichen Geist seiner Bewohner schätzte, in ihrem Verhalten die Eins-zu-eins-Umsetzung einer «romantischen» Vision sah, in der für ihn selbst die Verbrechen und der Hang zum Intrigenspiel aufgingen, zu denen die Italiener zu neigen schienen. Der Anblick dieser beiden von unbändiger Fröhlichkeit gepackten jungen Paare lässt ihn ein messerscharfes Urteil fällen. Seine unmittelbare Reaktion erfasst den beklagenswürdigsten, den primitivsten Aspekt der italienischen Seele, die nicht unerhebliche Ursache für viele ihrer Katastrophen. Stendhal definiert ihn als «geistigen Rausch», es könnte sich aber um eine weit gefährlichere Charakteristik handeln, denn viele Beobachter tendieren dazu, diesen Zustand – im Gegensatz zur echten Trunkenheit, die früher oder später vergeht – als Dauerzustand zu diagnostizieren. Nicht wenige sind so weit gegangen, ihn mit Leichtfertigkeit, der Vorliebe für die glatte Oberfläche der Dinge und die angenehmen Seiten des Lebens gleichzusetzen, auf die alles reduziert wird, einschließlich der Religion, des gesellschaftlichen Lebens, der Zerstreuungen. Genau diese Art, sich die Zeit zu vertreiben, hat Federico Fellini in seinem schon im Titel genialen Film festgehalten: *La dolce vita*.

Es sind dieselben Eigenschaften, die die Italiener im Laufe der Geschichte so oft haben grausam werden lassen, jedoch nicht im gleichen Maße mutig, eher bereit zur Schlägerei als zum Krieg, zum Aufruhr und zum Tumult als zur Revolution, zur schnellen, riskanten Tat als zur zähen Hartnäckigkeit eines langen Kampfes. Es ist der von Giacomo Leopardi so komprimierte Hang zur «reinen Vergnügung ohne jede geistige Anstrengung».

In einem Kapitel seines Romans *Doktor Faustus* spielt Thomas Mann mit der Figur des Dichters, der die Geschichte erzählt, auf denselben Saiten und trifft eine klare Unterscheidung zwischen dem italienischen Volk und dem deutschen: «Mit tiefer Verblüffung nahmen wir die Landung amerikanischer und kanadischer Truppen an der Süd-ost-Küste Siziliens … zur Kenntnis.» Der Erzähler fährt fort und beteuert, außerdem «mit einer Mischung aus Schrecken und Neid» erfahren zu haben, dass sich die Italiener als Folge einer Reihe «skandalöser Niederlagen und Verluste» ihres «großen Mannes» entledigt hätten, «um etwas später der Welt das zu gewähren, was man auch von uns verlangt, aber worein zu willigen die tiefste Not uns viel zu heilig und teuer sein wird: die unbedingte Übergabe». Nach dieser Vorrede folgt die Schlussfolgerung, die erklärt, warum, Thomas Mann zufolge, die Italiener das haben tun können, wozu die Deutschen «weder im guten noch im schlechten Sinne»[11] fähig wären:

> Ja, wir sind ein gänzlich verschiedenes, dem Nüchtern-Üblichen widersprechendes Volk von mächtig tragischer Seele, und unsere Liebe gehört dem Schicksal, jedem Schicksal, wenn es nur eines ist, sei es auch der den Himmel mit Götterdämmerungsröte entzündende Untergang.[12]

Eben diese tragische Dimension ist es, die in der Geschichte der Italiener gefehlt hat, und zwar nicht, weil wir keine echten und wahren Tragödien erlebt hätten – ziemlich viele sogar –, sondern weil unser Geist davon nicht erfasst worden ist oder zumindest, weil aus den tragischen Umständen niemals eine nachhaltige Erinnerung entsprungen ist.

Es ist nicht gesagt, dass die tragische Veranlagung der Deutschen wirklich eine Qualität ist, und es ist nicht gesagt, dass die Fähigkeit der Italiener, sich jeder Situation anzupassen, auch auf die Gefahr hin, von sich selbst ein schwaches, sentimentales oder im Gegenteil sogar zynisches Bild abzugeben, ein Defekt ist. Es kommt auf den Standpunkt an, den man wählt: die kategorisch imperative Pflichterfüllung oder die *dolcezza del vivere*.

Wo aber diese Haltung, von der ausländische Beobachter immer beeindruckt waren, ja sich gelegentlich sogar verführen ließen, gefährlich wird, das ist im Krieg. Der Ruf von Caporetto (vgl. Vorwort, S. 16), der noch heute nachhallt, wenn vom Verhalten der Italiener im Krieg die Rede ist, hätte nicht so lange überdauert, wenn er nicht auf dem verbreiteten Vorurteil, sie seien feige, basieren würde. Caporetto könnte man aber El Alamein 1942 entgegensetzen. Auch das war eine Niederlage, aber von ganz andererer Art, weil die Italiener dort in Löchern, die sie in den Wüstensand gegraben hatten, fast ohne Logistik und trotz zahlen- und waffenmäßiger Unterlegenheit gegenüber der 8. Armee des britischen Generals Montgomery ein heroisches Verhalten an den Tag legten. Doch die Macht von Gemeinplätzen liegt in ihrer Nichtbeweisbarkeit und Unüberwindbarkeit. Der deutsche Ex-Kanzler Helmut Schmidt hat bis vor wenigen Jahren immer wieder behauptet, die italienischen Panzer hätten vier Gänge, wie alle anderen auch, allerdings einen Vorwärtsgang und drei Rückwärtsgänge. Winston Churchill hat über den von Mussolini angezettelten, unglückseligen Griechisch-Italienischen Krieg gesagt: «Das letzte Heer Europas hat das vorletzte geschlagen.» Der englische Kommandant der Luft- und Marinetruppen der Falklandinseln (span. Malvinas) antwortete jedem, der ihn um eine Prognose über die bevorstehende Auseinandersetzung mit den Argentiniern bat: «Wenn sie von Spaniern abstammen, bleiben sie, wenn sie von Italienern abstammen, fliehen sie.» El Alamein war die Demonstration des Gegenteils, aber das zählt nicht. Noch am 23. Januar 2012 hat Jan Fleischhauer, der allerdings auch in Deutschland umstrittene Online-Kolumnist des Wochenmagazins «Der Spiegel», über die Katastrophe vor der italienischen Insel Giglio geschrieben: «Hand aufs Herz: Hat es irgendjemanden überrascht, dass der Unglückskapitän der ‹Costa Concordia› Italiener ist?» Um von dort zur Euro-Krise überzuleiten, die sein eigentliches Thema war: «Was passieren kann, wenn man aus politischen Gründen von der Psychologie der Völker absieht, zeigt die Währungskrise.»[13]

Vor vielen Jahren habe ich in Straßburg Wolfgang Schäuble, damals Innenminister im Kabinett von Helmut Kohl, mit großer Überzeugung sagen hören (ich zitiere aus dem Gedächtnis): Wir Deutschen brauchen Europa, wir müssen Teil einer übernationalen Struktur sein, die imstande ist, den Dämon im Zaum zu halten, der unser Volk immer wieder erschüttert.[14]

Die Italiener haben sich nie als tragisches Volk gesehen, weil ihnen bewusst ist, dass sie aus einem anderen Holz geschnitzt sind. Wir mögen die Tragödie nicht, und nicht zufällig sind in Italien, vom eifrigen Alfieri[15] einmal abgesehen, niemals Tragödien geschrieben worden. Mario Praz hat auf ein kurioses Paradox hingewiesen, dass nämlich ein Großteil der Tragödienstoffe Shakespeares und der übrigen Elisabethaner italienischen Chroniken entlehnt sind, neu interpretiert allerdings durch ihr Metrum und ihre Perspektive. In der *Tosca* klagt der Maler Mario Cavaradossi zwar kurz vor seinem Tod: *«L'ora è fuggita … io muoio disperato»* – «Verflogen ist die Stunde … ich sterbe in Verzweiflung!» Doch ist seine Klage eine Arie, und Puccinis vibrierende Pathetik reicht nicht aus, um dieser Verzweiflung die Dimension einer wahren Tragödie zu verleihen.

Ganz ohne politische Schärfe, lediglich der anthropologischen Vollständigkeit halber möchte ich hinzufügen, dass es sich in keinem anderen Land der Welt ein Regierungschef herausgenommen hätte, mit vom Schönheitschirurgen frisch gestrafftem, mit Film-Make up zugespachteltem Gesicht, falschen Haaren und orthopädisch erhöhten Absätzen öffentlich aufzutreten: wie eine Maske aus dem Melodram oder ein Komiker aus dem Schmierentheater. Überall auf der Welt hätte er sich der Lächerlichkeit preisgegeben. In Italien dagegen hat genau das Berlusconi lange Zeit den Sieg gesichert.

Die kurzen Monate der Sozialrepublik Italien im Jahre 1943, des sterbenden Faschismus von Salò, sind so etwas wie das Konzentrat einer Tragödie gewesen. Mussolini zum Gespenst geschrumpft, eine Marionette in der Hand seiner Nazi-Wärter; seine schwarzen Brigaden in den italienischen Dörfern mit Operationen niederer Schlächterei beschäftigt, die Partisanen an Drahtschlingen aufgehängt, Wohnungen in Folterkammern verwandelt, kriminelle Banden, die auf eigene Faust agieren, Gefangene machen, vergewaltigen, töten, sich jeder faschistischen oder politischen Kontrolle entziehen. Eine bleierne Atmosphäre, die Zellenwände blutverkrustet, wie man nach der Befreiung entdecken wird. In diesem Rahmen ist die Essenz der Tragödie durch Mussolini verkörpert, der von den Nazis gezwungen wird, den Befehl zur Erschießung seines Schwiegersohns Galeazzo Ciano zu geben. Seine Tochter Edda fleht ihn an, den Vater seiner Enkel zu verschonen, pathetisch droht sie, die Tagebücher ihres Mannes zu veröffentlichen, als ob diese Seiten, die nur noch als Material für die Historiker taugen, noch in irgendeiner Weise auf das Massaker Einfluss nehmen könnten. Eine Tragödie im wahrsten Sinne des Wortes: ein Mann, zerrissen zwischen der Liebe zu seiner Tochter und der Pflicht gegenüber dem Schreckensregime, das es ihm erlaubt hat, noch ein bisschen weiterzuleben. Im angelsächsischen Sprachraum nennt man das (nach Frederick Forsyths Roman) «des Teufels Alternative». Es gibt keine gute und keine schlechte Wahl, sie sind alle beide schlecht, egal, für welche man sich entscheidet.

Die Tragödie hätte ein ebenso tragisches Finale gebraucht, einen symbolischen Akt als Abschluss einer menschlichen und politischen Geschichte, die das Land gezeichnet, und mehr noch: offenkundig gemacht hatte, wie wenig den Italienern die Freiheit wert ist. Dieser symbolische Akt hätte eine Demonstration dafür sein können, dass es hinter den tosenden Aufmärschen, den Blechrüstungen und Pappschwertern etwas Reales gab; dass daran geglaubt zu haben, dafür gestorben zu sein, für jenes Italien nicht nur ein Zeichen von Verantwortungslosigkeit oder Dummheit gewesen war.

Diesen symbolischen Akt gab es nicht. In die Ecke eines deutschen Lastwagens geduckt, vom Mantel eines fremden Heeres umhüllt, den Kragen hochgestellt, um das Entsetzen in seinen Augen zu verbergen, der große Schädel bedeckt mit einem quer aufgesetzten Stahlhelm, so ließ sich der *Duce* gefangen nehmen, verwirrt, zitternd. Das war kein «den Himmel mit Götterdämmerungsröte überziehender Untergang», das war nur blanke Todesangst und Tölpelhaftigkeit, zwei Maschinengewehrsalven auf den Pfeiler einer Villa, gemeinsam mit seiner Gefährtin Claretta Petacci – sie so heldenhaft.[16] Er hätte die Hauptrolle in seiner eigenen, letzten Tragödie spielen können, nach all den anderen, die er provoziert hatte, doch dazu fehlte es ihm an Mut. Auf unverzeihliche Weise hat er auch noch den letzten Akt vermasselt.

Auf Befehl Hitlers wird Mussolini am 12. September 1943 aus dem Hotel Campo Imperatore befreit, der letzte Akt der faschistischen Diktatur beginnt.

Ein Charakteristikum, das die Italiener für Ausländer auf Anhieb identifizierbar macht, ist ihre Religiosität. Nach Überzeugung vieler Historiker haben sich die Italiener und die katholische Religion alles in allem gegenseitig geschadet, wobei kontrovers diskutiert wird – und wahrscheinlich auch nicht aufzulösen ist –, ob es die Religion war, die die schlechten kollektiven Eigenschaften der Italiener begünstigt hat oder ob nicht eher das Gegenteil der Fall war, dass nämlich das italienische Volk den religiösen Geist negativ beeinflusst hat. Gewisse Erfahrungen in den Jahren meiner Auslandsaufenthalte in den USA und Frankreich sprechen für die zweite Variante, dabei handelt es sich aber um Meinungen, die schon *per definitionem* diskutierbar sind.

Auf dem Boulevard des Invalides in Paris (7. Arrondissement) steht eine Kirche, die dem Hl. Franz Xaver geweiht ist und – worauf schon der Name des Mitbegründers der Gesellschaft Jesu schließen lässt – von den Jesuiten unterhalten wird. Ein nicht sonderlich schönes Bauwerk, nichts jedenfalls im Vergleich zu den prunkvollen Kirchen del Gesù oder Sant'Ignazio in Rom. Beeindruckend aber ist, dass die Messe dort in tadellosem Latein gehalten wird. Und noch erstaunlicher ist, dass die Menge der Gläubigen imstande ist, dem Zelebranten korrekt zu antworten, ebenfalls auf Lateinisch. Es handelt sich um eine besondere Kirche mit konservativer Tendenz, was auch den beträchtlichen Zulauf bei den Messen im Vergleich zu den vielen anderen, selbst am Sonntag halbleeren Kirchen erklärt. Der konzentrierte Ernst dieser Priester und dieser Gläubigen flößt selbst demjenigen Respekt ein, dem diese Religion fremd ist. Französische Freunde haben mich darauf aufmerksam gemacht, dass der Katholizismus in Frankreich zwar vorherrschend ist, dass er aber die Konkurrenz zu verschiedenen protestantischen Konfessionen zu bestehen hat, während in Italien, insbesondere in Rom, dieses Problem gar nicht existiert. In der Tat rutscht die Religiosität der italienischen Katholiken nicht selten in Gleichgültigkeit ab, degradiert zu einer recht diffusen Zustimmung, was eine beklagenswerte Desinformation über die Natur des Glaubens, über seine Grundsätze nach sich zieht.

New York. Der italo-amerikanische Anthropologe Robert A. Orsi berichtet in seiner Studie *The Madonna of 115th Street. Faith and Community in Italian Harlem, 1880–1950*, dass es noch bis vor wenigen Jahrzehnten üblich war, bei der Feier der Madonna del Carmine (16. Juli) Frauen zum Altar zu ziehen, die dabei mit der Zunge den Fußboden lecken mussten. Eine auch von vielen Katholiken als abstoßend empfundene Praxis.

In der 115. Straße von Manhattan gab es – und gibt es noch – eine Kirche, die Our Lady of Mount Carmel heißt. Viele Jahre lang hat sie der primitiven Religiosität Obdach gewährt, die viele italienische Immigranten, vor allem aus dem Mezzogiorno, mitgebracht hatten. Dabei handelte es sich um einfache Leute, häufig Analphabeten, von denen manche, die gerade erst in Ellis Island gelandet waren und ermüdende, nicht selten erniedrigende Einwanderungsprozeduren hinter sich hatten, voller Naivität davon überzeugt waren, dass die Straßen in New York mit Gold gepflastert seien. In der harten Wirklichkeit waren sie zu den undankbarsten Arbeiten verdammt: Straßenbau, Aushub von Metro-Tunneln, Müllabfuhr, Wolkenkratzerbau. Der italo-amerikanische Schriftsteller Pietro Di Donato sollte seinen Einwanderer-Roman *Cristo fra i muratori (Christus im Beton)* betiteln und 1939 publizieren, dem Jahr, in dem auch Steinbecks *The Grapes of Wrath (Früchte des Zorns)* erschien. Es war eine Zeit, in der die Literatur Rechenschaft ablegte über den Preis, der für den Aufbau Amerikas zu bezahlen war.

In ihrem Elend hatten diese armen Leute eine primitive, abergläubische, ganz und gar äußerliche Religiosität nach Amerika importiert. Heute existiert Little Italy nicht mehr. Solange es aber das ursprüngliche «Little Italy» gab, war es eine Bühne für lärmende Prozessionen mit der Statue der Madonna und verschiedenen Heiligen (etwa Gennaro, für die Neapolitaner), die mit Dollarnoten gespickt durch die Straßen getragen wurden, unter lautem Gejohle der Zuschauer, mit sehr schräger, ohrenbetäubender Musik, Applaus, Zurufen, Tränen. Wenn dann der Abend kam: Tanz, nicht enden wollende Bankette an langen Tischen mitten auf der Straße, genau wie es in den Landstrichen Brauch gewesen war, aus denen sie gekommen waren.

Diese Art von Religiosität irritierte die übrigen Katholiken sehr, vor allem die Iren und die Polen, die zwar denselben Glauben teilten, ihn aber vollkommen anders, sehr viel zurückhaltender praktizierten. Das Befremden und das Gefühl der Verhöhnung auf Seiten der nichtitalienischen Katholiken hatten ihre Ursachen in der Doktrin, denn eine so ganz an Äußerlichkeiten orientierte Religion war in ihren Augen arm an echten spirituellen Inhalten, jedenfalls zu nahe an einer heidnischen Ausprägung, die im Mezzogiorno Italiens ungebrochen weiterexistierte. In einer vorherrschend puritanischen, tendenziell antipapistischen Kultur wie der der Vereinigten Staaten barg eine so marktschreierische Religiosität die Gefahr, den Katholizismus der Lächerlichkeit preiszugeben und das Misstrauen der Protestanten zu wecken. Für diese Art von Religiosität ließen sich noch sehr viele weitere Beispiele anführen, das wäre aber eine unnötige Wiederholung.

Ein Gegenbeispiel, eine Persönlichkeit, über die man auf alle Fälle sprechen muss, ist Graf Camillo Benso di Cavour.[17] Obwohl man fast alles über ihn weiß, bleibt Cavour im Verhältnis zu seinem historischen Kontext eine exzentrische Figur. Giuseppe Garibaldi zum Beispiel verkörpert ganz wunderbar den Volkshelden, den Italiener par excellence: ungestüm, redlich, ein tüchtiger General, politisch naiv. Cavour war das Gegenteil, ebenso ungeeignet für das Militärleben wie politisch genial. Er kam ohnehin schon aus einer reichen Familie, wusste aber das vorhandene Kapital zu vermehren und zu vervielfachen. Er war Untertan eines winzigen Reiches, aber fähig, seinen intellektuellen Horizont in Richtung Europa zu erweitern. Er studierte die Folgen der im Entstehen begriffenen Industriegesellschaft, führte eine komplizierte Bewegung an – das Risorgimento – und erreichte angesichts der gegebenen Umstände das bestmögliche Ergebnis. Der vortreffliche britische Abgeordnete John Bright, ein wunderbarer Redner, Altersgenosse Cavours, schrieb in seinem Tagebuch über seinen italienischen Politikerkollegen: «Der Ministerpräsident des Königreichs Sardinien-Piemont wirkt eher wie ein intelligenter englischer Landadeliger als ein eleganter und feinsinniger Italiener.»

Hier haben wir also einmal, ganz vereinzelt, ein Kompliment. Und weil das Stereotyp des Italieners so stark war, brauchte man, um ihn zu loben, nur zu sagen, er wirke gar nicht wie ein Italiener. Übrigens war der Philosoph Henri Bergson überzeugt, dass Cavour als Politiker Bismarck überlegen war. Natürlich war er das. Der Conte war einer der weitblickendsten Politiker Europas. Leider im Dienste einer schwachen Dynastie und eines Landes, dessen Geschichte zu komplex war, als dass man daraus eine gemeinsame, von allen Italienern geteilte Geschichte hätte machen können.

II. DE AMICIS' *HERZ* UND D'ANNUNZIOS *LUST*

Die Italiener, von innen besehen

Dieses Kapitel erzählt von zwei sehr speziellen Büchern, Romanen, die ganz wesentlich dazu beigetragen haben, das Selbstbild der Italiener zu konstruieren. Damit haben sie zwei typische, wenngleich entgegengesetzte Verhaltensweisen vorweggenommen: die des guten, des anständigen Italieners *(per bene)* bei De Amicis und eben die des «unanständigen» *(per male)* bei D'Annunzio. Sie sind zwar vor vielen Jahren geschrieben worden, wenn man sich aber einen typischen Italiener *per bene* wie Romano Prodi und einen typischen Italiener *per male* wie Silvio Berlusconi betrachtet, zeigt sich: Die Nachfahren ihrer Helden dominieren weiter die Zeitgeschichte, weshalb man, jenseits von jeder literarischen Bewertung, sagen kann, dass in diesen Bücher Archetypen präsent sind, die im Leben Italiens Spuren hinterlassen haben und bis heute aktuell sind. Was im Übrigen nicht sonderlich überrascht. Literatur als Kondensat der Geschichte ist gar nicht selten. «Ein Klassiker [ist] ein Buch, das sich als Gegenstück des Universums gestaltet», hat Italo Calvino einmal geschrieben.[1] In unserem Falle aber handelt es sich nicht um das Universum, sondern – bescheidener – um die italienische Halbinsel. Deshalb ist es beim Wiederlesen dieser Bücher auch so (und zuweilen sogar noch besser), als besuche man einen Ort oder treffe man eine Person, die man lange nicht mehr gesehen hat.

Literarisch werden die achtziger Jahre des 19. Jahrhunderts 1881 von Giovanni Verga eröffnet, mit seinem revolutionären, den Verismus einleitenden Roman vom sozialen Abstieg einer sizilianischen

Fischerfamilie: *I Malavoglia* (auf dt. erschienen unter dem Titel *Die Malavoglias*). 1883 folgten Antonio Fogazzaros psychologischer, zwischen Romantik, Naturalismus und Symbolismus schwankender Roman *Malombra* und *Le avventure di Pinocchio (Die Abenteuer des Pinocchio)* von Carlo Lorenzini alias Collodi. Vor allem aber sind es zwei Titel, die in dem Jahrzehnt Furore machen, und von ihnen wollen wir erzählen: *Cuore (Herz)* von Edmondo De Amicis und *Il piacere (Lust)* von Gabriele D'Annunzio. Sie erscheinen im Abstand von wenigen Jahren, das eine mit starkem Turiner Einschlag, das andere sehr römisch. Zwei weit auseinanderliegende Städte, nicht nur, was die räumliche Distanz angeht, sondern vor allem von so fundamentalen Unterschieden in den geschilderten Lebensgewohnheiten und Wertvorstellungen, dass man sie beinahe als einander wesensfremd bezeichnen könnte.

Edmondo De Amicis war 1846 in Oneglia (Ligurien) geboren worden, hatte gerade die Dreißig überschritten und erfreute sich als kultivierter und gewissenhafter Journalist einer gewissen Berühmtheit. Als Berichterstatter der Zeitschrift «L'Italia militare» war er 1870 bei der Eroberung Roms und dem historischen Durchbruch der Bersaglieri an der Porta Pia dabei gewesen; wenige Monate später hatte er – auf einer Welle der Popularität bei der Leserschaft – begonnen, eine Reihe von Kurzgeschichten über seine Reisen zusammenzustellen und zu veröffentlichen: Spanien im Jahre 1872, Holland und London 1874, Marokko, Konstantinopel und Paris 1879. Heute würden wir sagen, seine Anfänge waren die eines Reporters. Er schreibt eine flüssige, transparente Prosa, die durch ihre Einfachheit besticht, betreibt gelegentlich Effekthascherei, setzt vor allem auf Gefühle. Mit Vorliebe beschreibt er die kleinen Ereignisse, notiert akribisch und fein koloriert, was er sieht, wählt mit Vorliebe die intime Perspektive. Dass er keine epische Größe hat, weiß er. Seine Unzulänglichkeiten kompensiert er mit der Flucht in die Skizze, die kleine Gesellschaftsnotiz.[2]

Durch seine beiden Söhne Furio und Ugo kommt er mit der Welt der *scuola elementare*, der Grundschule, in Berührung, er hat aber bereits Jahre zuvor bei der einen oder anderen journalistischen Gelegenheit Texte mit Tönen und Kadenzen geschrieben, die sich in *Cuore* wiederfinden werden.

> Ja, ich, der ich klein bin, der ich arm bin, ich, der ich mich von Schwarzbrot ernähre und in Lumpen herumlaufe, ich, der ich der Welt unbekannt und für die wenigen, die mich kennen, Gegenstand des Mitleids bin, ich kann, wenn ich will, wenn ich lerne, wenn ich mich anstrenge, an einem Tag zehntausend Menschen, die Elite der Bürger meiner Stadt dazu zwingen, still zu sein, so wie sie es jetzt tun, um meinen Namen zu hören, den Kopf zu recken, um mich zu sehen; zu raunen: Da ist er ja!; zu ihren in Samt gekleideten Kindern sagen: Macht es wie er! … Wenn es sein muss, kann ich die Nacht aufbleiben. Ich habe kein Licht? Dann lasse ich mir vom Nachbarn die Kerzenstummel geben.

Als liebevoller und fürsorglicher Vater begleitet der Schriftsteller seine beiden Söhne in ihrem Schulalltag, den er dadurch Tag für Tag vor Augen hat: die Söhne, die Freunde der Söhne, die Lehrer, die Eltern, die sich beim Abholen ihrer Kinder vor dem Ausgang drängen. Er stibitzt die eine oder andere Geste, einen Halbsatz, etwa des Jungen, der einen ärmeren Klassenkameraden tröstet, die angedeutete Zustimmung einer Lehrerin. So entsteht das Buch *Cuore*. Am 16. Februar 1886 schreibt er seinem Verleger: «Ich bin gerade richtig in Fahrt. Ich habe keinen anderen Gedanken, keine andere Leidenschaft als mein Buch *Cuore*; ein Kapitel reiht sich an das andere, die Hälfte der Arbeit ist bereits getan; hin- und hergerissen zwischen Tränen und Anfällen von Freude.»[3] In einem Interview wird De Amicis' Sohn Ugo Jahre später offenbaren, dass sein Vater in den sechs Monaten, während er an dem Buch schrieb, kein einziges Mal aus dem Haus ging und jeden Tag Dutzende von Zigarren rauchte. Er arbeitete im Stehen an einem hohen Pult in seiner Wohnung an der Piazza San Martino in Turin. Im Mai ist er fertig: nach sechs Monaten. Seinem Freund Orazio Barberis vertraut er an: «Genau in diesem Augenblick, um Mitternacht, bin ich mit meinem Jugendbuch fertig geworden, und das muss ich dir einfach mitteilen, mein liebster Freund.»

Rechtzeitig zum ersten Schultag am 15. Oktober 1886 erscheint das Buch, mit einem feuerroten Buchdeckel, und stapelt sich in den Schaufenstern. Als Modell diente die Schule «Moncenisio» in der Via Citta-

Edmondo De Amicis' Roman «Cuore» (Herz) wird zum Kultbuch.

della in Turin. Ein Jugendbuch also, genauer gesagt: ein «Lesebuch für die ersten Klassen der Grundschule» schwebte dem Autor vor, wie er in einem seiner Briefe erläutert. Damals konnte er noch nicht ahnen, dass aus diesen sechs Monaten intensiver Arbeit viel mehr werden sollte. 1923 war *Cuore* bei einer Auflage von einer Million angekommen. 1958 waren daraus drei Millionen geworden. Später lässt sich die Verkaufsgeschichte kaum noch nachvollziehen, und wie viele Millionen Exemplare des *Cuore* inzwischen weltweit im Umlauf sind, das kann heute niemand mehr sagen.

Wie erklärt sich dieser gewaltige Erfolg?

Cuore schildert auf sehr elementare und anschauliche Weise das Alltagsleben der Schule, in der sich die Handlung abspielt. Der Autor lässt einen Schüler der dritten Klasse, Enrico Bottini, ein Jahr lang alle wesentlichen Begebenheiten des Schuljahres aufschreiben, er lässt ihn also eine Art Schultagebuch führen, worauf übrigens auch der italienische Untertitel *Storia di un'anno scolastico* (Geschichte eines Schuljahres) verweist. Mit dieser großen Aufgabe erschöpft sich Enricos Rolle allerdings in der des Ich-Erzählers, und das macht ihn zu einer der blassesten Figuren des Buches. Drumherum: eine ganze Klasse (überfüllt, aber so war damals die Situation) mit vierundfünfzig Schülern, von denen mit dem Fortschreiten der Ereignisse etwa ein Dutzend eine beachtliche Relevanz erlangt. Wenn der Autor sie nach und nach einführt, wird dem Leser schnell klar, dass jeder einzelne von ihnen, über seine Psychologie hinaus, eine Funktion erfüllt. Gleich beim ersten Auftritt zählt De Amicis die Eigenschaften auf, die einen jeden auszeichnen. Coretti ist derjenige, der «einen schokoladefarbenen Pullover trägt und eine Mütze aus Katzenfell: immer fröhlich»; Garrone «ist der größte und stärkste der Klasse … kaut immer und ist gutmütig»;[4] Votini ist «sehr gut angezogen»; Nobis scheint «sehr hochmütig»[5] und so weiter. Die ständige Wiederholung dieser Eigenschaften (wie in den klassischen Poemen) hilft dem Leser, sich in der kleinen Menge zu orientieren, sie hat aber auch eine rhetorische Funktion. Sie macht deutlich, dass wir es nicht so sehr mit echten Kindern aus Fleisch und Blut zu tun haben, sondern eher mit Typen, mit Rollen, die ein jedes von ihnen zu spielen hat, gelegentlich auf Kosten der Wahrscheinlichkeit. Von den ersten Seiten an präsentiert sich *Cuore* also mit den Charakteristika eines «Heldenepos» oder, wenn man so will, mit einer Agitations- oder Propaganda-Dramaturgie. Wie im Jesuitentheater oder in Bertolt Brechts epischem Theater, wie in der *Odyssee* – wenn man auf den höchsten und historisch am weitesten zurückliegenden Archetypus zurückgreifen will – dient die Wiederholung dazu, dem Leser vorzuführen, dass die Menschen, die er vor sich hat, von Kräften getrieben sind, die sich der Kontrolle ihres eigenen Willens entziehen. Sie folgen nur der Funktion, die sie auszuüben haben.

Ringsherum und über der Kinderschar sind da die Lehrer, die Eltern, die Lehrerinnen, von denen es zweien bestimmt war, sprichwörtlich zu werden: Eine wird «das Nönnchen» genannt, «weil sie immer dunkel angezogen ist, mit einer schwarzen Schürze, und ein kleines, blasses Gesicht, immer ganz glatte Haare, helle Augen und ein Stimmchen hat, das dauernd Gebete zu murmeln scheint».[6] Die andere ist die noch berühmtere junge Lehrerin «mit einem rosigen Gesicht, die zwei niedliche Grübchen in den Wangen hat und eine große rote Feder auf dem Hut ... Sie ist immer fröhlich.»[7] Zwei halblegendäre Figuren, die sich in der Mythologie der Schule von anno dazumal tummeln, mitsamt den von den Kerben der Spitzer eingeritzten Schulbänken, den notorisch leeren Tintenfässern und der auf der Tafel entlangkratzenden Kreide.

Der Stoff ist also einfach, die Gliederungsstruktur dagegen umso differenzierter. Da ist die Erzählung Edoardos, der als Zeuge spricht, was ihn zu ständiger Anwesenheit verpflichtet. Da sind die Briefe, mit denen der Vater, aber auch die Mutter, in einigen Fällen die Schwester des Protagonisten sein Tagebuch nachträglich ergänzen – ein Kunstgriff, der dem Autor das Heraustreten aus der kindlichen Optik und die Einbeziehung eines erwachsenen Standpunktes erlaubt. Schließlich sind da die in «neun Monatserzählungen» gefassten Geschichten, deren Hauptfigur jeweils ein Kind aus einer Region des gerade geschaffenen Königreichs Italien ist. Darunter: *Der kleine lombardische Späher, Der kleine florentinische Schreiber, Der sardische Trommler* und – die berühmteste von allen – die des Genueser Arbeitersohns, der sich ganz allein auf den Weg nach Argentinien macht, um seine dort Arbeit suchende, verschollene Mutter aufzuspüren: *Vom Apennin zu den Anden* (mit 40 Seiten auch die längste), über die ich als Kind viele Tränen vergossen habe, beim Lesen und dann noch einmal beim Betrachten des gleichnamigen Films, den Flavio Calzavara im Jahre 1943 drehte.

Dabei bin ich mit Haut und Haaren den Absichten des Autors erlegen, habe mich im Schicksal des armen Knaben, der auf der verzweifelten Suche nach seiner Mutter die halbe Welt durchquert, geradezu verloren. Eines Tages nähert er sich einer Kutsche, um etwas zu erfragen. Seine Mutter sitzt darin, er ist nur einen Schritt davor, sie wiederzufinden, doch bevor die beiden sich gesehen haben, fährt die Kutsche weiter – eine geniale, erschütternde Idee. An die schmerzlich enttäuschten Seufzer des ganzen Saales im Kinodunkel, als die Kutsche losfährt, erinnere ich mich bis heute.

Ein einzigartiges Buch also, von hohem emotionalen Identifikationswert und einer, gemessen an den Kanones des Jahrhundertendes, relativ innovativen Struktur.

De Amicis war nicht annähernd so naiv, wie wir naiven Leser es uns vielleicht vorstellen. Im Gegenteil, er wusste sehr genau, was er wollte: in erster Linie uns dazu bringen, Tränen zu vergießen, was ihm in meinem Fall vollkommen gelungen ist. Dann, durch die Rührung das Ziel zu erreichen, das er im Vorwort ganz offen erklärt: «Ihr werdet jetzt dieses Buch lesen, Kinder», schreibt er, «ich hoffe, dass es euch gefällt und dass es bei euch Gutes bewirken wird.» *Cuore* sollte also Gutes bewirken. Der Autor ist überzeugt, dass die Literatur einen moralischen Zweck hat, eine Überzeugung, bei der er auch bleiben wird, als er sich den Ideen des Sozialismus zuwendet. In einem Interview mit Ugo Ojetti unterstreicht er 1895 noch einmal: «Die Kunst, wenn sie Kunst sein will, darf nicht predigen, sondern sie muss einen Zweck haben.»

Das «Gute», das die Lektüre von *Cuore* bewirken sollte, bestand auch in der Verbreitung jener in der angelsächsischen Mentalität tief verwurzelten und in den romanischen Ländern sehr viel schwächer ausgeprägten «Arbeitsethik». In die Sichtweise eines Piemontesers im späten 19. Jahrhundert übersetzt hieß das: Solidarität unter den Klassen, Gemeinsinn oder, wenn man so will, Vaterlandsliebe (häufig die Bezugnahmen auf die Fahne, das Heer), guter Wille, gutes Gewissen. Werte, die heute als überflüssig oder überholt, sogar abwegig gelten könnten, deren Fehlen aber allenthalben zu spüren war und bis heute zu spüren ist.

Nachdem die Einheit Italiens mehr schlecht als recht vollzogen war, war es notwendig, das Zusammenleben auf einheitliche Verhaltenskodizes zu gründen. Die Einführung solcher Kodizes war eines der Anliegen des Buches. Ein Beispiel von vielen: der herzliche Empfang, der dem Schüler Coraci, einem Knaben aus Kalabrien, in jener 3. Grundschulklasse mit lauter Piemonteser Kindern zuteil wird. Das kulturelle Gefälle war damals so schwer zu überwinden wie heute für die diversen Coracis, die inzwischen vielleicht Mehmed, Murat oder Josip heißen.[8]

Die Schule ist das Abbild der Gesellschaft, gemeinsam bewältigen die Schüler und die Lehrer nicht nur den Unterricht, sondern die schwierige Aufgabe, einige Stunden am Tag miteinander denselben Klassenraum zu teilen. De Amicis beharrt auf dem Konzept: «Es sieht so aus, als mache die Schule sie alle gleich und zu Freunden.» Oder:

«Es lebe die Schule, die aus euch eine einzige Familie macht, aus denen, die eine haben und denen, die keine haben.» Die Schule als ein Ort, an dem man nicht nur Lesen, Schreiben und Rechnen lernt, sondern auch das Zusammenleben mit anderen, wenn schon nicht im Geiste der Brüderlichkeit, so doch zumindest im Geiste der Solidarität, wo eine nationale Identität konstruiert wird. Die beiden einzigen Personen, die sich in diese fortschrittliche Vision nicht einbinden lassen, sind nicht von ungefähr Carlo Nobis, der blaublütige eitle Fatzke, und der unglückselige Subproletarier Franti. Weder der eine noch der andere hat teil an den von allen Übrigen anerkannten Werten. Sie verweigern sich ihnen sogar, erachten sie – aus entgegengesetzten Motiven – als für ihre Außenseiter-Position in der großen bürgerlichen Ordnung unbrauchbar. Von diesen beiden Extremen abgesehen bindet die Pädagogik von *Cuore* die gesamte gesellschaftliche Bandbreite in ein harmonisches Ganzes ein: die Welt des Handwerks, die des Gewerbes, die neu entstandene Industriegesellschaft, die De Amicis bei der Weltausstellung von 1878 in Paris so bewundert hatte.

Nur durch ein massives Aufgebot an Kollektiverziehung war eine solche Gesellschaft zu erreichen. Dabei wurde die Professionalität eines jeden dazu genutzt, um so etwas wie «Pflichtbewusstsein» zu verbreiten und populär zu machen. Zur Umsetzung dieses schwierigen Vorhabens waren extreme Anstrengungen notwendig, die zu einem großen Teil auf der Schule lasteten. Das Schulsystem wird daher zur vordersten Front, an der die Zukunft der Nation verhandelt wird. Aus dieser Perspektive stellt die folgende Szene mehr als ein Modell urbaner Bürgerlichkeit dar, sie enthält eine präzise moralische Botschaft.

Enrico Bottini erzählt eine Begegnung zwischen seinem Vater und dessen altem Lehrer so:

> Mein Vater nahm den Hut ab und fragte: «Sind Sie der Lehrer Vincenzo Crosetti?» Auch der Alte nahm den Hut ab und sagte: «Der bin ich», mit deutlicher, aber etwas zittriger Stimme. «So gestatten Sie einem alten Schüler», sagte mein Vater und ergriff seine Hand, «Ihnen die Hand zu drücken. … Ich bin von Turin gekommen, um Sie zu besuchen.»[9]

Auch zu dieser Szene findet sich aber in den Einstellungen der Zeit das Gegenteil. In einem Zweijahresbericht des Senators Prof. Francesco Torraci für den Zeitraum 1895–96 ist zu lesen, dass vor allem im Mezzogiorno Italiens, aber auch im Norden «der größte Teil der kommunalen Verwalter, und mit ihnen die Wohlhabenderen, die Volksbildung hassen und bekämpfen – in der sie ein Werk der Gleichmacherei sehen, das sie in Angst und Schrecken versetzt.» Dieser Schrecken hat die Jahre überlebt – bis in unsere Tage. Als eine Exponentin der Rechten, die spätere Oberbürgermeisterin von Mailand, Letizia Moratti, in den ersten Jahren des 21. Jahrhunderts italienische Kultusministerin wurde, war es eine ihrer eiligsten Maßnahmen, den Namen ihres Ministeriums zu ändern. Aus dem *Ministero della Pubblica Istruzione* – Ministerium für Öffentliches Unterrichtswesen – wurde das Adjektiv *pubblica* entfernt, auch sie also war voller Angst und Schrecken vor dem egalitären Beigeschmack eines öffentlichen Unterrichtswesens, auch wenn sie wahrscheinlich keine Ahnung hatte, dass es ein altes Tabu war, das sie hier reanimierte.

Von den Lesern wurde *Cuore* auf Anhieb triumphal aufgenommen, mit Ausnahme von katholischen Kreisen, die über die Tatsache verärgert waren, dass De Amicis das religiöse Element ignoriert, ja es sogar unterlassen hatte, die größten Feiertage des Schuljahres zu nennen. In *Cuore* gibt es weder Weihnachten noch Ostern noch die Unbefleckte Empfängnis. Jede einzelne Geschichte ist von einer Zivil- und Staatsreligiosität liberal-risorgimentaler Prägung gefärbt.

Die kirchliche Obrigkeit kannte kein Pardon, das Buch wurde auf den Index der «für die Jugend wenig geeigneten» Bücher gesetzt. Den Startschuss für die Polemiken gab ein Artikel in der Zeitung «L'Unità cattolica». Die liberale und die protestantische Presse reagierten. In einem Turiner Saal organisierte ein Waldenser Pastor eine überfüllte «Verteidigungs»-Konferenz zum Thema «Das *Herz* von De Amicis und das Herz der ‹Unità cattolica›». Der Autor war nicht anwesend. Es wurde ihm aber darüber berichtet, und die Solidarität war ihm ein

Trost. Einige Tage danach schrieb er an seinen schwedischen Verleger: «Ich sage dir das, um dich wegen der klerikalen Angriffe ein wenig zu trösten, die dich, glaube ich, im tiefsten Herzen haben beklagen lassen, dass ich in meinem Buch Weihnachten, Ostern und Himmelfahrt nicht heiliggesprochen habe.»

Der große Erfolg des Buches, auch außerhalb Italiens, beflügelte natürlich – und das war beinahe unvermeidlich – Parodien, Persiflagen, Karikaturen. Der Dichter Francesco Gaeta, der den in *Cuore* lancierten Werten skeptisch gegenüberstand, brachte gegenüber seinem Gönner, dem Philosophen Benedetto Croce, die Möglichkeit einer Fortsetzung ins Gespräch. Croce war darüber sehr amüsiert und schrieb: «Gaetas fidele Fortsetzung sieht vor: Enrico, der seine gesamte Jugendzeit immerzu in der Wonne der moralischen, sanften, erhabenen Spektakel verbracht hatte und der rauen Wirklichkeit und ihren dämonischen Kräften gegenüber nicht hinreichend gewappnet war, endet durch die Verführungen des Neuen und seine Unerfahrenheit von Jugendsünde zu Jugendsünde im Gefängnis!» Eine Persiflage erfuhr auch Enricos Tagebucheintrag vom 17. Dezember mit dem Titel *Le maestre* (Die Lehrerinnen):

> Frau Cromi [ist] Schule halten gekommen, die älteste der Lehrerinnen, die zwei erwachsene Söhne hat und schon einigen der Herren das Lesen und Schreiben beibrachte, die jetzt ihre Kinder zur Schule begleiten. Heute war sie traurig, weil einer ihrer Söhne krank ist. Kaum sahen sie die Schüler, fingen sie an zu lärmen. Sie aber sagte mit ruhiger, langsamer Stimme: ‹Habt Ehrfurcht vor meinen weißen Haaren: Ich bin nicht nur Lehrerin, ich bin auch Mutter.› Und da getraute sich niemand mehr zu schwatzen.[10]

In *Buon Cuore* (Gutes Herz, 1906) von M. Nigra Garigliola wird aus der Maestra Cromi die Maestra Dorati (also Gold statt Chrom), und die Persiflage lautet so:

> Frau Dorati, die älteste der Lehrerinnen, hat einen Sohn in der Irrenanstalt und einen zweiten im Priesterseminar. Sie trat ein, und sofort gab es einen höllischen Lärm. Die gute Frau stieg aufs Katheder und sagte, wobei sie die im Tumult befindliche Klasse mit mildem Blick liebkoste: ‹Wollt ihr, dass ich Maestro Bonfanti rufe, der mit seinen hässlichen Strafe-Gottes-Händen schon die Hälfte seiner Schüler zum Krüppel geschlagen hat?› Und keiner wagte es mehr zu reden.

Und dann gibt es da noch das *Elogio di Franti* (Loblied auf Franti), von Umberto Eco 1963 verfasst. Darin malt er sich aus, wie sich der böse Franti «in glühender Erinnerung an die [vom Händedruck König Umbertos] noch heiße Hand Papa Corettis, der seinem Sohn die Liebkosung des Königs weitergab … unter dem Künstlernamen Gaetano Bresci in der Morgenröte des neuen Jahrhunderts zum Exerzitium einer langen Askese anschickte».[11] Jede Epoche hat, dem Geschmack der Zeit entsprechend, ihre eigenen Variationen hervorgebracht. Auch der Schriftsteller Alberto Arbasino hat sich über *Cuore* ausgelassen (in: *Certi Romanzi* – Gewisse Romane, 1964) und die in seinen Augen sadistisch-gefängnishafte Atmosphäre herausgestellt, von der dieses Buch durchzogen sei, wobei er dies ganz ähnlich übrigens bei Puccini und D'Annunzio brandmarkt. Er fügt aber hinzu: «Edmondo [De Amicis] und Giacomo [Puccini], aber auch Gabriele [D'Annunzio] bleiben unübertroffene ‹kleine Meister› der industriellen Transformation der schockierendsten ‹Transgressionen› in Produkte untadeliger Funktionalität.» Kritik und Karikatur im Abstand von mehr als einem Jahrhundert seit seinem Erscheinen sind ein weiteres untrügliches Zeichen für die anhaltende Vitalität des Buches. Im Übrigen hatte Eco seine Vorsichtsmaßnahmen getroffen, indem er präzisierte:

> Wer aber lacht, muss, um zu lachen, und um in sein Lachen die ganze Kraft zu legen, das, worüber er lacht, akzeptieren und glauben, und sei es auch nur in Klammern, *und von innen heraus lachen*, wenn man es so nennen will, sonst hat das Lachen keinen Wert. … Wer lacht, muss also Kind einer Situation sein, sie *in toto* akzeptieren, sie beinahe lieben, und ihr dann, als böses Kind, eine Fratze ziehen.

Natürlich ist jedes Werk, das kollektive Werte durchzusetzen versucht oder, wie in diesem Falle, geradezu zur Schau stellt, einfach zu parodieren. In jedem positiven Vorschlag sind die Ursachen seiner Schwäche schon enthalten, und die ethischen oder ideologischen Grundvoraussetzungen eines jeden Propagandawerkes, von den Tragödien des Mittelalters über das Theater der Jesuiten bis zum «sozialistischen Realismus», können dadurch, dass man es ins Lächerliche zieht, zunichte gemacht werden.

De Amicis hat die Figuren und Begebenheiten des Romans mit präzisen politisch-sozialen Bezügen ausgestattet. Er will demonstrieren, dass trotz des Fortbestehens der Klassenunterschiede zwischen den Schülern dieser berühmten dritten Grundschulklasse eine Bindung entstehen kann, die auf Freundschaft oder wenigstens gegenseitigem Respekt beruht. Wie der Kritiker und Literaturwissenschaftler Alberto Asor Rosa in seiner *Storia d'Italia* (Geschichte Italiens, Band IV) sehr zutreffend schreibt, handelt es sich dabei um die gleiche Art von Bindung, auf die sich das Schicksal eines künftigen Italien hätte stützen können, wenn sie sich zu einem echten «Nationalpakt» konsolidiert hätte.

Die Trauerfeier für De Amicis (März 1908) fand unter außerordentlicher Anteilnahme der Bevölkerung statt, wenige Jahre zuvor lediglich übertroffen von der Trauer um Giuseppe Verdi. Weder die Trauer noch der Triumph von *Cuore* aber dürfen uns täuschen: Der «Nationalpakt», das Konzept also, die Italiener zu Teilhabern eines allen gemeinsamen Zugehörigkeitsgefühls werden zu lassen, zu Kindern desselben Vaterlandes, blieb und bleibt bis heute ein eher fernes Ziel.

Auch Gabriele D'Annunzio schrieb *Il piacere* innerhalb von sechs Monaten, das sagt er selbst am Ende des Manuskripts: «Francavilla al Mare, Juli bis Dezember 1888».

Rom gegen Turin: ein nur allzu unverbrämt pädagogisches Projekt gegen die Explosion hedonistischer Sinnlichkeit oder, das Gegenteil, schmachtendes Sich-Verzehren, beide gespeist aus der rücksichtslosen Suche nach dem, was der Titel explizit deklariert: Lust. Bei De Amicis eine karge, funktionale Prosa, hier eine üppige, sinnliche, sehr gewählte Sprache.

Wenige Jahre später, 1893, erinnert D'Annunzio in einem Zeitschriftenartikel an die Atmosphäre, die er zu Beginn der achtziger Jahre in Rom vorfand.

> Es war eine Zeit, in der die schnöde Betriebsamkeit der Destrukteure und der Konstrukteure auf Hochtouren lief. Von dichten Staubwolken begleitet, griff eine Art Bauwahn um sich und löste einen unerwarteten Wirbel aus .... Es war damals überall so, als grassiere eine ansteckende Vulgarität. Im unaufhörlichen Widerstreit der Geschäfte, im

beinahe grausamen Wüten der Gier und der Leidenschaften, in der chaotischen Ausübung ausschließlich gewinnbringender Aktivitäten war jeder Sinn für Ästhetik, jeder Respekt für die Vergangenheit beiseite geschoben.

So wirkte die Hauptstadt des Königreiches auf Gabriele D'Annunzio, der als ganz junger Mann aus der Provinz dorthin kam. Das Szenario faszinierte und überwältigte ihn. Rom brannte sich, so kann man sagen, in seine Haut ein, und durch sein Schreiben war er imstande, eine verwandelte Stadt wiederzugeben, eine Mischung aus dem, was er gesehen hatte, dem, was er sich hätte vorstellen können, und dem, was nie wirklich passiert war, es sei denn, in seiner Phantasie. Er erzählt über den Adel und das Volk, die Sitten und die Gebäude, Szenen und Figuren, zum Teil der Realität entnommen, zum Teil Erfindung und dabei doch in gewisser Weise damit verbunden, was er um sich herum brodeln sah. Ein geträumter Realismus, ein Gemälde mit unscharfen Umrissen, verzerrt durch ein verwirrendes und doch wiedererkennbares Ideal.

D'Annunzio ist achtzehn Jahre alt und hat nach einigen Skandalen gerade mit Auszeichnung das Gymnasium Cigognini in Prato abgeschlossen. Die Stadt schlägt den jungen Dichter in seinen Bann, aber vielleicht sollte ich besser sein eigenes Prädikat benutzen: sie betört ihn. Er schaut sich um, wenn er aus seiner bescheidenen Behausung in der Via Borgogna 12 heraustritt, und es kommt ihm vor, als sei alles schön, was er sieht, und würdig, erzählt zu werden. Er schreibt sich an der Literaturwissenschaftlichen Fakultät ein, die im Übrigen der Grund dafür war, dass ihn die Familie in die Hauptstadt geschickt hatte, aber er geht kaum in die Vorlesungen. Stattdessen ist er ständiger Gast in den Redaktionen einiger Zeitungen, in die ihm der Ruhm seiner Lyriksammlung *Primo vere* (Erster Frühling, 1879) vorausgeeilt war, erschienen, als er noch aufs Gymnasium ging. Er wird herzlich empfangen, dieser Achtzehnjährige scheint ganz aus «Locken und Lächeln» zu bestehen. Der Dichter Edoardo Scarfoglio erinnert sich an seinen ersten Auftritt in der Redaktion der Zeitschrift «Capitan Fracassa»:

Ich lag, daran erinnere ich mich sehr genau, ausgestreckt auf einer Bank ... und gähnte vom Geschwätz der vielen Leute; und beim ersten Anblick dieses kleinen Burschen mit dem Lockenkopf und den sanften weiblichen Augen, der mich ansprach und selber sprach mit einem Tonfall, der ebenfalls sehr weiblich war, dass ich mich seltsam beeindruckt aufraffte und aufsprang. Und bei allen, die ihn zu Gesicht bekamen, war diese Wirkung gleich. Wir führten ihn in den Salon und alle Leute drängten sich um ihn. Nie zuvor habe ich dort, wo die Bewunderung und die Neugier auf alles mit so leichter Gewalt ausbrachen, einen sonderbaren Schriftsteller auf einer Welle des Erfolgs so triumphieren sehen, nie hat es einen so feierlichen Empfang gegeben.[12]

Die Residenzen und die Paläste, die Umgebung der Stadt, die Kutschen, die mondänen Abende, die Menschen, alles begeistert ihn. Vor allem aber faszinieren ihn die Frauen, die seine Phantasie und sein zur Sinnlichkeit neigendes Temperament entfachen. In einem der Gedichte aus der Sammlung *Intermezzo di rime* (1884), deren Erscheinen ein Skandal wird, schreibt er ohne den geringsten Skrupel: «Meine starke und barbarische Jugend / Bringt sich in den Armen der Frauen um.»

Das erste bemerkenswerte Abenteuer dieser römischen Periode war die Liebe zu Maria Hardouin di Gallese, die er im Februar 1883 traf. Im April schreibt er seinem Freund Nencioni: «Ich reite häufig aus, einsam, auf der Suche nach einer Amazone, die ich manchmal treffe ... Ich liebe, lieber Enrico, endlich liebe ich voller Hingabe, voll von mir und von der Vergessenheit meines ganzen Selbst.» Die Liebe, auch die Hingabe wird erwidert. An einem Abend im Mai gibt sich Maria ihm hin, und Gabriele hat nichts Eiligeres zu tun als dies aller Welt in einem Gedicht kundzutun, das dann Eingang in die Sammlung *Intermezzo di rime* finden wird. Die gesamte Sequenz bis zum abschließenden Beischlaf auf einer Wiese der Villa Borghese wird mit geradezu dreister Kaltschnäuzigkeit erzählt. Die Komposition heißt *Il peccato di maggio* (Die Mai-Sünde) und ist mehr als ein Gedicht, eigentlich eher ein Radio-Report.

... der Kopf
Fiel jählings ihr hintüber. Die volle Mähne, offen,
Schuf ihr ein Bett, auf dem sie wie sterbenstief getroffen
Sich niederstreckte. Starre, schier nicht mehr zu erwecken,

Die Kälte fast des Todes ward ihrer Herr. Ein Schrecken
Ergriff für Augenblicke mich …
Doch einer Woge ähnlich fuhr Leben in ihr Sinken.
Auf ihren Mund gebeugt wie aus einem Kelch zu trinken,
Und bebend vor der Wonne des nahen Sieges spürte
Ich, wie des Busens Spitzen, an die mein Finger rührte,
aufsprossen unterm Suchen wie fleischgewordne Blüten …[13]

Und so weiter. Die Folgen der «Mai-Sünde» ließen nicht lange auf sich warten und zwangen zu einer raschen Eheschließung.

Gabriele liebte seine Frau, auf seine Weise allerdings, also indem er die Ehe in eine Zweckgemeinschaft verwandelte, völlig abgetrennt von seinem künstlerischen Leben und natürlich von seinen zahlreichen Liebschaften mit anderen Frauen. Eine von ihnen war Olga Ossani, der unter den Vorbildern für *Il piacere* eine herausgehobene Rolle zukommt. Die Ossani, eine Journalistin aus Neapel, die unter dem Pseudonym Febea schrieb, war einige Jahre älter als Gabriele (sie war einundzwanzig, als er sie kennenlernte) und berühmt für ihre Schönheit, vor allem für die Besonderheit, dass sie bereits mit zwanzig Jahren vollkommen graue Haare hatte, die zur Frische und Jugendlichkeit ihrer Züge und der Lebhaftigkeit ihres Blickes einen aparten Kontrast bildeten. Die beiden unterhielten eine heftige, aber kurze Liebesbeziehung, die bereits am 25. März 1885, vier Monate nach ihrem Beginn, endete. Schon diese kurze Periode reichte ihr aus, um zu begreifen, dass sie die Ausflüchte und Winkelzüge einer heimlichen Liaison nicht ertragen konnte.

Für Edmondo De Amicis war die Schule der Lebensbereich, den er schöpferisch in Literatur verwandelte, für Gabriele D'Annunzio waren es die Frauen. Die dritte in unserem Zusammenhang bedeutsame Beziehung ist die mit Elvira Natalia Fraternali, die er am 2. April 1887 bei einem Konzert in der Via Margutta kennenlernte. Elvira war Pianistin, eine sehr kultivierte Frau, die den Dichter auch als Intellektuelle beeindruckte. Was ihre Beziehung ausmachte, waren aber weniger die gemeinsamen kulturellen Interessen als die totale sinnliche Übereinstimmung. Elvira, die er in Barbara oder Barbarella umtaufte, war die Frau, die D'Annunzio unter den vielen Frauen seines Lebens sicher am meisten liebte oder begehrte, die jedenfalls seinen erotischen Vorlieben am meisten entsprach. Belegt ist das durch die unablässige Korrespondenz zwischen den beiden (mehr als tausend Briefe). Elvira wurde 1862 geboren und war damit ein Jahr älter als Gabriele. Drei Jahre bevor sie ihn kennenlernte, hatte sie den Bologneser Ercole Leoni geheiratet, einen Grafen von zweifelhafter Herkunft, von dem sie sich schnell wieder trennen sollte, auch wegen einer unangenehmen Geschlechtskrankheit, mit der er sie angesteckt hatte.

Als die Verbindung zwischen Leoni und D'Annunzio offenkundig wird, versucht der Graf, der nicht mehr ganz bei Sinnen ist – mehr aus beleidigtem Stolz allerdings als aus Eifersucht –, seine Frau zurückzugewinnen, indem er sie zum Geschlechtsverkehr zwingt und dabei den Verlust seiner Ehre in Kauf nimmt. Von dieser Beziehung, hin- und hergerissen zwischen gegensätzlichen Spannungen, von solchen Gewalttaten sind in *Il piacere* deutliche Spuren zu finden.

Zwischen April und Juni 1887 finden die Schäferstündchen mit der Geliebten beinahe täglich statt. Meist treffen sie sich in den Studios zweier Freunde Gabrieles: bei Guido Boggiani in der Via San Nicola da Tolentino und bei Francesco Tosti in der Via de'Prefetti. In mindestens drei Werken Gabriele D'Annunzios findet diese Liebesbeziehung ihren Niederschlag, aber auch schon im ersten Buch der *Elegie Romane* (*Römische Elegien*) geht es darum, und zwar gleich im ersten Gedicht *Il Vespro* (*Der Abend*):

> Verlassen hatt' ich der Geliebten Haus, wie trunken.
> Ich fühl' den süssen Rausch noch heute, im Drandenken.
> Aufwärts schritt ich die Strasse, die vom Tageslärme
> noch dröhnt: Lastwagen knarren, rohes Rufen rings.
> Da plötzlich brach aus meiner tiefsten Brust empor
> ein neu Begehren …
> Gewaltig blies aus seinen Backen der Triton
> die Wassersäulen, liess in Flammen sie erglüh'n.
> Umzuckt von Blitzen, ganz in Purpurlicht getaucht,
> ragt auf zum Firmament das Schloss der Barberini.
> Ein Zauberschloss erschien mir's; meiner neuen Liebe
> der hohe Herrschersitz: oh welche Flammenliebe!
> Flammende Liebe, süsseste Wollust, endloses Schwelgen,
> Kraft über jede Menschenkraft, ein volleres Leben![14]

Hier hat der Palazzo Barberini seinen Auftritt, derselbe, in dem die erotische Beziehung der beiden Helden von *Il piacere*, Andrea Sperelli und Elena Muti, ihren Anfang nimmt. Züge sowohl von Barbara Leoni als auch von Olga Ossani fließen in die Romanfigur Elena ein. In einem Brief an Barbarella schreibt D'Annunzio:

> Wenn ich an die Küsse zurückdenke, die ich Dir auf dem ganzen Körper gegeben habe, auf den kleinen hochgereckten Busen, auf den Bauch, der so vollkommen ist wie bei einer Jungfrauenstatue, auf die Rose, die heiß und lebendig und sanft an den Lippen ist wie dein Mund, auf den Schenkel, der die Weichheit und Geschmeidigkeit von Samt und den Geschmack einer köstlichen Frucht hat, auf die Knie, die du mir, Dich windend und lachend, vergeblich streitig machen wolltest, und in die Kniehöhle, die so fein und frisch und kindlich ist, und auf den ganz und gar mit vergoldeten Schönheitsflecken bedeckten und von einer Furche durchzogenen Rücken, an dem meine Zunge liebkosend schnell und feucht entlangfuhr und auf die Lenden und auf die Hüften von bewundernswerter Schönheit, und auf den Nacken und in die Haare und auf die langen Wimpern und auf den Hals, wenn ich an diese ganze Welle der Freude zurückdenke, die mich überkommt, wenn ich dich nur nackt ansehe, fühle ich, wie ich erschauere und erglühe und erzittere.[15]

Eine der ersten Begegnungen zwischen Andrea und Elena im Roman spielt sich in einer ganz ähnlichen Atmosphäre ab: «Mir scheint», sagte sie mit geschlossenen Augen, «als wären die Poren meiner Haut wie eine Million kleiner Münder, die sich nach dem deinen sehnen, die danach schmachten, auserwählt zu werden und einer auf den anderen neidisch sind ...» Und umgehend macht er sich daran, sie mit schnellen, dichten Küssen zu bedecken, «ihren schönen Körper ganz und gar», wobei er nicht das kleinste Fleckchen ausspart und ohne innezuhalten.[16]

Der Held von *Il piacere* ist Graf Andrea Sperelli Fieschi D'Ugenta, Dichter und Radierer von großer Sensibilität, gleichzeitig ein von «erotischem Egoismus» besessener Mann, der sich seiner moralischen Impotenz durchaus bewusst ist. Nachdem er auf dem Höhepunkt ihrer leidenschaftlichen Liaison von der Geliebten verlassen wird, versucht Andrea vergeblich, sie mithilfe anderer Frauen zu vergessen. Elena hat ihn verlassen, weil sie durch eine reiche Heirat die zerrütteten Vermögensverhältnisse der Familie sanieren muss. Eines seiner vielen

Abenteuer bringt Sperelli dazu, sich im Duell zu schlagen. Dabei wird er verletzt. Während der Rekonvaleszenz in dem Schifanoja genannten Landhaus reflektiert er über seine Vergangenheit, deren Trostlosigkeit er verdrängt, erträumt sich eine Art von Erlösung durch ein neues Engagement für seine Kunst.

In der Villa trifft er Maria Ferres, eine junge Frau, verheiratet, eine «auf noble Art spirituelle» Kreatur, deren Geliebter er wird. Nach der Heilung kehrt Spirelli nach Rom und zum früheren ausschweifenden Leben zurück. Bei einem Zufallstreffen mit Elena wird ihm klar, dass er sie noch immer liebt, und zwar mit der gleichen rasenden Leidenschaft wie zuvor, dass dieses Gefühl nun seine neue Liebe zu Maria Ferres überlagert und dass die Konturen der beiden Frauen für ihn in einem undurchsichtigen Wust von Begehren verschwimmen. Andrea benutzt also Maria als Ersatz für Elena, die sich ihm nun verweigert. Die eigenartige Beziehung zu Maria geht eine Weile so weiter, aufrechterhalten nur durch dieses unsichere Gleichgewicht, bis ausgerechnet in dem Moment, in dem Maria Ferres nach einer Reihe von Unglücksfällen in ihrer Familie das Verständnis und die Hilfe des Geliebten am meisten gebraucht hätte, Andrea in einem Augenblick unkontrollierter Leidenschaft der Name Elena herausrutscht. Mit einem Schlag durchschaut Maria das gefühllose Spiel, das er mit ihr treibt, und flieht. Es ist der Tag, an dem Marias gesamte Wohnungseinrichtung zur Versteigerung kommt. Mit dem Erlös sollen die Spielschulden ihres Ehemannes beglichen werden, der, nachdem er beim Falschspiel erwischt wurde, gesellschaftlich ruiniert ist. Mit dieser Szene der Trostlosigkeit und Verlassenheit, mit den Gepäckträgern, die die letzten Möbel und Polster wegtragen – ein leicht durchschaubares Symbol für ein sehr viel radikaleres Scheitern –, schließt der Roman.

Auf den nackten Plot reduziert hat *Il piacere* den Beigeschmack eines Feuilletonromans. Seine «Modernität» liegt aber nicht im Plot, sondern in der psychologischen Verstrickung der Figuren und in der Introspektion, der sich Andrea unterzieht. Vielleicht liegt die eigentliche Kraft des Buches aber gar nicht einmal darin – Autoren ganz anderen Kalibers, von Dostojewski bis Proust, waren d'Annunzio bei der Entwicklung der Psychologie ihrer Figuren zuvorgekommen –, sondern in der Beschwörung Roms und der römischen Gesellschaft jener Jahre. Zwischen den Zeilen der Erzählung hat der Autor präzise Hinweise auf die Zeit versteckt. Wir wissen, dass *Il piacere* um 15.25 Uhr des 31. Dezembers 1886 beginnt – das Datum wird durch das berühmte *Incipit* offenbart: «Das Jahr starb, ziemlich sanft.» Es endet am Montag, dem 20. Juni 1887, kurz nach Sonnenuntergang. Von der Chronologie der Ereignisse her betrachtet ist die Geschichte (wie ihre Niederschrift) in einer Zeitspanne von sechs Monaten abgeschlossen. Die psychologische Geschichte aber ist zeitlich sehr viel weiter angelegt, denn zu Beginn des Romans ist die Beziehung zwischen Elena und Andrea bereits zu Ende, nur durch die Erinnerungen des Helden dringt der Leser zu ihr vor.

Als Elena zum ersten Mal auftritt, beschreibt D'Annunzio ausschließlich ihre Kleidung. Das einzige physische Kennzeichen, das er erwähnt, sind ihre Augen:

> Sie stand noch in der Mitte des Zimmers, etwas zögernd und beunruhigt, obwohl sie schnell und leicht sprach. Ein Mantel aus dem hellbraunen Tuch der Karmeliter, mit Ärmeln im Empirestil, oben gebauscht, glatt und mit Knöpfen an den Handgelenken, mit einem großartigen Pelzkragen aus Blaufuchs als einzigem Accessoire, hüllte die ganze Person ein, ohne der schlanken Figur die Grazie zu nehmen. Sie sah Andrea an, die Augen erfüllt von einem gewissen Lächeln, welches den scharfen, forschenden Blick verschleierte.[17]

Auch als Sperelli vor seinem inneren Auge noch einmal die Umstände Revue passieren lässt, unter denen er Elena kennengelernt hat, gewährt uns D'Annunzio nur einen flüchtigen Teilaspekt von ihr. Andrea erinnert sich an sie von hinten, während sie die große Treppe des Palazzo Roccagiovane hinaufsteigt:

> Der Graf erkannte eine hohe, schlanke Gestalt, eine diamantenbesetzte Frisur, einen kleinen Fuß, der die Stufen betrat. Dann, als auch er die Treppe emporstieg, konnte er die ganze Person von hinten betrachten. Sie ging, langsam, weich, gleichsam gemessenen Schrittes vor ihm hinauf. Der Mantel, gefüttert mit Pelz, weiß wie Schwanenfedern, fiel, da er von keiner Schnalle zusammengehalten wurde, lose über den Oberkörper und ließ die Schultern unbedeckt. Sie schienen blass wie poliertes Elfenbein, geteilt von einer weichen Linie, mit Schulterblättern, die sich im Spitzenbesatz des Mieders mit einem gewissen flüch-

> tigen Bogen verloren, wie die sanften Krümmungen von Flügeln; über den Schultern erhob sich beweglich und rund der Hals; vom Nacken waren die Haare wie in einer Spirale zum Scheitel des Kopfes gewunden und bildeten dort einen Knoten, den edelsteinbesetzte Haarnadeln hielten.[18]

Die dritte Beschreibung Elenas ist ebenfalls partiell. Wir sehen von ihr eine minimale Geste, die auf den Protagonisten aber unmittelbar eine sinnliche Anziehung ausübt:

> Sie antwortete nicht. Aber sie führte den Veilchenstrauß an die Nase und atmete den Duft ein. Bei dieser Bewegung glitt der weite Ärmel des Mantels über den Arm bis zum Ellenbogen zurück. Der Anblick des lebendigen Fleisches, das aus dem Pelz auftauchte wie weiße Rosen aus dem Schnee, fachte die Sinnenglut des jungen Mannes noch stärker an, weil weibliche Nacktheit, wenn sie durch ein dichtes und schweres Gewand nur schwach verhüllt ist, besonders aufreizend wirkt. Ein leises Beben bewegte seine Lippen; er hielt begehrliche Worte nur mit Mühe zurück.[19]

Es ist nicht das erste Mal, dass ein «dichtes und schweres Gewand», in einfachen Worten: ein Pelz, bei D'Annunzio diese Art von Empfindungen hervorruft. Im Dezember 1884 verfasst er unter dem Pseudonym Happemouche für die Zeitschrift «La Tribuna» eine «mondäne Chronik». Unter dem Titel *Cronachetta delle pellice* (Kleine Pelzchronik) schreibt er: «Nichts ist distinguiert sinnlicher als ein Fischotterpelz, der schon eine Zeitlang in Gebrauch ist. Dann passen sich die Felle der Geschmeidigkeit des weiblichen Körpers an; doch nicht mit der anschmiegsamen Leichtigkeit von Seide oder Satin, sondern mit einer gewissen, nicht uncharmanten Schwere, und zwar von jenem sanften Charme, den mit reichem Pelz ausgestattete Tiere in ihren diebischen Momenten haben. Immer eine Art Blitz, eine Art plötzlicher Glanz, der der Bewegung vorausgeht oder sie begleitet und ihr eine seltsame Schönheit verleiht.»

Erst bei ihrem vierten Auftreten erscheint Elena vor den Augen Sperellis endlich vollständig und strahlend. Wir befinden uns in den Salons der Französischen Botschaft im Palazzo Farnese, es ist gegen elf Uhr abends. Sperelli ist zu früh gekommen und verzehrt sich vor Sehnsucht nach einem Wiedersehen mit Elena, die nicht kommt. Schon fürchtet er, dass sie Abstand genommen hat, doch dann:

> … betrat [sie] die mit Gemälden von Carracci geschmückte Galerie, wo das Gedränge weniger dicht war, und zog ihre lange Schleppe aus weißem Brokat wie eine lange Welle auf dem Boden hinter sich her. So weiß und schlicht gewandet, neigte sie im Vorübergehen den Kopf gegen die, die sie grüßten. Sie hatte ein müdes Gesicht, lächelte mit einer sichtbaren Anstrengung, die ihre Mundwinkel verzog, während die Augen größer erschienen unter der blutleeren Stirn. Nicht nur die Stirn, sondern alle Züge des Gesichtes erweckten durch die große Blässe den Eindruck einer fast unwirklichen Zartheit.[20]

Als Gabriele D'Annunzio *Il piacere* schrieb, war er fünfundzwanzig Jahre alt. Es war sein erster Roman, und doch genügt bereits das gekonnte Crescendo, mit dem er den Einzug der Heldin ankündigt, um seinen untrüglichen Erzählerinstinkt unter Beweis zu stellen. Elena wird dem Leser stückweise preisgegeben. Als er die Situation für reif hält, führt D'Annunzio seine Protagonistin ein mit jenem langsamen und majestätischen Einherschreiten, bei dem ihrer Schönheit der Ausdruck von blasser, fast «überirdischer Geistigkeit» innewohnt, ganz im Gegensatz zu den «aufgeregten, zu schnell, fast krampfartig sich bewegenden anderen Damen, deren Gesichter vom Tanz gerötet waren, erregt, zu lebhaft, ein bisschen hektisch».[21]

Meisterhaft ist zum Beispiel auch die Szene, in der die beiden Geliebten sich einander endlich hingeben. Nach intensiver, in die Länge gezogener Vorbereitung stellt der fulminante Abschluss etwas nach, was häufig auch im realen Leben geschieht: «Mit einer plötzlichen Bewegung richtete sich Elena im Bett auf, nahm den Kopf des jungen Mannes zwischen ihre Hände, zog ihn an sich, atmete ihm ihr Verlangen ins Gesicht, küsste ihn und bot sich ihm dar.»[22] Selbstgefällig berichtet D'Annunzio in seinem *Libro segreto* (Geheimes Buch) von einem Vorfall, der auf genau diese Art von Atmosphäre Bezug nimmt. Als er sich mit einem der ersten gedruckten Exemplare zu Prof. Jacob Moleschott begab, hellten sich die Züge des alten Arztes «zu einem breiten Lächeln» auf. Dann blätterte er rasch die Seiten durch, beschnupperte sie und als Physiologe, der er nun einmal war, gab er instinktiv eine Meinung von sich, die auch wie ein literarisches Urteil klang: «Es riecht nach Sperma.»

In einer aus dem Stegreif im Sommer 1887 niedergeschriebenen Chronik, also ein Jahr vor Erscheinen des Buches, kehrt der Autor immer wieder zur Figur der Diambra zurück, «der Prinzessin von Scurcola», der er verschiedene Kapitel widmet, die wie eine Studie des kommenden Romans wirken. Eine Aktstudie, eine Studie weiblicher Sinnlichkeit ist zweifellos diese Beschreibung einer Entkleidung: «Sie beginnt mit langsamen und matten, zuweilen zögernden Gesten, wobei sie immer wieder innehält, fast als ob sie in sich hineinhorche. Sie streift die feinen Seidenstrümpfe ab … schließlich löst sie auf ihrer Schulter das Band des kostbaren dünnen Hemdchens, das die letzte Entblößung vereitelt … das federleichte Etwas fließt die Brust hinunter, folgt dem Bogen der Niere, bleibt einen Augenblick an der Hüfte hängen; fällt dann in einem Rutsch auf die Füße, wie ein Schaumgeriesel.»

Die Kulisse für die Protagonisten gibt Rom ab oder besser jener Teil Roms, in dessen Zentrum das Gebiet zwischen Piazza di Spagna und Via Sistina, zwischen der Trinità dei Monti und dem Tritone-Brunnen liegt, von wo es sich über die Via Condotti und den Babuino zu den Barockkirchen des 17. Jahrhunderts (dem brühmten Barock der Gegenreform), zu großen und kleinen Plätzen, Brunnen und päpstlichen Ädikulen erstreckt. D'Annunzios Rom ist nicht das von Chateaubriand, nicht das von Stendhal oder Goethe. Es ist vielmehr das Rom des gerade entstandenen Königreichs Italien, das ihm als Schauplatz dieser Jahre am geeignetsten erscheint: «Die Empfänge, die Auktionen, die Fuchsjagden, die Straßen, die Läden, die Konzerte, die Fechtakademien, der silberne Glanz der Höfe, die Federn auf den Hüten der ‹Damen vom Tiber› bilden den Chor für [Roms] großes Ballett.»[23]

Mit der erlesenen Raffinesse eines literarischen Landschaftsmalers gelingt es dem Autor, dieses Rom wiederzugeben. Er präsentiert eine Reihe von Bildausschnitten, die manchmal prachtvoll sind wie Ölgemälde, andere Male die flüssige Transparenz von Aquarellen aufweisen. Wiederum in der Chronik von 1887 schreibt er:

> Haben Sie jemals an einem Juli-Nachmittag, aus dem Schatten der Steineichen heraus, die vor der Villa Medici eine feste grüne Mauer bilden, die Stadt betrachtet? Wann ist Rom jemals feierlicher und sakraler? Wann je löst es in der Seele stärker das Gefühl des Göttlichen

aus? Die Allee ist menschenleer. Unbeweglich überdachen die riesigen Bäume den Brunnen und spiegeln sich in seinem Becken, wo das Wasser, dieses Schattens wegen, dunkel und weich ist wie Samt.

Selbst Benedetto Croce, der ihn doch als «Sensationsdilettanten» abstempelte («Dilettant, aber Künstler», wie er hinzufügte, oder an anderer Stelle: «in seinen Grenzen ein Künstler»[24]), muss zugestehen, dass D'Annunzio nicht nur «mit außerordentlicher Klarheit» sieht, sondern das, was er sieht, auch «perfekt» abbildet.

Einige Zeit vor dem Erscheinen des Romans hatte D'Annunzio in der politisch-literarischen Wochenzeitschrift «Fanfulla della Domenica»[25] die Nachricht lancieren lassen, er arbeite an einem Roman über die «zeitgenössischen Sitten». Die «Sitten», die er beschreibt, waren, um die Wahrheit zu sagen, alles andere als «zeitgenössisch». Von gewissen Kreisen jedoch wurden sie – unter dem Einfluss des Romans – übernommen und zu einer Mode gemacht, auch wenn dies zuweilen zur Karikatur geriet.

Doch noch aus anderen Gründen wurde der Roman zu einem Skandal. Mehr als die sexuelle Freizügigkeit provozierten einige darin enthaltene politische Aussagen. Zum Beispiel der Satz, mit dem Andrea Sperelli die Tumulte nach dem Massaker an italienischen Soldaten in Dogali (Äthiopien) im Januar 1887 kommentiert. Wenige, schockierende Worte. Aus einer Kutsche beobachtet Andrea den Aufruhr und flüstert angesichts der aufgebrachten Menge: «Und das wegen vierhundert Kerlen, die brutal ermordet wurden!»[26]

Schon bei der Lektüre des Manuskripts hatte der Verleger die Polemiken vorausgesehen, die dieser Satz angesichts des politischen und gesellschaftlichen Klimas in Italien auslösen würde, und er hatte versucht, D'Annunzio zu einer Abschwächung zu überreden. Der Autor hatte das verweigert und geschrieben: «Lieber Herr, jeder Rat ist überflüssig. Der Satz wird von Andrea Sperelli gesagt, nicht von mir, und in den Mund dieses Monsters passt er gut hinein. Sie werden doch verstanden haben, dass ich mit diesem Sperelli die Studie der moralischen Verfassung eines Monsters liefern wollte. Weshalb also sollten die Kritiker darüber in Raserei geraten?»

Das war natürlich gelogen. Wenige Jahre später bestätigte er in einem Brief an Georges Hérelle, den französischen Übersetzer des Romans: «*Dans Andrea Sperelli, il y a une part vivante de moi.*» («In Andrea Sperelli ist ein lebendiger Teil von mir enthalten.») Keiner seiner Leser hatte daran je gezweifelt.

Ich kann ein Fazit versuchen, inwiefern diese beiden Romane, jenseits von jeder literarischen Beurteilung – wie schon zu Beginn des Kapitels angedeutet – zwei menschliche Typologien darstellen, also wahrheitsgetreu zwei unterschiedliche Arten widerspiegeln, Italiener zu sein, zwei Kategorien, zwei Lebensarten, zwei Arten der Konstruktion von Identität, der Beziehung zu den anderen und zum eigenen Land, zu jenem von Asor Rosa erwähnten «Nationalpakt».

De Amicis hat die Piemonteser Bourgeoisie idealisiert und ihre Tugenden gepriesen. D'Annunzio wollte einen Skandal provozieren und hat dabei schonungslos über die römische Bourgeoisie hergezogen, dies aber mit einer solchen Bravour, dass er selbst die vorhersehbaren Irritationen noch zusätzlich in Erfolgsmomente verwandelte. De Amicis steht ganz offen zu seiner Geschichte, lässt sich von seinen eigenen Romanfiguren zu Tränen rühren, lebt dasselbe Leben wie sie. D'Annunzio simuliert Abgeklärtheit, ironische Distanz. Aber die ist vorgetäuscht, denn in Wahrheit lebt auch er in seinen Figuren, mit gleicher Intensität, ist absorbiert von ihren Gemütszuständen und vermischt sie mit seinen eigenen.

Wenn wir die beiden Romane heute aus der komfortablen Position der Nachgeborenen betrachten, können wir sehr genau erkennen, welche menschlichen Typen in anderthalb Jahrhunderten Nationalgeschichte aus den großen und kleinen Figuren, von denen diese Romane bevölkert sind, hervorgegangen sind, sie nachgeahmt und übertroffen haben.

Aus dem Geist von *Cuore* stammen die guten Absichten, das politisch Korrekte, der bürgerliche Fleiß: Leute, die sich mit dem zufrieden geben, was sie haben, die sich treusorgend um ihre Familie kümmern und versuchen, schuldenfrei über den Monat zu kommen. Alles in allem gute Menschen, manchmal ein wenig blutleer, in Wohnungen mit sparsamer Beleuchtung und eingerichtet so gut es eben geht, mit dem Ausflug ans Meer, den neuen Schuhen zu Weihnachten, dem Respekt vor den Behörden, der Furcht vor den Mächtigen, der Mülltrennung als Beitrag zum Zusammenleben.

Der Schriftsteller Guido Gozzano sieht sie (in *L'amica di nonna Speranza* – Die Freundin von Großmutter Speranza) so:

> Loreto ausgestopft und die Büsten von Alfieri und Napoleon, die gerahmten Blumen (die guten Dinge des extrem schlechten Geschmacks!), der ein wenig düstere Kamin, die leeren Konfektschachteln, die Marmorfrüchte unter der Glasglocke, die Nippesfiguren, das muschelbesetzte Schmuckkästchen, die Tafeln mit Kalendersprüchen, *salve, ricordo,* die Kokosnüsse, Venedig als Mosaik, die verblassten Aquarelle, die Drucke, die Truhen, die mit archaischen Anemonen bemalten Alben.[27]

Tiefstes 19. Jahrhundert. Heute sieht der Nippes natürlich anders aus. Niemand (fast niemand) stellt sich mehr die Schneekugel mit «Venedig im Winter» auf die Kommode. Der Geist aber ist noch derselbe. Mit «derselbe» meine ich das Maß der Dinge, des eigenen Horizonts, des Lebens an sich.

Graf Sperelli ist der Vorfahre der anderen Sorte von Italienern, der Unkorrekten, der Varietékünstler, der Schamlosen, die kein Problem damit haben, auch dann Geld auszugeben, wenn sie keins haben, die auf rätselhafte Weise stets über ihre Verhältnisse leben, die Sprücheklopfer nach dem Motto: « … *in galera ci finiscono i poveracci*» – etwa: «Die Kleinen hängt man …», große Yachten, Glücksspiel, Rampenlicht, flüchtige Affären, geraubter Sex als kurzlebiger Kick. Das schnelle Lachen, die lockere Zunge, die Herausforderung, das Risiko, durch Gewalt oder üble Nachrede bezwungenene Gegner, die Behörden stets zu Diensten, die Nähe der Mächtigen – wer auch immer gerade das Sagen hat. Und dann die Slogans: «Sie sind traurig, wir sind fröhlich!» – «Sie wollen Regeln, wir lieben die Freiheit!»

Früher war es einfacher, die erste Sorte von der zweiten zu unterscheiden, mit der Zeit ist alles ein bisschen durcheinandergeraten; die beiden Typologien sind aber unverwüstlich, und die Italiener der zweiten Kategorie sind zwar in der Minderheit, bringen es aber immer wieder fertig, ihrer Epoche den Stempel aufzudrücken.

Ich habe von zwei Romanen erzählt. Um eine echte italienische Trilogie der achtziger Jahre des 19. Jahrhunderts zu bilden, hätte ich eigentlich drei zitieren müssen. 1885 veröffentlicht Antonio Fogazzaro seinen zweiten Roman *Daniele Cortis*. Der aus Vicenza stammende Schriftsteller war ein gegenüber der später als «modernistisch» bezeichneten Strömung offener Katholik. Es sind die Jahre des *Non expedit («Es ist nicht angebracht»)*. Mit der päpstlichen Bulle von 1874 hatte Pius IX. den Katholiken im jungen italienischen Nationalstaat verboten, am politischen Leben teilzunehmen, weil er es eben für «nicht angebracht» hielt. Fogazzaros Roman hat auch dies zum Thema. Daniele Cortis, der Protagonist, ist ein konservativer, aber aufgeschlossener Friauler Abgeordneter, der gegen die Korruption der Regierung protestiert, der nur zu gern einen starken Mann wie Bismarck am Ruder der Nation sähe und der trotz allem das *Non expedit* verweigert, weil er, wie Cavour, eine freie Kirche in einem freien Staat anstrebt. Kurioserweise erfindet Daniele irgendwann den Begriff, der mehr als ein halbes Jahrhundert lang gewissermaßen der Namensgeber für die Mehrheitspartei Italiens sein wird: «In meinem Gedanken sehe ich das leuchtende und mögliche Ideal einer christlichen Demokratie.»[28]

Neben dem politischen Werdegang des jungen Abgeordneten ist da noch die Liebesgeschichte mit seiner Cousine Elena, die im Alter von neunzehn Jahren unglücklich mit dem sizilianischen Baron Carmine di Santa Giulia verheiratet wurde, einem Glücksspieler und eingefleischten Hurenbock. Sie ist ausgesprochen elegant, brennt vor Liebe zu Daniele, wie er für sie, doch gestatten sie sich allenfalls einen Kuss, vielleicht auch zwei. Ansonsten nur Händchenhalten, flüchtige Berührungen von Gliedmaßen in bekleidetem Zustand: «Sie löste sich von den kräftigen Händen, die sie umfassten, und bewegte sich zum Eingang des Portikus. Von dort drehte sie sich um, um ihm mit einem raschen Blick ihre Seele in die Augen zu werfen; und verschwand.»

Und dann ist da das Parlament; Fogazzaro fuhr nach Rom, um vor Ort zu recherchieren, das Leben im Montecitorio aus der Nähe zu beobachten, und füllte damit Notizbücher. Wir sehen die Abgeordneten, die aus der Provinz in die Hauptstadt kommen und verloren durch die große Stadt und die unendlichen Korridore des Parlaments irren, die auf die grassierende Korruption mit Entsetzen reagieren, die den Reden der Kollegen aus gewissen Gruppierungen zuhören und versuchen, sich ein Bild zu machen, die Zettel mit merkwürdigen Botschaften lesen, anonym und daher besonders bedrohlich.

Mit *Daniele Cortis* schreibt Fogazzaro den ersten echten «Parlamentsroman» und vervollständigt damit das Bild eines Italien, das in diesen Jahren als Einheitsstaat Gestalt annahm. Die Dimension seines Buches, im Sinne der Literatur als Spiegel ihrer Zeit, ist im Vergleich zu den beiden anderen Romanen neu. Bei Fogazzaro findet sich nichts von De Amicis' idealisiertem Spießbürgertum und nichts von D'Annunzios «*dolce vita*» ante litteram. Was wir lesen, lässt aber bereits in der Frühzeit des Einheitsstaates die ersten Anzeichen einer Degeneration der demokratischen Vertretung erkennen, die später, wie wir wissen, qualitativ wie quantitativ noch ganz andere Dimensionen erreichen wird.

III. LEOPARDI IN ROM

Eine Stadt zum Davonlaufen?

An einem schönen Tag im Herbst bin ich die Strecke entlanggefahren, die Leopardi auf seinem Weg nach Rom zurückgelegt hat. Auch für ihn war es Herbst, der des Jahres 1822. Er war vierundzwanzig Jahre alt, und zum ersten Mal verließ er das «verhasste Grab» von Recanati. Der Dichter versuchte damit einen Befreiungsschlag, der ihm in Rom aber nicht gelang. Für seine Reise von den Marken in die Hauptstadt (des Papststaates) wird er in der Kutsche der Familie Antici, Verwandter mütterlicherseits, fast eine Woche brauchen. Über eine kurvenreiche, tief das Tal durchfurchende Straße, die von dichten Wäldern gesäumt ist und sich seit damals kaum verändert zu haben scheint, fährt er an einer alten Einsiedelei vorbei den Apennin hinauf. Er durchquert die lichte Ebene von Colfiorito, fährt bei Foligno wieder herab (*«Come chi d'Appenin varcato il dorso presso Fuligno…»* – «Wie dem, der den Appenin bei Foligno einmal überschreitet …», wird er später in den *Paralipomena della Batracomiomachia*, dem *Froschmäusekrieg*[1], schreiben), besucht die Quellen des Flusses Clitunno. Im Albergo della Posta in Spoleto macht die kleine Reisegesellschaft Rast. Von dort schreibt er seinem Vater Montaldo einen derart übermütigen Brief, dass er sich einige Tage später, nachdem er endlich in Rom angekommen ist, genötigt sieht, diesen in einem weiteren Brief an seinen Bruder Carlo zurechtzurücken: «Lass diesen Brief bitte den Herrn Vater lesen, denn ich weiß gar nicht mehr, was ich ihm aus Spoleto geschrieben habe: Ihr müsst wissen, dass ich ihn an einem Tisch inmitten einer wilden Horde von Fabrianern und Jesenern etc. schrieb.»

Aus dieser Korrespondenz erfahren wir unter anderem, dass Giacomo, obwohl kaum über zwanzig, bereits einen gewissen Ruf als Dichter genoss und dass er sich darüber natürlich freute. Zu der geräuschvollen Tischgesellschaft von Fabrianern und Jesenern gehörte auch ein Priester, der zu groben Scherzen aufgelegt war. In dem Brief beschreibt Leopardi ihn so: «Ein Schelm von einem neunmalklugen Priester, der mit ihnen zusammensaß, schickte sich an, auch mich zu verspotten, wie er es mit allen übrigen tat; aber glaubt mir, bei meiner ersten Entgegnung wechselte er auf einen Schlag den Ton und seine Gesellschaft wurde ganz brav und freundlich wie eine Herde Schafe.»

Nachdem er Spoleto hinter sich gelassen hat, geht die Reise über Terni, Narni, Otricoli, Cività Castellana schließlich nach Rom. Die Stadt kündigte sich schon von der Anhöhe der Straße aus an, mit ihrer zerklüfteten Silhouette aus Kirchtürmen und Kuppeln und dem majestätisch über allem thronenden Petersdom. Das Spektakel beeindruckt ihn. Seiner Schwester Paolina schreibt er (am 3. Dezember): «Die Kuppel habe ich trotz meiner Kurzsichtigkeit aus fünf Meilen Entfernung gesehen … und ich habe sie ganz deutlich gesehen mit ihrer Kugel und ihrem Kreuz, genauso deutlich wie ihr von euch aus den Apennin seht.»

Ich bin dieselbe Strecke gefahren, nur in entgegengesetzter Richtung, also von Rom nach Recanati. Ich wollte die Silhouetten der Berge, die Schluchten, die borstigen Bergrücken, die Mauern sehen, die er gesehen hatte, zum Beispiel jene «furchteinflößenden» von Spoleto, die heute mit Sicherheit niemandem mehr Furcht einflößen, ebenso wie niemandem die riesige Rocca Albornoziana Furcht einflößt, die die Stadt überragt. Seltsam, die Geschichte dieser Burg, die Innozenz VI. als Bollwerk zur Verteidigung der kirchlichen Territorien errichten ließ. Sein Gesandter, Kardinal Egidio Albornoz, rief den Architekten Matteo di Giovanello, der «Gattapone» genannt, und beauftragte ihn mit dem Bau. Das war 1362. Einige Jahrhunderte lang spielte die Burg in Spoleto eine wichtige Rolle. Die beherrschende Position, der Komfort, mit dem sie ausgestattet war, erlaubten es, dort einige der größten Persönlichkeiten der Zeit logieren zu lassen. Lucrezia Borgia, um nur ein Beispiel zu nennen, Tochter von Papst Alexander VI., war gegen Ende des 15. Jahrhunderts einige Wochen lang Gouverneurin von Spoleto. Später nutzte die päpstliche Regierung die

Burg als Gefängnis, und das blieb sie bis 1982, auch im Königreich Italien und in der Repubblica Italiana.

Die italienische Geschichte ist so reich an Verweisen und Querverbindungen, dass man ständig Gefahr läuft, auf Umwege zu geraten. Wir kehren zu Leopardi und seiner Reise nach Rom zurück. Natürlich hat sich viel verändert seitdem, vor allem die Anzahl der Häuser entlang der Straße und die Siedlungsdichte. Einige Straßenabschnitte sind aber, aus der Kurvenabfolge und dem Auf und Ab zu schließen, so geblieben wie damals, abgesehen vom Asphalt. Und wenn man den Blick ein wenig umherschweifen lässt, findet man hier und da Bergsilhouetten, Wald- oder Landstreifen, die heute noch genauso aussehen, wie er sie zu seiner Zeit gesehen haben muss, mit seinen schlechten Augen und seiner «Kurzsichtigkeit».

Leopardis Absicht war es, sich in der Hauptstadt niederzulassen, sich auf alle Fälle der erstickenden väterlichen Kuratel zu entziehen. Um dem Gefängnis von Recanati zu entfliehen, war er zu allem bereit, sogar dazu, Priester zu werden. Doch gesagt ist nicht getan. Als ihm nämlich Kardinal Consalvi, der Staatssekretär Pius' VII., den man zu seinen Gunsten um Vermittlung gebeten hatte, anbietet, «das Hofgewand anzulegen», also eine Stellung irgendwo zwischen Prälaten- und Laienstand anzunehmen, was ihm eine schnelle Karriere in der Kirche ermöglicht hätte, verweigert Giacomo dies in einem Anfall von Stolz oder aus einem tieferliegenden Abwehrmechanismus und schreibt, sein Leben solle «so unabhängig wie möglich sein».

In Rom hält er es ungefähr sechs Monate aus, als Gast seiner Cousins aus der Antici-Familie, die ihm in einem Zwischengeschoss, vielleicht auch unter dem Dach, jedenfalls nicht in der Beletage, ein kleines kaltes Zimmer zur Verfügung stellen. In seinen Briefen beklagt sich der arme Dichter immer wieder über die Frostbeulen, die ihn quälen und die, wenn sie aufplatzen, zu kleinen schmerzhaften Wunden werden, die nur sehr langsam abheilen.

Die Antici waren eine typisch papistische Familie, weder arm noch allzu reich, fröhlich und geizig, unordentlich und kulturell desinteressiert, kleingeistig und von engem Horizont, mit einem trostlosen, spießigen Geschmack. Giacomo nennt sie «sprunghaft, undefinierbar, unvorhersehbar, unbegreiflich». Seine Schilderungen der Tischgespräche vermitteln ein anschauliches Bild von der Engstirnigkeit dieser Familie. Die Briefe an die Geschwister Carlo und Paolina führen uns in ein großes, eiskaltes Wohnhaus mit kahlen Wänden, dazu kann man sich eine Dienerschaft in abgewetzten Livrées und ausgetretenen Schuhen vorstellen, daran gewöhnt, in der Küche die Reste von den Tellern zu klauen, um ihr mageres Salär durch Naturalien auszugleichen.

Die 945 Briefe der Briefsammlung, die der wahre Roman von Leopardis Leben sind, bieten uns unvergleichliche Figuren und Skizzen. Am 25. November schreibt er an Carlo: «Ich bin gezwungen, das Leben des Hauses Antici zu führen; dieses Leben, von dem wir beide, als wir gemeinsam darüber nachgedacht haben, weder wussten, was es war, noch woraus es bestand, noch wie es sich aufrechterhalten konnte, noch ob es auf irgendeine Weise überhaupt Leben war.»

Das Leben in Recanati, in dem schönen ererbten Palazzo, war wohl nicht viel anders, abgesehen von der bemerkenswerten Gelehrsamkeit des Vaters Monaldo, der sehr stolz ist auf seine Bibliothek, in der Giacomo einen großen Teil seiner Jugend verbringt. Eben dieser «Casa Leopardi» hat Alfredo Panzini einen schönen Essay gewidmet, der unter anderem das folgende markante Porträt des Conte Monaldo enthält:

> Einer der einzigartigsten Gentlemen seiner Zeit, die Kirche und das Schwert, also der Thron und der Altar hatten kaum einen unermüdlicheren Kämpfer als ihn … Weder groß noch klein war der Herr Conte; weder schön noch hässlich, das Gesicht – versteht sich – rasiert und die Künstlermähne nach hinten gekämmt. Er war immer schwarz gekleidet, in der Art des *Ancien régime*, kurze Hosen, auch wenn lange Mode waren, schwarze Strümpfe, flache Schuhe mit Silberschnallen, weiße Krawatte … kurios der Anspruch, das Schwert – wie die alten Ritter – jeden Tag zu tragen … Von seinem gräflichen Palazzo in Recanati herab betrachtete er die Welt. Er war in ständiger Korrespondenz mit den berühmtesten Reaktionären, Jesuiten, Legitimisten der Zeit.[2]

Und doch gelingt es Monaldo in den bedrückenden Jahren der Restauration nach den napoleonischen Wirren, ein liebevoller Vater zu sein, auf seine Weise und natürlich nur soweit es ein solcher Mann sein kann: ein unerschütterlicher Klerikaler, Nostalgiker, ängstlich in die Zukunft schauend, welche auch immer es sein mochte. Er liebte seinen Sohn, er hat ihn aber nie wirklich verstanden. Giacomo war in seinen Gefühlen ihm gegenüber, wie häufig in solchen Fällen, zwischen Hass und Liebe hin- und hergerissen. Am Ende muss die Liebe überwogen haben, was wir aus den Anreden in den Briefen schlussfolgern dürfen. Die ersten wenden sich an ihn als «Mein Herr Vater», was dann in ein weniger rigides «Lieber Herr Vater» übergeht, und in seinen letzten, herzzerreißenden Briefen nennt er ihn liebevoll «Liebster Papa».

Sehr viel eindeutiger waren Giacomos Gefühle gegenüber seiner Mutter Adelaide Antici. Als der Conte Monaldo sie 1797 zur Frau nimmt, ist die Marchesina Adelaide neunzehn Jahre alt. Sie wird zehn Kinder gebären, von denen fünf überleben, und sich schnell zu einer jener Hausherrinnen entwickeln, die mit einem am Gürtel klingelnden Schlüsselbund im Haus herumlaufen und über den Weinpegel in den Flaschen und die Anzahl der Käselaibe in der Vorratskammer wachen. Monaldo, der sie gnadenlos jedes Jahr schwängert, ist sehr bald auf den Status eines «gut behüteten Hausmündels ohne Geld» geschrumpft. Eine beinahe schaurige Atmosphäre war das im Hause Leopardi. Paolina, die arme Paolina, nicht schön, von den Eltern kleingehalten, der das deprimierende Schicksal einer alten Jungfer bestimmt war, sieht ihre Mutter so: «Alles, was ich vom Fenster aus sehen kann, ist ständig überwacht von meiner Mutter, (die) im ganzen Haus herumläuft, in alles die Nase hineinsteckt, pausenlos.»

Im *Zibaldone* zeichnet auch Giacomo ein erschreckendes Bild der Mutter:

> Sie hatte kein Mitleid übrig für Eltern, die ihre kleinen Kinder verloren, im Stillen beneidete sie diese sogar aufrichtig, denn sie waren gefahrlos ins Paradies geflogen und hatten die Eltern von der Last befreit, sie durchfüttern zu müssen. Als sie mehrfach in Gefahr war, ihre Kinder im gleichen Alter zu verlieren, betete sie zwar nicht zu Gott, dass er sie sterben lassen möge, denn das erlaubt die Religion nicht, doch freute sie sich von Herzen … Diese Frau hatte von der Natur einen hochsensiblen Charakter erhalten und war einzig und allein von der Religion so zugerichtet worden.

Wie also wirkte das Rom Pius' VII. auf Giacomo? In wenigen Worten würde ich sagen: als weitläufige, in jeder Hinsicht erbärmliche Stadt, kulturell arm, die Salons voll von zuweilen brillanten, aber schrecklich uninformierten, provinziellen Literaten. Am 9. Dezember schreibt er an den Vater:

> Literaten … habe ich wirklich wenige kennengelernt, und diese wenigen haben mir die Lust vergällt, weitere kennenzulernen. Wenn es nach ihnen geht, ist der Gipfel der menschlichen Weisheit, wenn nicht überhaupt die einzige Wissenschaft vom Menschen die Altertumswissenschaft. … Philosophie, Moral, Politik, Wissenschaft vom menschlichen Herzen, Eloquenz, Poesie, Philologie, all dies ist Rom fremd … Das Schöne ist, dass man keinen einzigen Römer findet, der wirklich des Lateinischen und Griechischen mächtig ist; Sprachen, ohne die ich nicht sehe, wie das Studium der Antike zu bewerkstelligen sein soll.

Als er dem Bruder Carlo vom Abt Francesco Cancellieri erzählt, einem Gelehrten und Historiker, beschreibt er ihn so: «Gestern war ich bei [Cancellieri], der ein Vollidiot, ein Ausbund an Geschwätzigkeit, der langweiligste und hoffnungsloseste Mensch auf Erden ist; er spricht mit dem größten Eifer über absurd nichtige Dinge, über höchste Dinge dagegen mit der denkbarsten Kälte.»

Weit mehr als das leere Gerede dieses «Vollidioten» von einem Abt beeindruckt Giacomos scharfe Wahrnehmung der kulturellen Armut Roms. Es spricht der Philologe, einer der klügsten dazu, wenn er darauf aufmerksam macht, dass die Beschäftigung mit der klassischen Antike ohne Sprachkenntnisse von vornherein bedeutet, jede echte Erkenntnismöglichkeit auszuschließen. In diesem Dezember schreibt er an seine Schwester Paolina:

> Die Oberflächlichkeit dieser Kerle überschreitet die Grenzen des Fassbaren. … Heute morgen (um euch nur ein einziges Beispiel zu geben) habe ich gehört, wie ausführlich und ernsthaft über die vortreffliche Stimme eines Prälaten geplaudert wurde, der vorgestern die Messe gesungen hat, und über die Würde seiner Körperhaltung während dieses Amtes. … Der Prälat entgegnete, er habe dies bei seiner langjährigen Assistenz in den Kapellen gelernt, diese Übung sei ihm sehr nützlich gewesen, dies sei eine notwendige Schule für Seinesgleichen, es sei ihm kein bisschen peinlich gewesen, und tausend weitere, äußerst geistreiche Dinge. Ich habe dann erfahren, dass viele Kardinäle und andere Persönlichkeiten ihm zum guten Gelingen dieser gesungenen Messe gratuliert hätten. Ihr müsst wissen, dass sich die Themen der römischen Gespräche alle auf diesem Niveau bewegen; und ich übertreibe kein bisschen.

Über das Rom dieser Jahre liegen uns auch Berichte und Erzählungen von ganz anderem Tenor vor. Stendhal zum Beispiel, der sich sechsmal nach Rom begab, schreibt, dass: «die Leute von Geist in Rom brillant sind ... In ganz Europa kenne ich keine Salons, die denen Roms vorzuziehen wären.» Wer hatte Recht, Leopardi oder Stendhal? War es vielleicht so, wie es der Literaturhistoriker Francesco de Sanctis sieht, dass nämlich Giacomos Blick dem päpstlichen Rom diese dumpfe Kolorierung aufgeprägt hat? Gewiss, Stendhal zeigt einen Sinn für Humor, der Giacomo ganz und gar abgeht. Er erzählt zum Beispiel die liebenswürdige Anekdote vom englischen Touristen, der hoch zu Ross ins Kolosseum reitet, in dem Arbeiter gerade dabei sind, eine Mauer zu reparieren. Am Abend berichtet er seinen Freunden: «Das Kolosseum ist das Beste, was ich in Rom gesehen habe. Ich mag dieses Gebäude, wenn es fertig ist, wird es prachtvoll sein.»

Über das Volk von Rom, die «Plebs», die dem römischen Dichter Gioachino Belli so am Herzen lag, äußert sich Giacomo positiv. Als er zu Tassos Grab und zur Kirche Sant'Onofrio auf dem Gianicolo hinaufgeht, erlebt Leopardi eine Szenerie, die er in seinem Brief an Carlo vom 20. Februar 1823 so erzählt:

> Schon die Straße, die dorthin führt, stimmt den Geist auf die Gefühlseindrücke ein. Sie ist durchgängig gesäumt von Häusern, in denen Manufakturen ihren Sitz haben, und erfüllt vom Widerhall der klappernden Webstühle und anderer Maschinen und vom Gesang der Frauen und Handwerker, die dort arbeiten. In einer müßiggängerischen, ausschweifenden, planlosen Stadt, wie es die Hauptstädte nun einmal sind, ist es richtig schön, einmal das Bild eines ruhigen, ordentlichen und mit nützlichen Berufen beschäftigten Lebens zu betrachten. Auch die Physiognomien und das Benehmen der Leute, die man auf diesem Wege trifft, haben ein gewisses Etwas an größerer Einfachheit und Menschlichkeit, als was man sonst so trifft; und sie zeigen die Sitten und den Charakter von Personen, deren Leben sich auf das Wahre und nicht auf das Falsche gründet, die also von schwerer Arbeit und nicht von Intrigen, Hochstapelei und Betrug leben, wie der größte Teil dieser Bevölkerung.

In einer Stadt, in der der Dichter «Intrige und Hochstapelei» vorherrschen sieht (womit er nicht der Einzige gewesen ist), sucht er sich für seine Erzählung diejenigen aus, die er in einem ruhigen, den «nützlichen Berufen» zugewandten Leben verortet, Personen, deren Existenz sich «auf das Wahre und nicht das Falsche gründet». Das ist eine bewusste Entscheidung, denn die große Bühne Rom bietet von allem etwas.

In seinen 2279 Sonetten beschäftigt sich der oben bereits erwähnte Giuseppe Gioachino Belli weder mit den Literaten noch mit der Bourgeoisie. Er beschreibt ausschließlich das gemeine Volk von Rom, und will dieser Plebs, seiner ungehobelten und verdorbenen Sprache, wie er sagt, sogar ein Denkmal setzen. In der Einführung zu seinen *Sonetti* schreibt er: «Nicht züchtig und nicht fromm, sondern bigott und abergläubisch wird Inhalt und Form sich zeigen. Aber so ist das Volk und dieses kopiere ich; weit entfernt, ein Muster aufstellen zu wollen, entwerfe ich nur ein getreues Bild von etwas Bestehendem, das obendrein ohne Hoffnung auf Besserung sich selbst überlassen ist.»[3] Diese arme Plebs, die «ohne Hoffnung auf Besserung sich selbst überlassen ist», ist die andere Seite, das Gegenstück in Moll zur rückständigen, abergläubischen, sehr unwissenden und weder züchtigen noch frommen Bourgeoisie, die Giacomo so sehr missfiel. Am 16. Dezember 1822 schreibt er an Carlo:

> Der Kardinal Malvasia b.m. [*di beata memoria*] legte den Damen bei der Konversation die Hand auf die Brust, er war ein unverbesserlicher *débauché* [Lustmolch], der die Gatten und Söhne derer, die Widerstand leisteten, in die Inquisition schickte etc. etc. Ähnliches kann über den Kardinal Brancadoro gesagt werden, Ähnliches über sämtliche Kardinäle (die widerwärtigsten Menschen der Erde), Ähnliches über sämtliche Prälaten, von denen keiner Karriere macht, es sei denn mit Hilfe der Frauen. Der Heilige Papst Pius VII., der sein Kardinalsamt und die Papstwürde einer Koketten aus Rom verdankt …, vergnügt sich jetzt damit, über die Liebschaften und Lüsternheit seiner Kardinäle zu plaudern … Durch ihn kam die Tochter von was weiß ich welchem Künstler, vormals Lebzelterns Maitresse, in den Genuss einer Pension von achthundert Scudi im Jahr, und das bis heute … Die Magatti, Calcagninis berühmte Hure, kriegt 700 Scudi Pension von der Regierung.

Hier allerdings handelt es sich nicht um Eindrücke, sondern um Fakten. Dass die Favoritinnen der Kardinäle (oder anderer Mächtiger) ihre «Pension» im Bett verdienten, ist im Übrigen über die Jahrhunderte ein absolut gängiges Verfahren gewesen. Die Macht bedient sich dieser Privilegien, und es ist nicht einmal gesagt, dass sie immer Schaden anrichten. Giulia Farnese zum Beispiel war mit fünfzehn die Geliebte Papst Alexanders VI., der selbst achtundfünfzig Jahre alt war. Bei einem ihrer Schäferstündchen verwendet sie sich beim Papst für ihren Bruder Alessandro Farnese, fünfundzwanzig Jahre alt. Der Papst macht ihn zum Kardinal. Alessandro (1468–1549) wird später unter dem Namen Paul III. ebenfalls Papst. Ihm sind verschiedene wichtige Neuerungen zu verdanken: die Approbation der Jesuiten, die Einberufung des Konzils von Trient, die Einsetzung der *Santa Romana e Universale Inquisizione*. Ihm ist auch ein hemmungsloser Nepotismus zu verdanken, der kurioserweise in Verbindung steht mit dieser und der im Kapitel über Parma erzählten Geschichte. Zu seinen Protégés gehörte sein illegitimer Sohn Pier Luigi Farnese, wahrscheinlich sein Erstgeborener, dem er 1545 (im selben Jahr, in dem das Konzil eröffnet wurde) die Städte Parma und Piacenza als Lehen übergab und sie damit von den Territorien des Papststaates abtrennte. So entstand das Herzogtum, das für rund zwei Jahrhunderte unter der Herrschaft der Farnese bleiben sollte. Die weiteren Entwicklungen werden wir uns später ansehen.

Was für ein Verhältnis hatte Giacomo in Rom zu den Frauen? Ein mühsames, wie sein ganzes Leben lang. Obwohl er jung war und in jenen Jahren noch nicht so krank, war der Dichter offenbar keine allzu angenehme Gesellschaft. Er wirkte physisch unattraktiv und anscheinend strömte er meist einen recht unangenehmen Geruch aus. Um ihn zu lieben, wäre es nötig gewesen, seinen immensen Geist zu entdecken. So weit kam es aber gar nicht erst; nicht allzu viele Menschen sind mit ausreichendem Scharfblick ausgestattet und bereit, sich vom äußeren Schein nicht abschrecken zu lassen. Dementsprechend waren seine Beziehungen meist käuflicher Art, und selbst diese nicht einfach. Am 6. Dezember schreibt er an Carlo:

> Beim Spaziergang, in der Kirche, auf den Straßen, nirgends findet man ein sei es noch so hässliches Frauenzimmer, das einen auch nur eines Blickes würdigt. … Ich habe in Rom, in Gesellschaft von jungen, sehr gut aussehenden und gut angezogenen Leuten, viele Runden gedreht. … Es ist in Rom genauso schwierig, eine Frau zum Stehenbleiben zu bewegen wie in Recanati, vielleicht noch viel schwieriger, was an der maßlosen Oberflächlichkeit und Liederlichkeit dieser weib-

> lichen Bestien liegt, die ... außer dem Flanieren und dem Vergnügen um jeden Preis nichts lieben, *man kriegt sie einfach nicht rum* (das könnt ihr mir glauben), es sei denn mit den unendlichen Schwierigkeiten, die man auch in den anderen Ländern vorfindet. Das Ganze beschränkt sich also auf die öffentlichen Mädchen, die ich aber jetzt viel vorsichtiger finde als früher, und auf jeden Fall ist es gefährlich mit ihnen, wie ihr wisst.

An die Überschaubarkeit von Recanati gewöhnt, schreckt der Dichter vor der Weitläufigkeit Roms zurück, auch wenn es sich hier, verglichen mit den großen europäischen Metropolen, alles in allem um eine recht bescheidene Dimension handelt. So groß ist die Furcht, das Misstrauen, das Unglück, dass er die großen Monumente kaum beachtet, als er durch die Via Condotti spaziert, von der Piazza di Spagna durch den Babuino zur Piazza del Popolo läuft. Einer der wenigen Orte, die ihn wirklich in Bann ziehen, ist das Kloster Sant'Onofrio an den Hängen des Gianicolo, wo sich Tassos Grab befindet. Schon Chateaubriand war davon wenige Jahre zuvor so verzaubert, dass er nach seinem Besuch dort in den *Memoires d'outre-tombe* notiert: «Sollte ich das Glück haben, meine Tage hier zu beschließen, werde ich mir in Sant'Onofrio gleich neben dem Zimmer, in dem Tasso starb, eine Zufluchtsstätte einrichten.»[4]

Als ich das Kloster besuchte, den Garten, die Kapellen, den Vorhof mit dem Blick auf Rom, habe ich ein ganz ähnliches Empfinden gehabt, aufgrund einer Faszination, die bis heute fast vollständig erhalten geblieben ist. So war es auch für Leopardi bei seinem deprimierenden Aufenthalt in Rom; in Sant'Onofrio erlebte er eine der wenigen echten Emotionen. Seinem Bruder Carlo schrieb er in dem berühmten Brief vom 20. Februar 1823: «Am Freitag, dem 15. Februar, besuchte ich Tassos Grab und weinte dort. Das ist die erste und einzige Freude, die ich in Rom empfunden habe.» Und weiter: «Viele verspüren ein Gefühl von Unbehagen, wenn sie das Grab Tassos sehen, nur von einem anderthalb Handbreit breiten und langen Stein bedeckt und angezeigt, in der Ecke eines winzigen Kirchleins ... Du verstehst das große Gefühl, das angesichts dieses Gegensatzes zwischen Tassos Größe und der Bescheidenheit seiner Grabstätte aufwallt.»

Es war eine unglückliche Zeit in Rom. Niedergeschlagen macht sich Leopardi Ende April wieder auf den Heimweg. Am 26. vertraut er seinem Freund Pietro Giordani an: «Ich bin auf der Welt zu nichts mehr nutze.»

Eine merkwürdige Übereinstimmung verbindet den großen Giacomo Leopardi mit dem großen Giuseppe Gioachino Belli. Der römische Dichter, der widerwillig eine Zweckehe mit einer Witwe eingegangen war, die vierzehn Jahre älter war als er, hatte eine lang anhaltende Leidenschaft für die Marchesina Vincenza Roberti (die er liebevoll Cencia nannte); jahrelang besuchte er sie jeden Sommer in dem Dorf, wo sie wohnte: Morrovalle, in den Marken. Auch die Marchesina war eine Vernunftehe eingegangen, mit dem örtlichen Amtsarzt – eine Madame Bovary der Marken. Man kann sich also leicht vorstellen, was für eine aufregende Neuigkeit die Ankunft des Dichters für sie darstellen musste, dessen Anbetung ihr gewiss nicht missfiel, noch dazu aus einer Stadt wie Rom, welch neuen Wind er in ihr Leben brachte. Natürlich ist es auch kein Zufall, dass unter den Sonetten, die Belli in Morrovalle (September 1831) schrieb, einige seiner erotisch gewagtesten sind. Nur ein kleines Beispiel:

> Ich wünscht', mir wär' ein Lottoglück von größter Größe
> so sicher, wie dass du mit einem Augenzwinkern
> mehr Schwänze steifst als andre mit entblößter Möse.
>
> *Für Nina,* 7. September 1831[5]

Morrovalle liegt nur wenige Kilometer von Recanati entfernt, die junge Vincenza war mit ihrer Familie häufig zu Gast im Hause Leopardi. Logistisch ist es durchaus wahrscheinlich, dass die beiden Dichter mehrfach Gelegenheit hatten, einander kennenzulernen. Einen Beleg dafür gibt es nicht, es ist aber auch möglich, dass sich die beiden im Winter 1831/32 in Rom begegnet sind, als Belli an der Piazza Poli wohnte und Leopardi während seines Aufenthaltes unweit davon in der Via dei Condotti. Wenn, dann war ihr Kontakt oberflächlich und zufällig, und das ist schade, denn sie hatten einiges gemeinsam.

Beide waren sie Untertanen des Papstes, ad eins. Beide hatten eine Tendenz zur Melancholie. Beide litten unter dem kulturell engstirnigen, rückwärtsgewandten, verzagten Klima im päpstlichen Rom, vor dem sie – jeder auf seine Weise – in ihren Werken Zuflucht suchten. Was hätten sie sich nicht alles sagen können, wenn sie miteinander gesprochen hätten. Was sie allerdings trennte, war das Alter. Belli war sieben Jahre älter und sollte Leopardi um ein Vierteljahrhundert überleben. Giacomo starb mit neununddreißig, Belli mit zweiundsiebzig; Giacomo aufgezehrt von seiner Krankheit, Belli niedergedrückt von einer gespenstischen Hypochondrie. Er schreibt: «Ich bin allein zu Hause, wie die Zeit, die mich mit sich zieht.» In seiner Antwort auf den Brief eines entfernten Verwandten, der ihn als «geborenen Dichter» bezeichnet hatte, schreibt er, er fühle sich eher wie ein «gestorbener Dichter». Kurioserweise sind das beinahe exakt dieselben Worte, die Leopardi über sich selbst schrieb, geraume Zeit, bevor der Tod ihn von seinem Leiden endlich erlöste. Dies wird am 14. Juni 1837 geschehen. Einige Tage danach schreibt Giacomos enger Freund Antonio Ranieri: «Es ist nicht zu bedauern, dass sein Leiden nun ein Ende hat; aber schon, dass er vierzig Jahre lang gewünscht hat zu sterben – das ist der unvergessliche Schmerz.»

IV. PALERMO CITTÀ MISTERIOSA

Zwischen zwei Welten,
vielleicht auch drei

Palermo ist eine 4D-Stadt, vierdimensional. Um auch nur eine Ahnung von ihrer komplexen Physiognomie zu bekommen, muss man sie in ihrer räumlich-zeitlichen Dimension betrachten. Das gilt natürlich für alle Städte Italiens, für Palermo aber in besonderem Maße. Goethe, der als einer der wenigen Bildungsreisenden bis nach Sizilien vorgedrungen ist, sagte gleich nach seiner Ankunft am 3. April 1787: «Unser erstes war, die Stadt näher zu betrachten, die sehr leicht zu überschauen und schwer zu kennen ist.»[1] Vor vielen Jahren flüsterte mir bei einem Konzert Baron Francesco Agnello, der Vorsitzende der Palermitanischen *Associazione Amici della Musica* mit seiner flötenden Stimme ins Ohr: «Mit unserem Verein patrouillieren wir an den extremen Grenzen der wohltemperierten Tonleiter entlang; direkt hinter unserem Rücken beginnt die arabische Pentaphonie.»[2] In Palermo bildet der Raum geradezu eine Grenze zwischen zwei Welten, vielleicht sogar drei. In der Schwebe zwischen Abendland, griechisch-byzantinischer Welt und Islam hat Palermo mit den einen wie den anderen koexistiert und von jedem etwas genommen, dabei aber auch einen Teil von sich selbst aufgegeben. Die Sitten und Gebräuche, die gesellschaftliche Struktur, das Misstrauen gegenüber dem Staat, ein fast immer ungerechtfertigter Hochmut, die Grausamkeit der Vendetta, die hartnäckige Verschlossenheit, die obsessive Geheimniskrämerei, der Gebrauch eines für Außenstehende fast unzugänglichen Dialekts – all dies ist Resultat einer hunderte Male mit fremden Völkern und Herrschern vermischten Kultur. Viele italienische Städte und Regionen sind (bis Mitte des 20. Jahrhunderts) von Völkern und Heeren, die von außen kamen, durchzogen und in Besitz genommen worden, in Palermo und Sizilien aber waren es zehnmal mehr: Es war Grenzland und Kolonie der Anjouer, der Aragonesen, der Spanier, der Savoyer, der Österreicher, der neapolitanischen Bourbonen, zuletzt der «Italiener».

Als in Giuseppe Tomasi di Lampedusas Roman *Il Gattopardo* der gute Piemontese Chevalley dem Fürsten von Salina mit dem Vorschlag kommt, den Posten eines Senators des Königreichs zu übernehmen, muss er sich diese Antwort anhören: «Die Sünde, die wir Sizilianer nie verzeihen, ist einfach die, überhaupt etwas zu ‹tun›. Wir sind alt, Chevalley, sehr alt. Es sind zum mindesten fünfundzwanzig Jahrhunderte, dass wir auf den Schultern das Gewicht hervorragender, ganz verschiedenartiger Kulturen tragen: alle sind sie von außen gekommen, keine ist bei uns von selbst gekeimt, in keiner haben wir den Ton angegeben. ... Wir sind seit zweitausendfünfhundert Jahren eine Kolonie.»[3] In ihrem «Kolonie-Sein» hat die Insel geradezu konvulsive Herrschaftswechsel erlebt. Zu Beginn des 18. Jahrhunderts etwa hat sie in kaum mehr als zwanzig Jahren dreimal den Kolonialherrn gewechselt. Von 1713 an herrschten die Savoyer mit Vittorio Amedeo II., ab 1720 die Österreicher, 1735 kam dann die Rückkehr der bourbonischen Spanier, 1860 Garibaldi mit seinem Zug der Tausend.

Jahrhunderte zuvor waren es die Phönizier, die Karthager, die Griechen, die Römer, die Berber, die Normannen und wahrscheinlich noch andere, die diese Insel und diese Stadt zu ihrem Standort auserkoren, im Schatten der Palmen, mit dem Duft der Orangen, dem Plätschern der Brunnen, dem Gekräusel der Wellen an unvergleichlichen Stränden. Ein anhaltender Zustand der Versklavung, für den man auf lange Sicht einen Preis zu zahlen hat; die Geschichte Palermos ist gepflastert mit Gefahren und Chancen; nur ganz selten sind die Chancen genutzt worden.

Auf die Schikanen der Macht hat dieses soziale Gewebe, durchlässig und mürbe, wie es war, auf die einzige Art und Weise reagiert, die die Umstände und die Tradition der Unterdrückung zuließen: mit der Konstruktion eines Parallelsystems von Gerechtigkeit, sprich durch Kultivierung der Kunst der Vendetta.

Bevor sich die Idee durchsetzte, dass der legitime Gebrauch von Gewalt exklusiv dem Staat anzuvertrauen sei, war im Übrigen der Versuch, auf eigene Faust so etwas wie «Gerechtigkeit» wiederherzustellen, die spontane Vergeltung von Unrecht, die Schaffung lokaler Helden überall gängige Praxis gewesen. Eine Figur wie Robin Hood, die irgendwo zwischen realer Geschichte, Legende und abergläubischer Vertrauensseligkeit anzusiedeln ist, gehört zu den bekanntesten dieses Typus: ein Mann, halb Bandit und halb Philanthrop, der (in der populärsten Version) in den Wäldern lebt wie ein Fabelwesen, aus denen er dann plötzlich und unerwartet auftaucht, um die Reichen zu berauben und das Geraubte an die Armen zu verteilen.

In der Provence ist ein analoger Mythos verbreitet, auch hier zwischen Geschichte und Legende, der sich auf die historische Figur des Gaspard de Besse gründet, so genannt nach seinem Geburtsort, dem Dorf Besse-sur-Issole. Sein eigentlicher Name: Gaspard Bouis, über den ein Distichon sagt: »*Brigand pour la France, héros pour la Provence*» («Für Frankreich ein Brigant, für die Provence ein Held»). Nachdem er um 1775 in den Sackgassen von Toulon eine Bande von Männern rekrutiert hat, die zu allem bereit sind, wird Gaspard Bandit. Als Straßenräuber überfällt er die Kutschen der Reichen, vor allem königliche Schatzbeamte und Ausländer, wechselt ständig sein Aussehen, ist bekannt für seine Streiche und führt die Gendarmen an der Nase herum. Ein bewegtes Leben, das schnell verbraucht ist. Von einem seiner eigenen Leute verraten, endet er mit einer Schlinge um den Hals auf dem großen Platz von Aix-en-Provence, gemeinsam mit seinem Stellvertreter Joseph Augias (einem unglücklichen entfernten Vorfahren des Autors dieses Buches). Als die beiden zum Galgen hochsteigen, sind sie kaum über zwanzig.

Auch in Palermo gibt es einen solchen, wahrscheinlich sehr alten Mythos, der jedenfalls spätestens seit dem 18. Jahrhundert verbreitet ist. Wir werden gleich darauf zurückkommen. Zunächst wollen wir zu verstehen versuchen, warum der Mythos hier, im Gegensatz zu England oder der Provence, so besondere, so nachhaltige Züge angenommen hat.

Palermo, und Sizilien ganz allgemein, haben eine eigene Religiosität, in der die Zurschaustellung von Schmerz und Tod eine große Bedeutung hat. 1957 schrieb Guido Piovene in seinem unvergesslichen *Viaggio in Italia* (Reise in Italien) über einen seltsamen Brauch in dieser «arabischen, barocken, düsteren, phantasieüberbordenden» Stadt:

> Statt der Befana[4] sind hier die Toten die Überbringer der Geschenke [für die Kinder], und das Kind äußert seine Wünsche, indem es an den verstorbenen Onkel, die Oma, den Vater schreibt. Diese schenken, außer dem Spielzeug, bemalte Zuckerpuppen, von denen die Läden voll sind, Paladine, Feen, junge Amazonen auf spanischen Schimmeln, die geknabbert werden, indem man Stück für Stück die Gliedmaßen abbricht.

Der Tod ist hier ständig präsent, vielleicht sollte man besser sagen, er ist ein diffuser und konstanter Seelenzustand. Ein pathetischer Tod, auch er barock, der grauenvolle Tod der gemarterten Jungfrauen, der von Schwertern durchbohrten Madonnen, der Gehäuteten, der lebendig Verbrannten, der Gehenkten. Der Tod auf den gewaltigen Holzgestellen, die bei den Karfreitagsprozessionen unter furchterregendem Schwanken durch die Straßen vorrücken, auf den Schultern von jungen Männern, die sich, gebeugt unter dem tonnenschweren Gewicht von Holz, Gips, Ornamenten, Umhängen, Lichtern, Votivgaben durch das Spalier einer Menge hindurchkämpfen, die sich begeistert und erschüttert bekreuzigt, wie gebannt auf die Statue starrt, die Wunden zählt, egal ob es sich dabei um die schmerzensreiche Madonna handelt oder um die Urne mit einer sehr realistischen Skulptur des blutüberströmten Christus, dessen Gesicht ebenso vom Schmerz gezeichnet ist wie die der Flagellanten, die sich während der Prozession den Rücken peitschen, bis ihnen das Blut aus den Wunden spritzt.

Nicht von ungefähr wurden von den Tribunalen der Inquisition in Palermo die gelungensten Autodafés veranstaltet. Der Journalist und Schriftsteller Pietro Zullino hat in seinem inzwischen leider nicht mehr auffindbaren Buch (1972) über die Stadt festgehalten, wie rasch sich das Palermitanische Autodafé zu einem kolossalen Spektakel entwickelte, einem echten Volksfest. Es wurden Tribünen errichtet, auf denen die Ehrengäste in fröhlicher Erwartung der Exekutionen aßen und tranken: «Die Technik des Scheiterhaufens und die physische Widerstandskraft des Verurteilten waren in den Palästen der Barone monatelang Gesprächsthema, ein wenig wie der Stier der Corrida in Spanien.»[5] Am Ferragosto des Jahres 1573 wurden gleichzeitig ein Muselmane, ein als Muselmane Verdächtigter und ein alter Mann verbrannt, «der behauptete, die Seele stirbt mit dem Körper». Der Jubel des Volkes war enorm. Die Pracht dieser Spektakel löste sogar bei den Spaniern Bewunderung aus.

Der Apparat des Santo Uffizio war nicht nur erbarmungslos, sondern auch ziemlich flächendeckend. Vizekönig Don Marcantonio Colonna ermittelte – auch dies Pietro Zullino zufolge –, dass 1577 auf der Insel nicht weniger als 24000 Personen für das Santo Uffizio arbeiteten, 15000 davon allein in Palermo. Alle zusammen bildeten sie die sogenannte Familie der Inquisition; als Spione der Dominikaner genossen sie das Privileg, keine Steuern zahlen zu müssen. Der Vergleich mit den regionalen Behörden im heutigen Italien, die genauso kostspielig und überbesetzt sind, drängt sich geradezu auf.

Im Winter 2012 wurde im Museu Nacional de Arte Antiga von Lissabon die Ausstellung *Cuerpos de dolor* (Schmerzenskörper) gezeigt, die sich mit dem Bild des Heiligen in der iberischen Kultur des 16. Jahrhunderts auseinandersetzte, einer Epoche, die mit ihren Tribunalen und Scheiterhaufen den Höhepunkt der Gegenreformation bildete. Sie zeigte schmerzverzerrte Statuen, Symbole grenzenlosen Leids, eine düstere Spiritualität, die in eindrucksvollen Bildnissen der heiligen Jungfrauen verkörpert ist, in der Strenge von religiösen Orden, in denen der Gehorsam *perinde ac cadaver*[6] praktiziert wurde, als «Kadavergehorsam». Es ist das extreme Leiden: Francisco de Zurbarán, der große spanische Maler des 17. Jahrhunderts, wird es in seinen Kreuzigungen abbilden, in denen dem Körper Christi jede sakrale Stilisierung abhanden kommt, er nur noch Leichnam eines schmerzverzerrten, ans Kreuz genagelten Exekutierten ist.

Das war die Zeit, als sich in Spanien und den Territorien der spanischen Krone, aber auch in Rom die heiligen Prozessionen als Brauch durchsetzten, bei denen die Zurschaustellung eines gemarterten Körpers oder eines Eremiten, der ekstatisch in die leeren Augenhöhlen eines Totenschädels stiert, zum Instrument der Warnung und Bekehrung wurde. Seitdem hat die religiöse Theatermaschine Jahr für Jahr die Straßen sehr vieler Städte des italienischen Mezzogiorno bespielt, wobei sich Palermo als eine der geeignetsten Bühnen erwies.

Das Leiden der Heiligen und Märtyrer im Gegensatz zu den flüchtigen Verlockungen des Lebens, die Ermahnung, aber auch die vom Tod ausgehende Erinnerung an die Sterblichkeit, wie sie selbst in den bunt gezuckerten Süßigkeiten für die Kinder enthalten ist. Darstellungen und Manifestationen, die das Bild eines strengen Gottes hochhalten, der gewillt ist, auch den geringsten Verstoß zu ahnden. Nicht nur in Sizilien. Der Mathematikhistoriker Morris Kline schreibt, dass während des 18. Jahrhunderts «die Priester behaupteten, nach dem Tod kämen fast alle in die Hölle, und mit großem Einfallsreichtum bis ins Detail die entsetzlichen Folterqualen beschrieben, die die Verdammten für alle Ewigkeit dort zu gewärtigen hatten. … Gott wurde nicht als der Heiland präsentiert, als Retter der Menschen, sondern als Geißel der Menschheit. … Die Christen wurden aufgefordert, ihre Zeit damit zu verbringen, zur Vorbereitung auf das Leben nach dem Tod über die ewige Verdammnis zu meditieren.»[7] So perpetuierte sich die alte Rolle des religiösen Glaubens als Korrektiv für die Leidenschaften. Schon der griechische Sophist Kritias hatte in einem Satyrspiel die später berühmt gewordene Theorie vertreten, die Götter seien ausschließlich dazu erfunden worden, um die Menschen in Schach zu halten. Der griechische Geschichtsschreiber Polybios, ein Bewunderer des römischen Systems, schrieb: «Nach einem präzisen Plan wurden den Massen in der Antike die Kenntnisse über die Götter und das Jenseits eingetrichtert.» Solche Ideen – notierte der Historiker – «halten die sonst unbeherrschbaren Gefühle der Masse unter Kontrolle». Um zu schließen: «Gedankenlos sind die modernen Menschen, die diese Illusionen zu zerstreuen versuchen.» Konzeptionen wie diese verloren nach und nach an Bedeutung, nur an einigen wenigen Orten setzten sie sich fest, darunter Palermo und Sizilien, als sei hier, um dem allgemeinen Verhalten eine Bremse einzubauen und es im Gleichgewicht gegenseitiger Toleranz zu halten, eine Extraportion an Ermahnung notwendig.

Von enormer Bedeutung ist hier die Geschichte der Heiligen Rosalia, der Schutzpatronin Palermos. Rosalia wurde 1128 in Palermo als

Tochter des normannischen Conte Sinibaldo della Quisquina geboren, der behauptete, ein Nachkomme Karls des Großen zu sein. Ihre Mutter, Maria Guiscardi, rühmte sich ihrer familiären Bindungen zum normannischen Hof. Das junge Mädchen, das sehr früh zur Nonne gemacht wurde, hatte es durch die politischen Wirren der Zeit nach der Hinrichtung des Vaters und der Enteignung der Familie als Eremitin auf den Monte Pellegrino, den Pilgerberg nahe der Stadt verschlagen. Dort blieb es in einsamer Meditation bis zu seinem Tode. Rosalia wäre sicher vergessen worden, wenn nicht Palermo im 17. Jahrhundert, einer Zeit des Unheils, der Hungersnöte und des Elends, von einer schlimmen Pestepidemie heimgesucht worden wäre. Irgendjemand, offenbar eine Kranke mit Namen Girolama Gatto, behauptete, im Traum (oder im Fieberdelirium) ein junges Mädchen gesehen zu haben, das ihr eine Höhle im Monte Pellegrino gezeigt habe. Die Höhle wurde gefunden und nach einer großen Grabungsaktion auch die Gebeine des frommen Mädchens. Die Jesuiten übernahmen die Überprüfung ihrer Echtheit. Da es damals noch keine genetischen Analysen gab, war das Ergebnis vor allem dem guten Willen und dem bewährten Glauben der Ärzte anheimgestellt. Am 22. Februar 1625 wurden Rosalias Gebeine dem Stadtrat übergeben, im Juni wurde die fünf Jahrhunderte zuvor verstorbene Jungfrau heiliggesprochen. Pietro Zullino schreibt in seinem bereits erwähnten Werk, der Kult der Hl. Rosalia sei auf ihre Verbindung zur kaiserlichen Familie Friedrichs II. zurückzuführen, des Staufers und Normannen, des Mannes und Königs, der Palermo dreißig Jahre lang, von 1220 bis 1250, zur Haupstadt des Heiligen Römischen Reiches und zum politischen Zentrum der Welt gemacht hatte.

Noch heute ist in Palermo die Meinung verbreitet, dass es die in feierlicher Prozession durch die Stadt getragenen sterblichen Überreste Rosalias waren, die der verheerenden Pest Einhalt geboten. Der Rosalia-Kult verbreitete sich in einem Maße, dass die vier vorhergehenden Schutzpatrone – die Heiligen Cristina, Agata, Oliva und Ninfa – vollkommen verdrängt und praktisch ersetzt wurden. Die Rosalia zuteil werdende Verehrung erreichte Ausmaße, die sonst nur Maria, der Mutter Gottes, vorbehalten war.

Der Fall Rosalia ist ein Beispiel für den Kult, den diese Stadt mit den Toten und ihren Reliquien treibt. In Palermo gibt es die größte und makaberste Mumiensammlung Europas, vielleicht der Welt. Acht- bis zehntausend Leichname ruhen hier, ausgestellt in deckellosen Särgen oder an Mauern baumelnd, in dramatischen, grotesken, obszönen, vom Tod oder der Zeit verursachten Posen, die Münder aufgerissen in einem letzten stummen Schrei. Die Totenschädel sind von Hautfetzen bedeckt, die Glieder verkrümmt, mal mit einem Gefängnissack bekleidet, mal in Abendkleid oder -uniform, Damen mit Hauben und Krinolinen. Es sind Klosterbrüder, Händler, Baronessen, Bürgerliche und Offiziere, Jungfrauen, die am Vorabend ihrer Hochzeit gestorben waren, in dem Brautkleid, das sie im Leben nicht mehr hatten tragen können und das heute nur noch in Fetzen herunterhängt, Kinder. Ein Heer von Toten, das die Lebenden an das Schicksal erinnert, welches alle erwartet.

Das Kloster, in dessen Gruft dieses schauderhafte Spektakel zu sehen ist, ist das der Kapuziner, einer Familie der Franziskaner Minderbrüder, so genannt nach der Kapuze, die sie dem armseligen Habit des Gründers Franziskus hinzugefügt hatten. Es gehört zur Kirche Santa Maria della Pace im Cuba-Viertel und geht auf das 16. Jahrhundert zurück. Der erste, der dort gegen Ende des 16. Jahrhunderts bestattet wurde, war ein gewisser Bruder Silvestro aus Gubbio, es folgten viele weitere Brüder. Später kamen außenstehende Personen hinzu, die den Wunsch hatten, eine sichtbare Spur von sich zu hinterlassen, und die Möglichkeit, von den Verwandten besucht zu werden. Der Prozess der Einbalsamierung und Konservierung, begünstigt durch das Mikroklima der Umgebung, war aber kostspielig, was erklärt, dass es sich fast ausschließlich um die Leichen von Aristokraten oder wohlhabenden Bürgern handelt. Der Verstorbene wurde ausgeweidet, wie bei jeder derartigen Prozedur, dann für eine gewisse Zeit – das konnte auch ein Jahr dauern – in ein sogenanntes *colatoio* gebettet, eine Trockenkammer. Am Ende wurde der Leichnam mit Essig oder Arsenik gewaschen, mit Stroh gefüllt, zugenäht, angezogen, an der Wand aufgestellt, direkt neben oder unter denjenigen, die ihm auf dieser letzten Reise vorangegangen waren.

Die Gruft des zur Kirche Santa Maria della Pace gehörigen Kapuzinerklosters in Palermo mit ihrer riesigen, makabren Ansammlung natürlicher Mumien: Acht- bis zehntausend Leichen liegen hier in offenen Särgen oder hängen an Mauern und Decken.

In vielen Kulturen wird das grauenhafte Bild der Verwesung *post mortem* den Blicken der Hinterbliebenen entzogen. Der Geschmack des 17. Jahrhunderts und des Barock macht daraus einen Gegenstand der Demonstration, es stellt die Toten aus, unter dem Vorwand der moralischen Ermahnung. Am Eingang eines weiteren berühmten Kapuziner-Friedhofs, dem der Via Veneto in Rom, wird dem Besucher brutal entgegengeschleudert: «Du bist, was wir waren, und du wirst sein, was wir sind.»

Im Kohelet (Ekklesiastes), einem der Bücher der Weisheit im Alten Testament, lesen wir zweimal den Satz «*Vanitas vanitatum et omnia vanitas*» («Eitelkeiten der Eitelkeiten, und alles ist Eitelkeit» – im Sinne auch von «Vergeblichkeit» und «Vergänglichkeit»). Eine Sentenz mit vielen möglichen Bedeutungen, die Giacomo Leopardi im radikalen Sinne interpretiert, wenn er sie im Finale seines Gesangs *A se stesso* (*An sich selbst*) mit dem ebenso berühmten wie trostlosen Vers «Die unendliche Eitelkeit aller Dinge» in Erinnerung ruft.

Vanitas ist in der Malerei die Bezeichnung für ein Stillleben, das die Symbole der Vergänglichkeit des Lebens enthält, die in vielfältiger Weise darstellbar ist, wobei der Totenschädel eines der anschaulichsten und eingängigsten Sinnbilder ist. Mit einem Totenschädel in der Hand sinniert Hamlet in Shakespeares Tragödie über die Kürze des Lebens. Einer der Totengräber sagt dem blassen Prinzen «*This same skull, sir, was Yorick's skull, the kings jester*» («Dieser Schädel da war Yoricks Schädel, des Königs Spaßmacher»). Die Entdeckung regt Hamlets Erinnerungen an: «Hier hingen diese Lippen, die ich geküsst habe, ich weiß nicht wie oft. Wo sind nun deine Schwänke? Deine Sprünge? Deine Lieder, deine Blitze von Lustigkeit, wobei die ganze Tafel in Lachen ausbrach? Ist jetzt keiner da, der sich über dein eigenes Grinsen aufhielte? Alles weggeschrumpft? Nun begib dich in die Kammer der gnädigen Frau und sage ihr, wenn sie auch einen Finger dick auflegt: so'n Gesicht muss sie endlich bekommen.»[8]

Die von Hamlet inszenierte *Vanitas* – wenn man sie so nennen will – ist interessant, auch unter dem Aspekt der Kombination des Todes mit Yoricks Wahnsinn, wenngleich es sich in diesem Fall, zumindest teilweise, um einen Wahnsinn handelte, der gespielt war, um den König zu unterhalten oder unter dem Deckmantel des Wahnsinns unangenehme Wahrheiten auszusprechen. Derselbe Trick, den Pirandello in seinem *Enrico IV* (*Heinrich IV.*) benutzt, wahrscheinlich seinem Meisterwerk.

Wir befinden uns am Anfang des 20. Jahrhunderts. Im Kostüm Heinrichs IV. nimmt ein Edelmann an einem Maskenzug teil. Ein Rivale um die Gunst seiner Angebeteten sorgt dafür, dass er vom Pferd fällt, er schlägt mit dem Kopf auf und wird ohnmächtig. Als er wieder zu Bewusstsein kommt, glaubt er tatsächlich, der deutsche Kaiser zu sein. Seine Familie und Freunde bestätigen ihn in diesem Wahn. Nach vielen Jahren kommt er wieder zur Vernunft, simuliert seinen Wahnsinn aber weiter, um sich ungestraft an seinem alten Konkurrenten rächen zu können, der ihn nicht nur zu Fall gebracht, sondern ihm auch noch die geliebte Frau gestohlen hatte. Das Verhältnis zwischen Normalität und Wahnsinn ist in Pirandellos Theater zentrales Thema. Eine fingierte Verrücktheit wird beispielsweise auch im Stück

Il berretto a sonagli (*Die Narrenkappe*) beschworen, wo sie dazu dient, den Schein zu wahren und damit die bürgerliche Reputation des Protagonisten. Der Schriftsteller Leonardo Sciascia, Sizilianer wie Pirandello, nimmt das Motiv in seinem kurzen Essay *La corda pazza* (etwa: «Die verrückte Saite» oder «Uhrfeder»)[9] auf, wo er sowohl einen Satz aus *Il berretto* als auch aus *Enrico IV* zitiert:

> «Sie müssen wissen, dass wir [Sizilianer] alle so etwas wie drei Uhrfedern im Kopf haben. Die ernste, die zivile und die verrückte.»[10]

> «Also schön, ja, ich bin verrückt! Aber dann, zum Donnerwetter, auf die Knie! Auf die Knie! Ich befehle, dass ihr alle vor mir niederkniet – so. Und berührt drei Mal mit der Stirn den Boden! Runter! Alle, vor den Verrückten macht man das so.»[11]

La corda pazza ist der Titel, den Sciascia seiner Sammlung von Artikeln über die *Sicilitudine* gegeben hat, das Sizilianische, diese einzigartige Mischung aus Widersprüchen und Lügen, aber auch empörter, herausgeschriener Wahrheit, die für die Bewohner Palermos und der Insel seiner Ansicht nach so typisch ist. Zugrunde liegt all dem, wie er anmerkt, ganz offensichtlich ein geografischer Faktor:

> Sizilien ist eine Insel im Zentrum des Mittelmeers; aber seiner großen Bedeutung in einem, sagen wir, strategischen System, seiner Bedeutung als Schlussstein, der den erobernden Völkern Macht und Herrschaft sicherte, stand paradoxerweise eine Schwäche der Verteidigung gegenüber, eine Unsicherheit …, die es offen und für jede militärische und politische Aktion zugänglich machte.[12]

Dann kehrt er zum ewigen Thema des kleinen Landes am Schnittpunkt aller Handelswege im ältesten Meer der Welt zurück und fügt hinzu:

> Dieses Meer [hat] Berber- und Normannenritter, lombardische Söldner, die verhassten Barone Karls von Anjou, die Abenteurer, die aus der ‹kargen Armut Kataloniens› kamen, die Armeen Karls V. und Ludwigs XIV., die Österreicher, die Garibaldiner und Piemontesen, die Truppen von Patton und Montgomery an ihre Strände [getragen]; und jahrhundertelang, als ständige Geißel, die algerischen Piraten, die einfielen, um Güter und Personen zu rauben. Die ‹historische› Furcht ist also der ‹existentiellen› Furcht gewichen, und sie zeigt sich in einer Tendenz zur Vereinzelung, zur Absonderung.[13]

Eine der spannendsten Geschichten über den Wahnsinn, von Sciascia mehrfach thematisert, aber auch von Andrea Camilleri, ist die der Real casa dei matti, also der «Königlichen Irrenanstalt». Sie wurde von Baron Pietro Pisani in Palermo gegründet, einem Mann, der von den edelsten Fortschrittsidealen beseelt war, aber auch er war nicht frei von einer beträchtlichen Dosis «Wahnsinn im Blut». Eine gewisse Berühmtheit erlangte seine Empörung über das krachende Fiasko, das Mozarts Oper *Così fan tutte* im Real Teatro Carolino von den Palermitanern beschert wurde. Um den Affront wiedergutzumachen, der Mozart ein halbes Jahrhundert zuvor (!) widerfahren war, ließ der Baron auf eigene Kosten eine Aufführung der *Zauberflöte* inszenieren, deren Aufführung er, so scheint es, allein beiwohnte. Seine Korrespondenz unterzeichnete er gern mit der Titelbezeichnung *Primo pazzo di Sicilia* (Oberster Verrückter Siziliens). Alles in allem, kommentiert Camilleri, ist: «Baron Pisani ... das klassische Beispiel des Sizilianers, der, wie Pirandello in der *Narrenkappe* behauptet, drei Uhrfedern im Kopf hat, die ernste, die zivile und die verrückte, und daher entsprechend die Uhrfeder, die er gerade für opportun hält, zieht.»[14]

Der Zufall wollte es, dass sich Baron Pisani tatsächlich, wenn man so will, professionell mit den «Verrückten» zu befassen hatte. Eigentlich war es aber gar nicht der Zufall, sondern der Generalstatthalter Marquis Pietro Ugo, der Pisani 1824 zum Direktor des Ospizio dei matti (wörtl. Irrenhospiz) ernannte, das seinen Sitz im Kloster der Theresianer Barfüßer hatte. Zur damaligen Zeit wurde der Wahnsinn von vielen als Strafe Gottes für eine Schuld angesehen, die auch in die graue Vorzeit irgendeines Vorfahren zurückreichen konnte. Eine abergläubische Vorstellung, die die grauenhaften Zustände, in denen diese Unglücklichen verwahrt wurden, teilweise erklärt. Andererseits – und nur zur Klarstellung – waren die Zustände in den Irrenanstalten des späteren Königreichs Italien und selbst der Repubblica Italiana bis zu Franco Basaglias Reform von 1978 auch nicht sehr viel anders.

Baron Pisani selbst gibt uns nach seinem ersten Besuch im Irrenhospiz die folgende erschütternde Zusammenfassung:

> Wenn ich den Zustand von Vernachlässigung, in dem ich diesen Ort tatsächlich vorfand, nicht mit eigenen Augen gesehen hätte, wenn ich es von irgendjemandem gehört hätte, ich hätte es nie im Leben geglaubt. Er hatte eher das Aussehen eines Jahrmarktskäfigs als das einer Behausung für menschliche Kreaturen. Wenn man den Blick in das Innere des engen Gebäudes richtete, konnte man einige wenige dunkle, schmutzige, ungesunde kleine Zellen erkennen: zu einem Teil den verrückten Männern zugewiesen, zum anderen den verrückten Frauen. Diese waren dort eingeschlossen und unterschiedslos zusammengepfercht: die Wahnsinnigen, die Dementen, die Rasenden, die Melancholiker. Einige von ihnen auf ein wenig Stroh und Dreck liegend, die meisten auf dem nackten Fußboden. Viele waren vollkommen nackt, einige mit Lumpen bedeckt, andere in ekelhafte Fetzen gewickelt; und alle angekettet wie Tiere und von lästigen Insekten geplagt, litten sie unter Hunger und Durst und Kälte und Hitze und Hohn und Qual und Schlägen. Erschöpft und verstört starrten diese Unglücklichen auf jeden Menschen, der plötzlich vor ihnen auftauchte; und vom Schrecken erfasst in der Angst vor neuen Qualen, brachen sie sogleich in Anfälle von Wut und Tobsucht aus. Wenn sie sich dann der mitfühlenden Haltung derer, die sie mitleidig ansahen, sicher waren, baten sie über die Maßen herzzerreißend um Erbarmen, zeigten dabei die Einschnitte der Eisenfesseln und die Blutergüsse von den Schlägen, mit denen ihre gesamten Körper überzogen waren.

Pisani setzte sich so engagiert dafür ein, die Lebensbedingungen der Patienten zu verbessern, dass der palermitanische «Giornale d'Intendenza» bereits nach wenigen Monaten vermelden konnte: «Das Krankenhaus der Irren …, das der Zuständigkeit eines von philanthropischem Geist erfüllten Bevollmächtigten überantwortet wurde, hat sein Aussehen erheblich verbessert und ist, dank der Ressourcenerhöhung, bereits auf dem Weg zu jener Perfektion, die es eines Tages auf das Niveau der ersten einschlägig spezialisierten Krankenanstalten in Europa bringen wird.» Erhöhung der Ressourcen hieß in erster Linie mehr Geld, vor allem aber mehr Ärzte und klare Anweisungen, um nach einer therapeutisch und «kulturell» neuen Perspektive bestimmte Ziele zu erreichen. Es mag unglaublich erscheinen, aber einige der Maßnahmen antizipierten bereits 1825 das, was Prof. Basaglia in den siebziger Jahren des 20. Jahrhunderts mit seiner Reform wieder einführen wird: die Abschaffung von Stockschlägen, von Ketten, von Zwangsjacken, die Einführung von Therapien (nicht vieler allerdings), die Erhöhung der Erholungspausen und der Zerstreuungsangebote.

Baron Pisani ist ein verdienstvoller Vertreter jenes von laizistischen und zivilen Fortschrittsidealen erleuchteten Adels, der die fatalistische Konzeption von Wahnsinn als Gottesstrafe verwarf und ihn wieder auf die Ebene der Geisteskrankheit zurückführte, wo er hingehört. Im Übrigen beschränkte sich Pisani nicht darauf, psychisch Kranke therapieren zu lassen, sein Humanismus brachte ihn zum Beispiel auch dazu, die Metopen von Selinunt vor der Ausfuhr zu bewahren, indem er auf der Insel ein Überdenken des Konzepts von archäologischem Erbe in Gang setzte, das im Bourbonischen Sizilien auch zu einer Wende in der Gesetzgebung führte.

Verrücktheiten, Extravaganzen, Exzentrizität sind auf der Insel im Übermaß zu finden. Manches Mal zum Guten, andere Male nicht. Das vielleicht faszinierendste Beispiel für die zweite Kategorie ist der hochberühmte Giuseppe Giovanni Battista Vincenzo Pietro Antonio Matteo Balsamo, besser bekannt unter dem Namen Alessandro, Conte di Cagliostro oder einfacher: Cagliostro. Ich versuche an dieser Stelle nicht, sein bewegtes Leben als genialer Gauner, Fälscher, Marktschreier, Wundertäter und Dieb ein weiteres Mal zusammenzufassen. Zuviel Action, zu viele Orte, an denen er gelebt hat, nachdem er erst einmal aus seiner Geburtsstadt Palermo geflüchtet war, wo er als Kind armer Eltern 1743 geboren wurde und durch den Tod des Vaters frühzeitig Halbwaise wurde. Seine bescheidene Herkunft ließ er hinter sich, indem er sich eine phantastische Biografie zulegte, in der sich Fragmente orientalischer Geschichten, angebliche Zauberkräfte, ja beinahe mirakulöse Fähigkeiten mischten. Seine Kindheit, so erzählt er, habe er in Mekka verbracht, dort die Geheimnisse der alten ägyptischen Priester gelernt, aber auch die Kunst, die Materialeigenschaften der Metalle zu verwandeln, außerdem die alchemistischen Prinzipien, mit denen er angeblich Blei in Gold verwandeln konnte.

In der Mitte des 18. Jahrhunderts war Ägypten noch ein Ort, der mehr dem Mythos als der Geografie angehörte. Das darf man nicht vergessen. Erst nach Napoleons Ägyptenfeldzug (1798–1801), auch «Ägyptische Expedition» genannt, sollte man allmählich eine etwas genauere Vorstellung von diesem Land und seiner antiken Kultur bekommen. Cagliostro muss seine ägyptische Vorgeschichte für eine gewinnbringende Erfindung gehalten haben, die er ohne großes Risiko einsetzen konnte. Er ging so weit, eine Freimaurerloge von ägyptischem Ritus zu erfinden, zu deren Groß-Kophta er sich ernannte, einer Art Hohepriester. Ziel des ägyptischen Ritus war nichts Geringeres als die Regeneration des Menschengeschlechts, um es in den Zustand vor der «Erbsünde» zurückzuversetzen. Diese Idee krönte er in Lyon durch die Gründung der Mutterloge, der er (im Einklang mit dem von ihm intuitiv erfassten Geist der Zeit) den Namen *La sagesse triomphante* (Die triumphierende Weisheit) gab. Die von ihm erfundene Initiationsprozedur, die mysteriösen rituellen Praktiken, verbunden mit dem Magnetismus, der angeblich zur natürlichen Ausstrahlung des Menschen gehöre, faszinierten Intellektuelle und Mächtige in ganz Europa. Er reiste praktisch überall hin, vom fernen Russland nach Malta, von Lissabon nach London, wobei er mal an der Tafel der Herrschenden saß, mal im Gefängnis.

1768, mit fünfundzwanzig Jahren also, heiratet er in Rom Lorenza Serafina Feliciani, siebzehn Jahre alt, auch sie von sehr bescheidener Herkunft, Analphabetin. Aber ausgekocht und zu allem bereit, wenn nötig auch zur Prostitution oder zur Inszenierung amouröser Hinterhalte, in die man irgendeinen Einfaltspinsel locken kann. In London zum Beispiel verführt sie einen naiven Quäker, in Absprache mit ihrem Ehemann, der dann plötzlich «rein zufällig» auftaucht und die beiden Turteltäubchen in flagranti ertappt. Skandal und Empörung vorspielend, tut Cagliostro so, als wolle er blutige Rache nehmen, gibt sich am Ende aber mit einer finanziellen Entschädigung zufrieden. Die skrupellose junge Frau war die perfekte Komplizin ihres Mannes, auch in sehr viel komplizierteren Fällen. Sie wechselte ihren Namen, nannte sich Prinzessin Serafina oder Königin von Saba, ließ sich als Großmeisterin der Adoptionsloge anreden, einer Loge also, die speziell den Frauen vorbehalten war, denen damals (wie übrigens auch heute) der Zugang zur Freimaurerei verwehrt war.

Cagliostro nahm ein schreckliches Ende. Er war, allerdings nur sehr am Rande, in Marie Antoinettes berühmte «Halsbandaffäre» verwickelt, die manche für einen der Auslöser der Französischen Revolution halten. Nach einer Odyssee quer durch Europa, bei der er sich seiner gerechten Strafe Dutzende von Malen immer wieder hatte entziehen können, war er in eine Falle getappt, die ihm vom Geheimdienst des Papstes gestellt worden war. In Rom kamen eines Tages zwei päpstliche Spitzel auf ihn zu und baten um Aufnahme in seine Loge. Cagliostro setzte die übliche Initiationszeremonie in Gang, ohne zu beachten, dass er damit im Vatikanstaat geltende Gesetze brach, wo Freimaurerei unter Todesstrafe verboten war. Prompt lösten sich die beiden Agenten in Luft auf, wobei sie – Gipfel des Hohns – nicht einmal die vereinbarte Aufnahmegebühr bezahlten. Das war im Schicksalsjahr 1789. Als Gattin Serafina, die Komplizin so vieler Abenteuer, die Situation erkennt, hat sie nichts Eiligeres zu tun, als ihren Mann bei einem Priester zu denunzieren. Dieser übermittelt die Anzeige dem Santo Uffizio, das darüber umgehend die Spitzen des Vatikans in Kenntnis setzt. Papst Pius VI. ruft den Staatssekretär und andere Kardinäle zu sich. In der Nacht des 27. Dezember wird Cagliostro festgenommen und in der Engelsburg eingekerkert. Seine Frau wird ins Kloster Sant'Apollonia gesteckt und unter Hausarrest gestellt. Ein armer Kapuzinerbruder, den Cagliostro als Mitglied der Loge hatte gewinnen können, wird ins Kloster Ara Coeli gesperrt.

Die gegen ihn erhobenen Anklagen waren zahlreich und schwerwiegend: Freimaurer, Zauberer, Sektenführer, Lästerer gegen Gott, die Madonna, die Heiligen und die katholische Religion, Fälscher, Verleumder, Aufrührer – mehr als genug für das Schafott. Wie also verteidigte sich der geniale Scharlatan? Indem er sich zum Dummkopf machte, könnte man sagen, indem er eine Hundertachtzig-Grad-Wende vollführte, die ihn mit einem Schlag aus der Kategorie des noblen, genialen Neuerers in die des Scharlatans beförderte. Sein Rechtsanwalt, Carlo Costantini, stellte ihn als armseligen, unbedeutenden Betrüger hin, der sich als Verkäufer von Illusionen durchgeschlagen habe wie jeder x-beliebige Quacksalber. Ein Schurke, gewiss, aber von kleinem Zuschnitt, nichts, was die Kirche beunruhigen müsse, und vor allem aufgrund offenkundiger theologischer Inkompetenz kein Ketzer (die gravierendste Anklage). Was seine Frau angehe, so sei sie eine Prostituierte, deren Anzeige nicht die geringste Glaubwürdigkeit beizumessen sei. Am 7. April 1791 erging das Urteil des Santo Uffizio, in dem es hieß:

> Um besondere Gnade walten zu lassen, wird ihm die [Todes-]Strafe umgewandelt in die Auslieferung an den weltlichen Arm mit immerwährendem Gefängnis in irgendeiner Festung, unter strikter Bewachung, ohne Hoffnung auf Begnadigung. Sowie von ihm am Ort seiner gegenwärtigen Haft Abschwörung als formaler Ketzer geleistet worden ist, wird ihm die Absolution der Sünden erteilt, und es werden ihm die gebührenden heilsamen Bußen auferlegt.

Die auserwählte Festung war eine der übelsten, Rocca di San Leo im toskanisch-romagnolischen Apennin. In dieser düsteren Burg wurde eine Zelle für ihn gewählt, die schon ein Grab war. Sie wurde der *Pozzetto* genannt, der Gully, eine Grabkammer mit einem winzigen Fenster, einer Pritsche als einzigem Einrichtungsgegenstand, keiner Öffnung in der Mauer außer einer Luke in der Decke, durch die der Gefangene an Stricken herabgelassen wurde, die man dann sofort wieder hochzog. Cagliostro versuchte es mit einer letzten Maskerade: Er wurde fromm und widmete sich von Stund an nur noch der Andacht. Die Wärter, die ab und zu durch die Luke guckten, sahen ihn ständig ins Gebet vertieft, wobei er sich an die Brust schlug, oder beim Malen heiliger Bilder an die Mauerwände, oder wie er mit ekstatischem Ausdruck ein Kruzifix anstarrte, das sie ihm zugestanden hatten. Er ging so weit, als vorgeblichen Akt der Reue das Essen zu verweigern. An die Stelle der anfänglichen Simulation trat an diesem schrecklichen Ort, an dem sich die Tage ohne Hoffnung ewig hinzogen, mit der Zeit wahrscheinlich echter Wahnsinn, von dem er im August 1795 im Alter von 52 Jahren erst durch den Tod erlöst wurde.

Seine Frau, deren Zeugenaussage entscheidend gewesen war, wurde im Prozess zwar freigesprochen, kam aber nie wieder aus dem Kloster heraus. Der arme Kapuziner wurde zu zehn Jahren Kerker verurteilt, die er, wie schon gesagt, im Kloster von Ara Coeli verbüßte.

Nachdem man den Leichnam Cagliostros entdeckt hatte, der nach drei Tagen Todeskampf gestorben war, notierte der Gefängniskaplan:

> In diesem apoplektischen Zustand war er drei Tage lang, in denen er weiter in seine Irrtümer verrannt blieb und weder von Buße noch von Beichte etwas hören wollte. Schließlich war der liebe Gott nach diesen drei Tagen zu Recht erzürnt gegenüber einem Gottlosen, der ihm hochmütig die heiligen Gesetze verletzt hatte, überließ ihn seiner

> Sünde und ließ ihn darin elendig sterben; abschreckendes Beispiel für alle diejenigen, die sich auf dieser Welt der Unmäßigkeit der Lüste hingeben und den Delirien der modernen Philosophie.

2003 kam ein ansonsten belangloser Film mit dem Titel *Il ritorno di Cagliostro (*Cagliostros Rückkehr*)* von Daniele Ciprì und Franco Maresco in die Kinos. Darin engagiert der gescheiterte Regisseur Pino Grisanti einen alten, inzwischen alkoholkranken Hollywoodstar, Errol Douglas, um die legendäre Figur zu verkörpern. Es passiert nun aber, dass der alte Schauspieler mit einem Satz aus dem Fenster springt und im Sturzflug auf dem Straßenpflaster landet. Er überlebt, wird aber verrückt, weshalb er für den Rest seiner Tage in ein Heim für Geisteskranke kommt. In Grisantis imaginärer Filmografie gibt es einen von ihm gedrehten Film mit dem Titel *Gli invincibili Beati Paoli* (Die unbesiegbaren Beati Paoli). Es ist kein Zufall, dass die beiden Drehbuchautoren Ciprì und Maresco in ihrer Geschichte das Cagliostro-Motiv, einschließlich des Wahnsinns seiner letzten Tage, und das der Beati Paoli vereinen. Zwei gewaltige, bis heute vitale Mythen, auf die man immer wieder stößt, wenn man sich mit Palermo und Sizilien beschäftigt.

1909 begann der Schriftsteller und Journalist Luigi Natoli unter dem Pseudonym William Galt in der Zeitschrift «Giornale di Sicilia» mit der Veröffentlichung eines Feuilleton-Romans von 239 Folgen, dessen Publikation bis zum Januar des darauffolgenden Jahres weiterging. Sein Titel: *I Beati Paoli.* Der Erfolg des Romans war enorm, der Herausgeber Flaccovio ließ ihn jahrelang immer wieder nachdrucken. Im Vorwort einer der vielen späteren Ausgaben skizziert Umberto Eco Unterschiede zwischen historischem Roman und *romanzo popolare* (historisierender Trivialroman). Natolis Roman, schreibt er, sei zweifellos dieser zweiten Kategorie zuzuordnen und finde seine Vorreiter in Dumas, Sue, Ponson du Terrail. Die Handlung seiner Geschichten sei dermaßen verwickelt und undurchschaubar, dass sich schon der Versuch eine Wiedergabe erübrige. In derselben Edition ist der Erzählung ein weiterer Essay vorangestellt, der reich an Hintergrundinformationen ist: *Storia e leggenda dei Beati Paoli* (Geschichte und Legende der Beati Paoli) von Rosario La Duca.

Die Beati Paoli, zu denen es viele, teilweise sehr phantasievolle Veröffentlichungen gibt, waren Mitglieder einer Geheimsekte, deren Entstehung gelegentlich sogar bis ins 13. Jahrhundert zurückdatiert wird. Ihre Aufgabe sahen sie in der Wiedergutmachung des den Armen zugefügten Unrechts – oder Rache. Die Sekte wäre somit die private, außerhalb des Gesetzes stehende Antwort auf die Schikanen der Feudalherren, die in ihren Lehen auch die Macht hatten, nach Gutdünken Recht zu sprechen. Natoli/Galt zufolge versammelten sich die Beati Paoli, ihre Gesichter von Kapuzen verhüllt, im palermitanischen Stadtviertel Capo zu einem unterirdischen Tribunal. Das Labyrinth der Stollen geht auf eine frühchristliche antike Nekropole zwischen der Kirche Santa Maruzza und dem Vicolo degli Orfani aus dem 4. Jahrhundert zurück. In diesem Areal gibt es vier Meter unter dem Erdboden tatsächlich eine geräumige Höhle mit einer an den Seiten rundum laufenden steinernen Bank. In diesem düsteren Ambiente kann man sich sehr gut ein Geheimtribunal vorstellen, das im flackernden Licht der Fackeln Urteile fällt.

Niemand hat mit Sicherheit verifizieren können, ob die Erzählungen über die Beati Paoli der historischen Wahrheit entsprechen oder aus Legenden entstanden sind, die über Generationen mündlich überliefert wurden. Wir wissen nur, dass sich seit dem Ende des 19. Jahrhunderts in Sizilien die Überzeugung verbreitete, die Sekte und ihre Rächer hätten wirklich existiert.

In diesem Fall hat im Übrigen die Historizität der Ereignisse wenig Bedeutung. Wie in der Religion ist das, was hier wirklich zählt, das Bedürfnis zu glauben, der Trost, den man aus dem Vertrauen darauf ziehen kann, dass es irgendwo in einem unterirdischen Gewölbe oder einem Palazzo Männer gibt, die in Aktion treten, um in irgendeiner Form eine Gerechtigkeit wiederherzustellen, die erlittenes Unrecht kompensiert. In seinem Essay macht Umberto Eco auch darauf aufmerksam, dass der Leser eines historisierenden Trivialromans «von der fiktiven Erzählung verlangt, dass sie ihn mit Bildern von Gerechtigkeit tröstet, die von anderen ausgeübt wird, um ihn vergessen zu machen, wie wenig Gerechtigkeit ihm in der Wirklichkeit widerfährt». Vorher schon hatte Antonio Gramsci (in *Letteratura e vita nazionale*[15]) geschrieben, der Fortsetzungsroman rege den Leser aus dem einfachen Volk zum Phantasieren an und kompensiere damit seinen «(sozialen) Minderwertigkeitskomplex».

Es ist immer wieder behauptet worden, die Beati Paoli seien die Vorläufer der Mafia gewesen, zumal die Angehörigen der Sekte zwar ihre Aufgabe als Beschützer der Schwachen wahrnahmen, andererseits aber auch als Meuchelmörder bezichtigt wurden, die für Geld töteten. Diesen Bezug bestreitet La Duca in seinem Essay. Die Mafia, schreibt er, sei agrarischen Ursprungs und stehe im Zusammenhang mit der Auflösung der Feudalstrukturen zu Beginn des 19. Jahrhunderts, als die Sekte der Beati Paoli schon seit längerem ausgestorben war. Eine Verbindung zwischen dem Mythos der Beati Paoli und der historischen Realität des Phänomens Mafia lässt sich dennoch finden. Das haben bereits 1876 zwei aufgeklärte Politiker erkannt, Leopoldo Franchetti und Sidney Sonnino, die Autoren eines Reports über Sizilien, der erstmals mit großer Genauigkeit die Zustände auf der Insel abbildet: *Condizioni politiche e amministrative della Sicilia* (Die politischen und administrativen Verhältnisse in Sizilien). Die Autoren schreiben, das Phänomen der Mafia sei aus «dem antiquierten Rechtsempfinden einer Person heraus [entstanden], die glaubt, sie könnte dank ihrer persönlichen Bedeutung und ihres Einflusses, unabhängig von Obrigkeit und Gesetz, für den Schutz und die Unversehrtheit einer zweiten Person und ihrer Habe sorgen», ein Empfinden, das sich in der sogenannten *omertà* akzentuiert, die als erste Pflicht eines Mannes das absolute Schweigen gegenüber den Repräsentanten des Staates ansieht, um sich auf eigene Faust Gerechtigkeit zu verschaffen.[16]

Das Misstrauen gegenüber dem von wem auch immer repräsentierten Staat, die ewige Schicksalsergebenheit, die sich durch die Vendetta einen Ausgleich sucht, die durch Anpassung an die Verhältnisse bewirkte Hinnahme der Ereignisse, das alles sind Verhaltensweisen, die sich ganz sicher auch im Phänomen der Mafia wiederfinden. Genauso haben es nicht nur unzählige wissenschaftliche Untersuchungen zu diesem Thema, sondern auch die sehr reichhaltige sizilianische Literatur beschrieben.

Der bekannteste Fall ist natürlich *Il Gattopardo*, Tomasi di Lampedusas Meisterwerk, dessen Handlung auf genau diese Fähigkeit zur Schicksalsergebenheit in der Übergangszeit zwischen bourbonischem Reich und der Einheit Italiens unter der Herrschaft der Savoyer fokussiert ist. Viele Jahre vor dem *Gattopardo* gab es allerdings schon einen anderen Roman, der dasselbe Thema vorweggenommen hat: *I viceré* (Die Vizekönige) von Federico De Roberto, erschienen im Jahr 1894. Sehr stark veristisch[17] geprägt, erzählt der Roman die Geschichte der Familie Uzeda. Einem Freund, dem er sein Vorhaben im Vorfeld schilderte, umriss De Roberto ihn so: «Die Geschichte einer großen Familie, die sich aus vierzehn oder fünfzehn Typen zusammensetzen wird, Männer und Frauen, einer stärker und kauziger als der andere. Der erste Titel war *Vecchia razza* [Alte Rasse]; das zeigt dir schon die eigentliche Absicht, die in der Beschreibung des physischen und moralischen Verfalls eines abgehalfterten Stammes besteht.»

Das Geschehen, in das mehrere Generationen involviert sind, endet mit der Geschichte Consalvo Udezas, Sohn des Prinzen Giacomo XIV., der eine politische Karriere einschlägt und, obwohl im tiefsten Herzen ein stolzer bourbonischer Reaktionär, angesichts des allgemeinen Klimas so tut, als habe er linke Ideen, und dem es auf diese Weise gelingt, sich als Abgeordneter ins Parlament wählen zu lassen. «Biege dich, Schilf, damit das Hochwasser vorbeigeht», heißt es in einem sizilianischen Sprichwort, das diesen Seelenzustand sehr genau trifft.

Nicht alles ist so, nicht alle sind so. Die Tatsache aber, dass dieser Charakterzug von der Literatur immer wieder aufgegriffen wird, bei Pirandello, bei Verga, bei Sciascia und natürlich auch bei Tomasi di Lampedusa, offenbart ein Symptom. Salvatore Savoia, der über die Geschichte Siziliens und ihre Wechselfälle geforscht hat, stellt im Vorwort seiner Biografie *Giuseppe Tomasi di Lampedusa* fest, dass die Einheit Italiens auf der Insel zu Anfang einigen Enthusiasmus ausgelöst habe. Sehr rasch aber «sollte die Illusion von der wundersamen Erlösung in Scheitern übergehen oder von der Geschichte zumindest bis zur Unkenntlichkeit verkleinert werden. Und Sizilien, ahistorisch im Laufe seiner gesamten Geschichte, jahrhundertelang stets dem jeweils diensthabenden Herrscher applaudierend, im Grunde skeptisch und gleichzeitig tausendmal bereit, sich neue Illusionen zu erfinden, sollte erstarrt bleiben, eben unerlösbar. Seit jeher, vielleicht für immer. Jedenfalls bis heute.»

V. MEZZOGIORNO

Die Entdeckung des Südens

Der einflussreiche gemäßigte Politiker Luigi Carlo Farini reist nach seinem Rücktritt vom Amt des Innenministers der dritten Cavour-Regierung 1860 im Gefolge König Vittorio Emanueles II. nach Neapel. Er ist dabei, als Garibaldi beim «Handschlag» von Teano am 26. Oktober 1860 die Souveränität Viktor Emanuels auch über Süditalien anerkennt, von eigenen Machtansprüchen zurücktritt und dem Savoyer König von Sardinien-Piemont Süditalien übergibt, das er mit seinen Tausend erobert hatte. Erst durch diese Geste konnte Viktor Emanuel später zum König von Italien werden.

Am Tag darauf schreibt Farini einen Brief an Cavour, der bei weitem nicht so bekannt ist wie das historische Treffen selbst, aber in meinen Augen sehr viel bedeutsamer. Darin gibt der Conte seine Eindrücke über den Süden wieder: «Was sind das nur für Länder, dieser Molise und die Terra di lavoro.[1] Was für eine Barbarei! Das ist nicht Italien! Das ist Afrika: Im Vergleich zu diesen Primitivlingen sind die Beduinen die Blüte der zivilisatorischen Tugend.» Voller Bestürzung erzählt Farini, wie die Bourbonen, nur um sich auf ihrem wankenden Thron zu halten, dem schlimmsten Abschaum «einen Freibrief» gegeben hätten und wie sich der Pöbel diese schrankenlose Freiheit aufs Übelste zunutze gemacht habe: «Auch die Primitivlingsfrauen töten; und schlimmer noch: Sie binden die Edelmänner ... an den Hoden fest und ziehen sie so durch die Straßen, dann machen sie ritsch ratsch – unvorstellbare Gräuel.»

Der Brief zeugt von großer Erregung, und der mentale Zustand des Absenders ist vielleicht schon labil. Wegen einer schweren Geisteskrankheit wird Farini wenige Jahre später gezwungen sein, sich vom Amt des Ministerpräsidenten (1862/3) zurückzuziehen. Nicht einmal in diesem Zustand jedoch hätte er sich auf diese Weise ausgelassen, wenn seine Darstellungen nicht der allgemeinen Erschütterung einer Führungsschicht entsprochen hätten, die mit einem Schlag die elenden Zustände im Mezzogiorno entdeckte.

Der Politiker Silvio Spaventa, der eigentlich aus den Abbruzzen stammte, als junger Mann in Neapel aber ein paar Jahre Hauslehrer der Kinder Benedetto Croces – des namensgleichen Großvaters des Philosophen – war und nach vielen Abenteuern und Wechselfällen des Lebens nach Neapel zurückkehrte, bestätigt dieses Entsetzen in einem Brief an seinen Bruder Bertrando, ebenfalls im Oktober 1860:

> Es ist eine ständige Bettelei, ein Sich-unter-den Nagel-Reißen, wo es nur geht und so viel es nur geht, ein Gefeilsche, ein Intrigieren, eine einzige Klauerei. Es ist nicht abzusehen, wie dieses Land wieder in einen vernünftigen Zustand gebracht werden soll; es ist, als sei die moralische Grundordnung aus den Fugen geraten; ich fürchte, die Ankunft des Königs und seiner Regierung wird wenig oder gar nichts ausrichten. Es ist aber notwendig, dass er kommt, und zwar sofort.

Senator Diomede Pantaleoni (Vater des Wirtschaftswissenschaftlers Maffeo Pantaleoni) schreibt 1861 an den Politiker Marco Minghetti: «Durch Kalabrien muss man reisen wie eine Karawane durch die Wüste, die sich der Araber und Beduinen zu erwehren hat.» In seinem Buch über den Zug der Tausend definiert Giuseppe Bandi, der Schriftsteller, Journalist und selbst einer der Tausend im Gefolge Garibaldis, die Sprache der Sizilianer als *africanissima*. 1909 schreibt der bedeutende Lukaner Meridionalist,[2] der große Agrarwissenschaftler, Intellektuelle und Politiker Giustino Fortunato, dass «der Norden eine Einheit mit Zentraleuropa bildet, der Süden dagegen zur Mittelmeerzone gehöre; auf der einen Seite endet Europa, auf der anderen beginnen Nordafrika und Kleinasien». Auf der Reise nach Palermo, fügt er hinzu, sah er eine Gruppe von Männern auf sich zukommen, «alle hoch zu Ross, mit dem Käppchen auf dem Kopf und der Schrotflinte quer über dem Sattel, wie eine Horde Beduinen». Ein großer Geist wie Leopardi geht – Anfang der dreißiger Jahre des 19. Jahrhunderts – so weit, Neapel als «Stadt der Taugenichtse und Pulcinellas, halbbarbarisch und halbafrikanisch» zu bezeichnen. Noch 1921 schreibt der

Journalist Giuseppe Prezzolini, Italien bestehe aus zwei Hälften: «Einer europäischen, die ungefähr bis Rom reicht, und einer afrikanischen oder balkanischen, von Rom ab südwärts.»[3] Für die meisten also war die Entdeckung des Mezzogiorno ein Trauma. Cavour übrigens, der höchste politische Architekt der Einheit Italiens, hat es nie weiter in den Süden als bis nach Florenz geschafft, er hat nie einen Fuß in die spätere Hauptstadt Rom gesetzt, und über den Rest der Halbinsel besaß er nur sehr vage und allgemeine Kenntnisse.

Die historische Wahrheit ist, dass der König der beiden Sizilien nach der Niederschlagung der Revolution von 1848 beim Versuch, sein Königreich gegen alle politischen und intellektuellen Einflüsse von außen abzuschotten, mit knallharter Repression durchgegriffen hatte. Die erste Volkszählung des Königreichs Italien (1861) förderte zutage, dass einer durchschnittlichen Analphabetenrate von 67 Prozent im Norden der erschreckende Extremwert von 87 Prozent im Süden gegenüberstand. Nach den Forschungen des Linguisten Tullio De Mauro war der Gebrauch des Italienischen als geläufiges Kommunikationsmittel nur bei acht Tausendsteln der Bevölkerung der Halbinsel üblich. In Zahlen übersetzt heißt das: hundertsechzigtausend Personen, die in einer Masse von 20 Millionen Individuen praktisch verschwinden.[4]

Tatsächlich wurde das Italienische als einzige der modernen Nationalsprachen jahrhundertelang fast ausschließlich als Gelehrtensprache, als Amtssprache, als Sprache für öffentliche Reden, als Justizsprache verwendet. Ein liturgisches, schwülstiges, umständliches Konglomerat aus schwieriger Syntax, in dem es von Manierismen nur so wimmelte. Es war also «steif». Deshalb konnte Luigi Settembrini, der neapolitanische Schriftsteller und Patriot, schreiben: «Wie ihr wisst, tritt, wenn ein Volk Vaterland und Freiheit verloren hat und über die ganze Welt verstreut ist, die Sprache an die Stelle des Vaterlandes und alles anderen. … Ihr wisst, dass das so in Italien passiert ist, und dass das erste, was wir wollten, als wir uns nach drei Jahrhunderten Sklaverei wieder als Italiener fühlten, unsere gemeinsame Sprache war.»[5] Settembrini war übrigens eines der Opfer der bourbonischen Unterdrückung nach 1848 und ist nur um ein Haar der Todesstrafe entgangen.[6]

Im neugeborenen Königreich Italien begann sich auf allen Ebenen rasch das Bild eines von «schändlichen Lastern» und «tiefer Korruption» befallenen Volkes des Südens zu verbreiten, von der Korrespondenz des Conte Cavour, den das Thema nicht losließ, bis zum Meinungstrend, der sich in der neuen Bourgeoisie ausbildete. Definitiv kritisch wurde die ohnehin schon prekäre Lage mit dem Vormarsch des Brigantentums. Neben der «römischen Frage»,[7] also dem Fortbestehen eines Kirchenstaates, der sich inzwischen zu einem anachronistischen Hemmnis entwickelt hatte, war das eines der tragischen Probleme, denen sich das Königreich zu stellen hatte. Die Zeitungsberichte, die Fotos der gefangengenommenen Banditen bestärkten das Bild des Mezzogiorno als einem finsteren, mysterösen Land der Gesetzlosen. Überall verbreiteten sich die Gerüchte über schauerlich-pittoreske Rituale wie aus dem Mittelalter, etwa dass die Briganten menschliche Schädel als Trinkgefäße benutzten oder die noch schlagenden Herzen ihrer getöteten Feinde verschlängen. In der Tat gab es jede Menge Briganten, aber nicht nur im Süden. Im toskanisch-emilianischen Apennin oder in der toskanisch-lazialen Maremma trieben kaum weniger Gesetzlose ihr Unwesen. Noch heute hängen dort in rustikalen Trattorien Fotografien von Briganten, die als Tote, die Waffen griffbereit, in Pose gesetzt wurden: an eine Mauer gelehnt, von einem Baumstamm aufrecht gehalten.

Die Briganten des Mezzogiorno aber bleiben ein spezielles und sehr viel beunruhigenderes Problem. Sie sind Teil eines großen Gesamtbildes aus Analphabetismus, Armut und Elend, zivilisatorischem Verfall, in völlig unerschlossenen Landstrichen, dazu mit einer Bevölkerung, an deren Loyalität gegenüber dem Königreich große Zweifel angebracht waren, allen «Plebisziten» zum Trotz.[8] Ein Phänomen, das durch das Fortbestehen eines substanziell feudalen Systems und die unübersichtliche, zu großen Teilen unbewohnte, raue, gebirgige Landschaft voller Wälder, Höhlen, Schluchten noch verschärft wurde.

1799 hatte Ferdinand IV. von Bourbon dem adeligen Kalabreser Kadetten Kardinal Ruffo, dessen Heer (die *lazzari*[9]) überwiegend aus Banditen und ausgebrochenen Gefängnisinsassen bestand, die Rückeroberung Neapels übertragen. Nach dem Ende der Operation wurden einige Bandenanführer ausgezeichnet und zu Generälen ernannt; unter ihnen Michele Arcangelo Pezza, eine undurchsichtige Figur: Draufgänger und Abenteurer, grausamer Bandit und großzügiger Guerillero zugleich, bekannt als Fra Diavolo (Bruder Teufel). Zahlreiche Filme sind über ihn gedreht worden, einer sogar mit Stan und Ollie, und genauso viel ist über ihn geschrieben worden. In seinem historischen Roman *La Sanfelice* erzählt Alexandre Dumas von ihm, und im *Grafen von Montecristo* zeichnet er das romantisch kolorierte Bild einer dieser Banden.

Über Fra Diavolo schreibt sehr eindrücklich auch Stendhal,[10] der von den Geschichten der italienischen Briganten fasziniert war, auch wenn er es historisch nicht immer allzu genau nahm. Ein Beispiel:

> Im Jahr 1806 zitterte ganz Italien, wenn auch nur der Name Fra Diavolo fiel. Dieser Brigant aus Itri verbreitete Terror vor allem unter der Bevölkerung an den Küsten des Mittelmeers, die zu den Staaten Roms und Neapels gehörten. Der ehemalige Mönch und ehemalige Sträfling mit seinem von der Sonne gebräunten Gesicht tötete Seinesgleichen aus Not und aus Spaß, verschonte sie gelegentlich aus einer Laune heraus, und manchmal half er ihnen in einem plötzlichen Anfall von Güte. Im Übrigen war er der Mutter Gottes und den Heiligen sehr ergeben. Als Brigant wurde er Konterrevolutionär und hoher Offizier in Kardinal Ruffos Armee und schlachtete in Neapel aus Ergebenheit für Thron und Altar ziemlich viele Leute ab. Stets lief er mit Amuletten behängt und bis an die Zähne mit Dolchen bewaffnet herum. Nach zahllosen Aktionen von erstaunlicher Kühnheit und bemerkenswertem Mut fiel er einer Abteilung Franzosen in die Hände: Er wurde gefangengenommen, zum Tode verurteilt und gehenkt.[11]

Der Brigantismus im Gefolge der Einheit Italiens hat also zu einem Teil mit einer konsolidierten Tradition zu tun, von der ausländische Schriftsteller wegen ihres abenteuerlichen und pittoresken Anstrichs fasziniert waren. Die Briganten passen im Übrigen sehr gut ins Bild eines Landes der unmenschlichen Verbrechen, des Verrats, des Aberglaubens, der Machenschaften, als das Italien weithin angesehen wurde. Ihre Taten erscheinen als eine Mischung aus Grausamkeit und Selbstjustiz, Autoritarismus und Anarchie. Die Briganten können also unterschiedslos ein Unrecht wiedergutmachen oder jemanden seiner Freiheit berauben, und zwar unter Anwendung von Gewalt, die ihre einzige Legitimation ist; es sei denn, irgendein Herrscher verdingt sie für seine Sache, zieht ihnen eine Unform an und drückt ihnen eine Flinte in die Hand.

Vor allem Mittel- und Süditalien, von Latium an südwärts, kennt das Phänomen des Brigantentums im großen Maßstab, das sich auf diese Weise im Sozialverhalten und im kollektiven Bewusstsein als Keimzelle einer Art von Kriminalität festsetzt, die sich konsolidieren wird. Hand in Hand mit dem wachsenden Wohlstand ist sie sogar imstande, das Management einer Parallelökonomie und Schattenwirtschaft zu übernehmen, die in vielen Fällen der offiziellen überlegen ist. Weiter mit Stendhal:

> Ganz Italien ist, gleichzeitig oder nach und nach, von den Briganten heimgesucht worden: Vor allem aber im Herrschaftsgebiet des Papststaates und im Königreich Neapel haben diese am längsten geschaltet und gewaltet und dort sind sie auch am methodischsten und zugleich konstantesten vorgegangen. Dort verfügen sie über eine Organisation, Privilegien und die Gewissheit, straflos auszugehen, und wenn es ihnen nur hinreichend gelingt, die Regierung einzuschüchtern, steht ihrem Erfolg nichts mehr im Wege. Und deshalb streben sie, solange sie ihrem ruchlosen Gewerbe nachgehen, nach nichts anderem. Wie in den Zeiten tiefster Barbarei, als die Gewalt noch die einzige Gebieterin war, die einzige anerkannte Macht. Was ist das nur für eine Regierung, die gezwungen ist, vor einer Handvoll Verbrechern in die Knie zu gehen? Zwanzig oder dreißig Männer reichen aus, um im ganzen Land Terror zu verbreiten und alle Carabinieri des Papstes auf Kriegsfuß zu setzen!

Während sie aber ihre Verbrechen begehen und sich ihrem Lotterleben hingeben, vernachlässigen die Briganten keineswegs die religiösen Pflichten, auch wenn sie von ihnen auf reinen Aberglauben reduziert werden. Doch auch diese vierschrötige Frömmigkeit, die von der Kirche niemals mit Entschlossenheit bekämpft wurde, geht auf eine Jahrhunderte alte Tradition zurück.

> Ein Bandit, der wegen einer großen Anzahl von Morden angeklagt war, erschien vor den Richtern. Weit entfernt, die ihm vorgeworfenen Taten zu leugnen, gestand er weitere, die ihm damals von der Justiz noch gar nicht zugeschrieben wurden. Als man ihn aber danach fragte, ob er denn auch immer die Fastenzeit eingehalten habe, reagierte der fromme Verbrecher empört. Dieser Zweifel war für ihn die schlimmste Beleidigung. «Ihr verdächtigt mich also, kein Christ zu sein?», fragte er verbittert den Richter, der ihn verhörte.

Die eigentliche Motivation für diesen «Glauben» liegt darin, dass der Brigant bei seinen Taten zwar hemmungslos das irdische Leben aufs Spiel setzt, gleichzeitig aber das ewige Leben nicht riskieren will, wobei er in seiner Beschränktheit den blasphemischen Kontrast zwischen seinen Verbrechen und der christlichen Botschaft ignoriert.[12]

> Im Laufe seines abenteuerlichen Lebens gibt es zwei Dinge, die dem italienischen Briganten Sicherheit geben und von denen er sich niemals trennt: das Gewehr, um sein Leben zu retten, und das Bild der Jungfrau Maria, um seine Seele zu retten. Es gibt nichts Erschreckenderes als diese Mischung aus Brutalität und Aberglauben! Ein solcher Mann endet schließlich mit der Überzeugung, dass ihm der Tod am Galgen einen Platz im Paradies sichert, sofern ihm nur zuvor durch einen Priester die Absolution erteilt worden ist.

Die darauf folgende finstere Episode, auch sie aus Stendhals Büchlein, illustriert sehr zutreffend, zu welch primitiver Grausamkeit sich die Briganten hinreißen ließen. Es ist übrigens kein Zufall, dass sich Vorfälle ähnlicher Grausamkeit in den Tagen des Massakers von Bronte[13] 1860 wiederholen. Ähnliches gab es auch in der Phase des eigentlichen echten Bürgerkriegs direkt nach dem Ende des Ersten Weltkriegs und ist auch heute noch in Mafia-Untaten wiederzuerkennen, wenn im Zuge einer Vendetta nicht davor zurückgeschreckt wird, sogar die Leiche eines Kindes in Säure aufzulösen:

> 1817 übte die *banda dell'Indipendenza* [Bande der Unabhängigkeit], die meines Wissens von De Cesaris befehligt wurde, in Kalabrien eine absolute Schreckensherrschaft aus; sie bestand aus dreißig Männern und vier Frauen. Ihre Schutzgeldzahler waren die Bauern und Landbesitzer, die sich davor hüteten, dem Befehl nicht Folge zu leisten, neben einem Baumstamm oder am Sockel einer Säule an einem bestimmten Tag zu einer bestimmten Stunde das zu hinterlegen, was von ihnen gefordert wurde. Trotz alledem versuchte einer der Bauern, sich diesem gnadenlosen Vasallentum zu entziehen. Statt seine Abgabe zu leisten, denunzierte er sie bei der Obrigkeit; und darauf umringten Truppen zu Fuß und zu Pferde die Unabhängigen. Als die Briganten sahen, dass sie verraten waren, gelang ihnen ein Ausfall, sie hinterließen ein Schlachtfeld, und die Leichen der Feinde pflasterten ihren Weg. Drei Tage später nahmen sie fürchterliche Rache an dem unglückseligen Bauern. Nachdem sie ihn gefoltert und zum Tode verurteilt hatten, warfen ihn die Banditen in einen riesigen Kochtopf, in dem normalerweise die Milch für den Käse aufgekocht wurde, und zwangen jeden seiner Untergebenen, ein Stück von der Leiche ihres Herrn zu essen.

Einige Jahre lang hat das Brigantentum die südlichen Regionen terrorisiert und zerstört. Die Bewertung der Ursachen war je nach Ausgangspunkt und Blickwinkel sehr unterschiedlich. Ganz allgemein kann man sagen, dass die sozialen, politischen und kriminellen Faktoren so eng miteinander verbunden waren, dass es schwierig ist, einzelne Komponenten zu isolieren, es sei denn, man geht von einem präzisen Erkenntnisinteresse aus.

Viele Süditaliener sahen in der Ankunft der «Piemonteser» eine Invasion. Und nach den Kriterien des internationalen Rechts (oder des *diritto delle Genti* – des «Völkerrechts», wie man damals sagte[14]) war sie das im Grunde auch. Der Zug der Tausend war ein Banditenstreich, der heute von den Vereinten Nationen mit Sicherheit verurteilt würde. Eine Truppe von tausend irregulären Soldaten griff einen legitim konstituierten Staat an und marschierte dort ein. Um Garibaldis Unternehmen die «Legitimität» zu verleihen, die es verdient, muss man sich von der strikt juristischen Ebene entfernen und die Schubkraft für die territoriale Einheit Italiens bedenken – was von den kultivierteren und aufgeklärteren Schichten der Gesellschaft im Königreich beider Sizilien und des Kirchenstaates auch erkannt wurde. Vor und mit den Piemontesern jedenfalls waren die Volksmassen sich selbst überlassen, während die Wirtschaft schwächelte und die Bodenordnung im Mittelalter steckengeblieben war, einschließlich ausgedehnter Landstriche mit unbestellten Latifundien. In der Basilikata zum Beispiel verfügten 1861 von 124 Kommunen 91 noch nicht einmal über befestigte Straßen.

Im Juni 1862 legten die demokratischen Abgeordneten ein Memorandum zum Mezzogiorno vor, mit dem sie den Widerstand der Regierung, das Problem ernsthaft anzugehen, zu überwinden versuchten. Nach einer These des Memorandums war das Brigantentum eine Folge der Politik der Konservativen Cavour (gestorben am 6. Juli 1861) und Bettino Ricasoli gewesen, die auf der einen Seite – dem niederen Volk und den Bauern gegenüber – repressiv, und auf der anderen – den bourbonischen Repräsentanten gegenüber – konziliant gewesen sei. Der Vorschlag war, das öffentliche Bauwesen zu intensivieren, um die extrem hohe Arbeitslosigkeit zu reduzieren, und die Aufgabe der Befriedung Garibaldi anzuvertrauen. Er war der Einzige, der auch im Mezzogiorno ein gewisses Ansehen beim Volk genoss, vielleicht aufgrund seines atypischen Temperaments. Auch wenn ihn seine Impul-

Giuseppe Garibaldi verbringt seine letzten Jahre in der Isolation von Caprera.

sivität und ein gewisses Maß an politischer Konfusion zu einem «typischen» Italiener machen, so unterscheidet er sich in anderer Hinsicht doch deutlich von der stereotypen Vorstellung.

Garibaldi ist ein hervorragender General gewesen, couragiert und gewissenhaft wie wenige in der Geschichte Italiens. Das Exil auf der Insel Caprera offenbart dagegen in der letzten Phase seines Lebens das Bild eines Exzentrikers. Er brach dorthin auf mit nur ein paar Lire im Gepäck, die ein Freund für ihn zusammengekratzt hatte, dazu ein wenig Kaffee und Zucker, Pflanzensamen und einem Ballen getrockneten Seelachses. Im Vergleich zu ihm gibt Cincinnatus[15] beinahe die Figur eines Verschwenders ab. Im Übrigen hat es Garibaldi schon zu Lebzeiten geschafft, ein Mythos zu werden. Er hatte sich den durchaus nicht rhetorisch gemeinten Titel eines *Eroe dei due mondi* (Held zweier Welten) erworben, was sich auf seine militärischen Leistungen in Europa und Südamerika bezog.

Nachdem er diesseits und jenseits des Ozeans gekämpft und versucht hat, die ruhmreiche Römische Republik von 1849 zu verteidigen, und während einer abenteuerlichen und verzweifelten Flucht seine über alles geliebte Frau Anita verloren sowie die ihm von der Regierung angebotene bescheidene Pension abgelehnt hat, macht er sich auf die Reise nach New York, wo er 1850 landet. Unter den Italienern, die dort für ihn eine Kollekte veranstalten, ist ein ehemaliger Theatermechaniker aus Florenz, der ebenfalls die halbe Welt bereist hat. Er ist ein verkanntes Genie, der darum kämpft, dass ihm die Amerikaner nicht das Patent für einen seltsamen Apparat abjagen, der es möglich macht, auf Entfernung miteinander zu sprechen. Er hat ihn *telegrafo parlante* (sprechender Telegraph) oder *telettrofono* genannt. Wenn es wirklich funktionieren würde, wäre das eine Revolution. Die wird es auch sein, in der Tat, aber ohne ihn.[16] Antonio Meucci lebt in Staten Island, einem der fünf *boroughs* des großen New York, dem hässlichsten und am schwersten zu erreichenden. Er lädt Garibaldi ein, sein Gast zu sein.

Meucci wohnte dort allein mit seiner schwerkranken Frau Ester. Die arme Frau lag fast immer im Bett, Meucci kochte, arbeitete an seinen kleinen Projekten. Das *teletroffono* hatte er eigentlich nur deshalb erfunden, um zwischen Werkstatt und Schlafzimmer mit seiner Frau kommunizieren zu können. Was er zum Leben brauchte, verdiente er mit Erfindungen, Auftragsarbeiten, kurzfristigen Projekten. Sein größtes Problem waren seine schlechten Englischkenntnisse. Man kann sich vorstellen, wie er von den amerikanischen Rechtsanwälten über den Tisch gezogen wurde, als es darum ging, den Patentschutz für seine seltsame Erfindung zu verhandeln.

Als Garibaldi ankommt, hat Meucci gerade begonnen, neuartige Stearinkerzen zu entwickeln, die aus drei Schichten verschiedenfarbigen Wachses zusammengesetzt sind: weiß, rot und grün. Garibaldi schaut sich um, der Ort gefällt ihm, das Haus befindet sich am Rande eines Waldes, wo man am frühen Morgen zur Jagd gehen kann. Er sieht Meucci über seinen Tiegel gebeugt, in dem er das Wachs schmelzen lässt, und bietet ihm ohne langes Nachdenken seine Hilfe an. So füllt der Held zweier Welten, gemeinsam mit dem Erfinder, der gerade um den Lohn seines besten Produkts gebracht wird, weil er kein Geld für fachlich kompetente Rechtsanwälte hat, das Wachs in die Gussformen und rollt Trikolore-Kerzen. Zwei Männer, deren Herkunft man sich unterschiedlicher nicht vorstellen könnte, sind in diesem Moment vereint durch das gemeinsame Emigrantenschicksal.

In seinen Erinnerungen schreibt Garibaldi:

> Ich habe einige Monate lang mit Meucci gearbeitet – der mich, obwohl ich sein Arbeiter war, behandelte, als sei ich ein Familienmitglied, mit viel Wohlwollen. Eines Abends jedoch ging ich, des Kerzenherstellens müde – vielleicht von natürlicher und gewohnheitsmäßiger Unruhe getrieben – aus dem Haus mit der Absicht, den Beruf zu wechseln. Ich erinnerte mich, dass ich Marinesoldat gewesen war – ich konnte ein paar Worte Englisch – und ging zum Strand der Insel, wo gerade einige Lastkähne be- und entladen wurden. Beim ersten angekommen, fragte ich, ob ich als Seemann anheuern könnte. Sie beachteten mich kaum: Alle, soweit ich sie an Bord sehen konnte, fuhren mit ihren Tätigkeiten fort. Ich versuchte es weiter und ging zum nächsten Schiff. Dieselbe Reaktion. Schließlich zu einem weiteren, das gerade entladen wurde, und fragte um Erlaubnis, bei der Arbeit helfen zu dürfen – und erhielt zur Antwort, sie hätten keinen Bedarf. «Aber ich will gar keinen Sold», fügte ich beharrlich hinzu: wieder nichts. «Ich will arbeiten, um mich aufzuwärmen» (es lag tatsächlich Schnee), noch weniger. Ich war perplex! In Gedanken kehrte ich zu den Zeiten zurück, als ich die Ehre hatte, die Mannschaft von Montevideo zu befehligen – ihr kriegerisches und unsterbliches Heer zu befehligen! Was nutzte das alles? – sie wollten mich nicht! Ich überwand meine Demütigung und kehrte wieder zum Geschäft des Kerzenmachers zurück.[17]

An diese rührende, wenngleich ein wenig vom Thema wegführende Episode habe ich erinnert, weil sie zum Verständnis beiträgt, weshalb Garibaldi der Einzige war, der im Mezzogiorno eine gewisse Popularität genoss. Instinktiv ist zu spüren, aus welchem Holz dieser Mann geschnitzt war, wenngleich zwischen seinen Lebensbedingungen in der Emigration und denen, die Millionen von Einwanderern in den Jahren danach zu ertragen hatten, Welten lagen.

Ob nun mit oder ohne Italien, Rom und Neapel kamen auf jeden Fall nicht umhin, sich den neuen Zeiten und den unbeugsamen Gesetzen der wirtschaftlichen Entwicklung zu unterwerfen. Was aber nichts daran ändert, dass die Auseinandersetzungen zwischen den Tausend und den bourbonischen Streitkräften nicht selten alle Symptome eines Bürgerkrieges aufwiesen, einschließlich der Grausamkeiten, von denen solche Konflikte immer begleitet sind. Vonseiten des königlichen Heeres gab es willkürliche Exekutionen, in Schutt und Asche gelegte Dörfer, als Repressalmaßnahme zerstörte Häuser. Umgekehrt passierte es, dass von der Gegenseite gefangengenommene Piemonteser Soldaten an einen Baum gebunden und lebendig verbrannt, gekreuzigt oder verstümmelt wurden. Selbst in solchen Fällen wurden die Briganten – wie schon in der Vergangenheit – von den Menschen zuweilen wie Volkshelden gefeiert, zumal es sich häufig um Bekannte handelte, wenn nicht sogar Verwandte oder Nachbarn. Im Übrigen kommen – wenn man von den Fällen vulgärsten Banditentums absieht, bei denen das Urteil einfach ist – in der Figur des Briganten sehr verschiedene Aspekte zusammen. Aus einer radikalsozialen Haltung heraus kann die kriminelle Komponente gerechtfertigt werden. Dies gilt aber auch, wenn man – freilich etwas selbstgerecht – der Überzeugung ist, auf alles, was man für einen politischen Übergriff hält, mit Waffengewalt reagieren zu müssen. Exemplarisch dafür ist der berühmte und idealisierte Fall des Sergente Pasquale Romano.

Pasquale Domenico Romano wurde 1833 in Gioia del Colle (Apulien) geboren. Er entstammte einer Hirtenfamilie. Im bourbonischen Heer rekrutiert, stieg er in den Rang eines Sergeanten auf. Als seine Abteilung nach der Einheit Italiens aufgelöst wurde, beschloss er, den bewaffneten Kampf gehen die Piemonteser aufzunehmen. Eine seiner aufsehenerregendsten Aktionen war die Besetzung von Gioia del Colle, wo es ihm gelang, das Savoyer Heer in die Flucht zu schlagen, nicht zuletzt dank der Hilfe der ortsansässigen Bevölkerung. Gleichzeitig setzte er sein Banditen-Unwesen und die Zerstörung der Bauernhöfe von Liberalen und Ex-Garibaldinern der Region fort, die als «Verräter am Volk des Südens» angesehen wurden. Seine Verfolger rückten immer näher, 1863 schließlich wurde er in den Wäldern bei seinem Heimatdorf ausfindig gemacht und überwältigt. Bevor er starb, soll er ausgerufen haben: «*Evviva 'o rre!*» – «Es lebe der König!» Aber das ist vielleicht nur eine Legende. Keine Legende dagegen ist die Verehrung, die die Bauern des Ortes seinem geschundenen Leichnam entgegenbrachten. Der französische Schriftsteller Oscar de Poli erhob ihn zum königstreuen Helden und beschreibt die Szene so:

> Sergeant Romano war von der Piemonteser Kavallerie auf der Via di Mottola mit Säbeln in Stücke gehauen worden. … Alle Bewohner des Dorfes wollten die unkenntlichen Reste des heldenhaften Briganten ein letztes Mal bewundern. Man ging dorthin wie zu einer durch Martyrium geheiligten Pilgerfahrt: Die Männer bedeckten ihr Haupt, die Frauen knieten nieder, fast alle weinten; so nahm er die Trauer und die Bewunderung seiner Landsleute mit ins Grab.[18]

Der Widerspruch zwischen diesem Genrebild und der Einschätzung eines Berichts, der dem Parlament des Königreichs über denselben Vorfall vorgelegt wurde, zeigt mit drastischer Eloquenz, wie weit voneinander entfernt die Standpunkte über einen und denselben Tatbestand sein können:

> Eine Räuberbande, angeführt von einem gewissen Pasquale Romano aus Gioia del Colle, einem ehemaligen bourbonischen Sergeanten, überzog diesen anmutigen und fruchtbaren Landstrich auf traurige Weise mit allen Arten von Raubüberfällen und Morden; Anfang Januar griffen die Kavalleriesoldaten von Saluzzo, befehligt von der mutigen Nationalgarde von Gioia, die infame Bande an, töteten ihren Anführer und vernichteten sie. Seitdem ist die Siedlung von Gioia frei und sicher.

Ausgerechnet in demselben Jahr 1863 schloss die parlamentarische Untersuchungskommission zum Brigantismus unter dem Vorsitz Giuseppe Massaris, eines liberalen Katholiken, Exponenten der historischen Rechten und Journalisten aus Apulien, ihre Arbeit ab. Trotz der Einschränkungen, denen solche Kommissionsberichte immer unterliegen, identifizierte der Abschlussbericht, verlesen in geheimer Sitzung der Kammer vom 3. auf den 4. Mai, zutreffend einige Ursachen des Phänomens:

> Die üblen Ratschläge des Elends gewinnen, wenn sie nicht durch Bildung und Erziehung in die Schranken verwiesen werden, nicht gebremst sind von jener derb vereinfachten Religion, die man den Massen predigt, bei diesen Unglücklichen die Oberhand, bestärkt noch durch das Spektakel des schlechten Beispiels, und so wird die Gewohnheit, Verbrechen zu begehen, zur zweiten Natur. Die schwache Stimme des Moralempfindens ist erstickt, und der Diebstahl wird nicht etwa verachtet, sondern ist zu einem einfachen und legitimen Mittel des Auskommens und Verdienstes geworden … Das Brigantenleben ist von enormer Attraktivität für den armen Bauern, der aus dem Ver-

> gleich mit dem mühevollen, armseligen Leben, das er zu führen verdammt ist, mit Sicherheit keine nutzbringenden Konsequenzen für die gesellschaftliche Ordnung zieht …, und die Faszination der Versuchung, sich kriminell zu betätigen, ist unwiderstehlich. … Von den 373 Briganten, die sich am 15. April in den Gefängnissen der Provinz von Capitanata befinden, gehören 293 der armseligen Kategorie der sogenannten *braccianti* [Tagelöhner] an. Wer keine Handbreit Land hat, das ihm gehört, wer nichts besitzt und immer nur dem reichen Landbesitzer dient und sieht, wie dieser steinreich wird durch den Ertrag der Früchte seines Schweißes, schlecht entlohnt, völlig ausgelaugt von der schlechten Behandlung, kann keine Vaterlandsliebe, kein Gefühl von Respekt gegenüber der Gesellschaft entwickeln. Dort dagegen, wo das Verhältnis zwischen dem Grundbesitzer und dem Bauern besser ist, wo dieser nicht als Nomade lebt und wo er auf irgendeine Weise mit dem Land verwurzelt ist, dort kann der Brigantismus, wenn er auftritt, zwar die Ruchlosen locken, die in keinem Teil der Welt fehlen, er kann aber keine tiefe Wurzeln schlagen und mit größerer Leichtigkeit zerstört werden.

Das Massenelend ohne jeden Sinn für Gemeinschaft wurde also als Hauptursache gesehen für die Ausbreitung der Briganten, jener «Gewohnheit, Verbrechen zu begehen», die sich als «zweite Natur» eingenistet hatte. Gleichzeitig aber benannte der Bericht die politischen Implikationen sowie die «importierten Gründe» an der Wurzel des Phänomens. Dazu gehörte das subversive Agieren des Vatikans, der den Briganten auf seinem Staatsgebiet Unterschlupf gewährte und ihre Unternehmungen finanzierte, dies im Bewusstsein, dass die «römische Frage» früher oder später mit Gewalt gelöst werden würde und jede Aktion zur Schwächung der Einheitsbewegung diesen bewaffneten Konflikt zumindest aufschob. Zum Sprachrohr der Direktiven des Vatikans hatten sich die Bischöfe gemacht. Das war auch der Grund, warum in der Jesuiten-Zeitschrift «La civiltà cattolica» das Urteil über den Massari-Bericht ausgesprochen negativ ausfiel. Hervorgehoben wurde das «große Aufheben», das in dem Text um alle «als sozial ausgegebenen Gründe» gemacht werde, in dem vergeblichen Versuch, jede erdenkliche Ursache für den Brigantismus aufzuspüren, Hauptsache, sie lag «außerhalb der Politik». Zumal «die Neapolitaner von dieser vorgetäuschten Einheit ohnehin nichts wissen wollen».[19]

Mehrfach sollte die Zeitschrift auf das Thema zurückkommen. Noch 1874 war dort zu lesen, dass «die südlichen Provinzen sich als eroberte, unterworfene, ausgebeutete Provinzen betrachten». Die Jesuiten hatten nicht die geringsten Hemmungen, den Finger dorthin zu legen, wo die Wunde am schmerzhaftesten war. Jahre zuvor hatte übrigens Massimo d'Azeglio, der ehemalige Premierminister des Königreichs Sardinien-Piemont, in einem auf breite Resonanz gestoßenen Brief an Senator Carlo Matteucci vom 2. August 1861 ganz ähnliche Vorstellungen geäußert:

> In Neapel haben wir ebenfalls den Souverän weggejagt, um eine auf universalen Konsens gegründete Regierung zu bilden. Aber dazu braucht man sechzig Bataillone, und es sieht so aus, als würden nicht einmal sie ausreichen, um das Königreich zusammenzuhalten; und es ist allgemein bekannt, dass keiner, ob nun Brigant oder Nicht-Brigant, etwas davon wissen will. Aber man wird sagen: und das universale Wahlrecht? Ich weiß nichts über das Wahlrecht; ich weiß aber, dass diesseits des Tronto keine Bataillone nötig sind, und dass sie jenseits nötig sind. Also müssen Fehler gemacht worden sein; und man muss Taten und Prinzipien ändern. Man muss sich ein für alle Mal von den Neapolitanern sagen lassen, ob sie uns wollen, ja oder nein.[20]

Giuseppina Cavour Alfieri, die Nichte des Conte, hat uns einen Bericht über die letzten Stunden des großen Staatsmannes hinterlassen. Durch die lange Agonie entkräftet, hauchte Camillo unter anderem diese Worte: «Das Italien des Nordens ist vollendet, es gibt keine Lombarden, Piemonteser, Toskaner, Romagnoler mehr: Wir sind alle Italiener; aber da sind noch die Neapolitaner. Oh, es herrscht eine große Korruption in ihrem Land. Es ist nicht ihre Schuld, die armen Leute sind ja so schlecht regiert worden … Man muss das Land moralisieren, die Kinder und Jugendlichen erziehen, Kindergärten, Militärkollegs schaffen: man soll aber nicht denken, man könne die Neapolitaner ändern, indem man sie beschimpft.»[21]

Ein großes, bis heute ungelöstes Problem. Welche Antwort hätten die großen Massen wohl gegeben, wenn man sie wirklich gefragt hätte? Ich spreche vom einfachen Volk, das 1799 nicht unerheblich zur Niederschlagung der Parthenopäischen Republik[22] beigetragen hat, das die Patrioten von Sapri mit Gewehren und Hacken verfolgte, das den anti-unitarischen Briganten Zuflucht gewährte; den großen Massen also, die jahrhundertelang in tiefster Unwissenheit gehalten worden waren. Was hätten sie für eine Wahl getroffen, wenn sie sich tatsächlich hätten frei äußern können? Und wenn sie dazu überhaupt fähig gewesen wären? Diesen Punkt berühren die Verfasser des Massari-Berichtes nicht, sie halten sich auch weder groß mit dem Vorgehen des italienischen Heeres auf noch mit dem politischen Vorgehen der Einheitsregierung. Sie beschränken sich darauf, das Thema völlig neu anzugehen und in der bourbonischen Misswirtschaft, ihrem langen volksverdummenden Wirken (aus Desinteresse und Nachlässigkeit), den korrupten Verhältnissen und einer ebenso ungeschliffenen wie erbarmungslosen Herrschaft die zweite Hauptursache des Banditentums zu identifizieren:

> Das Elend allein würde aber noch keine so gefährlichen Wirkungen hervorbringen, wäre es nicht von weiteren Übeln begleitet, die von der unheilvollen Herrschaft der Bourbonen geschaffen und in den neapolitanischen Provinzen hinterlassen wurden. Zu diesen Übeln gehören die sorgfältig gehegte und ausgebaute Unwissenheit, der verbreitete und gesellschaftlich anerkannte Aberglaube; und vor allem das absolute Fehlen von Vertrauen in Gesetz und Justiz. ... Die Bourbonen haben sich mit ganzer Kraft dem ruchlosesten allen Vaterlandsverrats gewidmet, nämlich einem ganzen Volk das Bewusstsein für das Richtige und das Rechtschaffene zu entziehen.

In Wahrheit gab es weitaus schlimmere Phänomene, die der Text nicht erwähnt. Zum Beispiel die Komplizenschaft, die sich häufig zwischen den Großgrundbesitzern und den Banden gebildet hatte, regelrechte «Koexistenz-Pakte», in denen im Ansatz bereits die erpresserischen Muster erkennbar sind, die bis heute in Regionen mit hoher Mafia-Dichte verbreitet sind. Die Banditen ließen den Herren ihren Bedarf an Proviant, Pferden, Ausstattung mitteilen. Die Herren, oder «Ehrenmänner», sorgten dafür, dass in irgendeinem ihrer Gehöfte alles bereitgestellt wurde. Nachdem ein paar Tage vergangen waren, fiel die Bande ein und raubte alles; was es den Besitzern ermöglichte, bei den zuständigen Behörden einen Antrag auf Schadenersatz zu stellen. Daran verdienten alle, außer dem Staat, der in der paradoxen Situation war, die Briganten mit der einen Hand zu bekämpfen und mit der anderen indirekt zu subventionieren.

Immer wieder ist versucht worden, dem süditalienischen Brigantentum die exklusive Note einer politischen Revolte zu verleihen, indem man aus ihm, bei aller Brutalität, das Symptom einer nach Autonomie strebenden Kraft konstruierte. Die Gründe für diesen Krieg –

und tatsächlich handelte es sich dabei um eine Art Bürgerkrieg – sind vielfältig und komplex, auch wenn der Politiker Giustino Fortunato[23] in einem Brief von 1927 an Nello Rosselli[24] unverblümt die folgende Einschätzung gab:

> Der Brigantismus da unten, im Mezzogiorno, war nicht der Versuch einer bourbonischen Restauration oder von Autonomiebestrebungen ..., sondern eine spontane Bewegung, die als Reaktion auf jede Unruhe, auf jede politische Veränderung historisch wiederkehrte, weil er substantiell von primitiver und ungezähmt wilder Natur ist, ein Ergebnis der jahrhundertelangen Verrohung durch das Elend und der Unwissenheit unseres bäuerlichen niederen Volkes.

Zu den vielen Gründen für diese bedauernswerte Situation hatten auch, wie immer und überall, die Preissteigerungen für Grundnahrungsmittel wie Brot, Öl, Salz gehört, während die großen, teils legitimen, teils illusorischen Erwartungen sehr schnell der Ernüchterung gewichen waren. Es war zum Beispiel leicht erkennnbar, wie wenig oder gar nichts sich bei den Organen der Rechtsprechung, der öffentlichen Verwaltung und der lokalen Regierung geändert hatte. Die Trägheit, Ineffizienz, Korruption war und blieb dieselbe wie schon unter den Bourbonen. Hinzu kam die von den süditalienischen Bauern als Übergriff empfundene Zwangsrekrutierung; nicht wenige schlugen sich lieber auf die Seite der Briganten oder fügten sich Selbstverstümmelungen zu, als sich unter der Fahne der Savoyer rekrutieren zu lassen.

Eine direkte Konsequenz hatte der Massari-Bericht jedenfalls, und zwar die Beschleunigung eines Gesetzes, das den Namen seines Initiators, des Abruzzeser Abgeordneten Giuseppe Pica erhielt. Viereinhalb Monate lang, vom August 1863 bis zum Ende des Jahres, erlegte dieses als «außerordentliches und zeitlich begrenztes Instrument der Verteidigung» konzipierte Gesetz Süditalien faktisch den Notstand auf. Ohne Gerichtsverfahren konnten Vagabunden, Menschen ohne feste Arbeit oder solche, die der Unterstützung von Camorristen oder Briganten verdächtigt wurden, in Haft genommen werden. Mit einem Wort: Die Bürgerrechte wurden außer Kraft gesetzt, und zwar durch den Einsatz außerordentlicher Maßnahmen, darunter die Kollektivbestrafung für von Einzelnen begangene Verbrechen sowie Repressalien, die ganze Dörfer in Sippenhaft nahmen. In der Praxis gab das Gesetz dem, was vorher bereits gängige Praxis war, einen legalen Anstrich, einschließlich der willkürlichen Erschießungen. Es entzog der behäbigen und korrupten regulären Justiz Zuständigkeiten und übertrug sie der allzu schnellen Prozedur der Standgerichte.

Schätzungen nach war die Zahl der Toten aufgrund der Repressionen des Pica-Gesetzes höher als die aller Toten der Risorgimento-Kriege zusammen. Es gab 55 Todesurteile und 659 Verurteilungen zu Zwangsarbeit, davon einige lebenslänglich, andere für Monate oder Jahre. Die Repression dauerte von 1861 bis 1865, eine weitere Zeit des Bürgerkriegs, und diese Bezeichnung ist auch hier nicht übertrieben. Am Ende war zu konstatieren, dass eine gewisse Befriedung erreicht worden war. Doch zu welchem Preis und wie fragil – das ist es, was bis heute nur schwer zu durchschauen ist.

VI. NEAPEL

Das Paradies und seine Teufel

Über Neapel wurde über die Jahrhunderte hinweg durch die Bank schlecht gesprochen. Das ging schon mit Titus Livius los, der in seiner Geschichte Roms *Ab urbe condita* als typisches Beispiel eine Episode aus dem Zweiten Punischen Krieg im 3. Jahrhundert v. Chr. erwähnt: «*Cum Hannibal circa Tarantum, consules ambo in Samnio essent …*»

> Als Hannibal bei Tarentum, die beiden Konsuln noch in Samnium standen, jedoch schon im Begriffe schienen, Capua zu berennen, litten die Kampaner, was sonst die Geisel einer langen Einschließung ist, bereits Hungersnot, weil die Römischen Heere ihnen die Aussaat verwehrt hatten.[1]

Es werden deshalb Gesandte zu Hannibal geschickt, die ihn um Getreide bitten. Sein Befehlshaber Hanno bricht auf, macht einen großen Bogen um die römischen Heerlager, bezieht drei Meilen vor Beneventum eine Anhöhe und befiehlt der umliegenden Bevölkerung, ihm die Getreideernte auszuhändigen. Titus Livius: «Sodann ließ er nach Capua wissen, an welchem Tage sie zur Übernahme des Getreides im Lager sich einfinden sollten mit Fuhrwerken und Lasttieren aller Art.» Und was passiert nach einem so aufwändigen Manöver? Es passiert, schreibt Titus Livius, Folgendes:

> Dies taten die Kampaner mit ihrer gewöhnlichen Sorglosigkeit und Nachlässigkeit. Nicht viel über vierhundert Wagen und noch einige wenige Lasttiere kamen an. Hanno gab ihnen den Verweis, dass nicht einmal der Hunger, welcher das sprachlose Vieh antreibe, ihre Sorgfalt aufregen könne.[2]

Der schlechte Ruf Neapels und seiner Umgebung hat also eine lange Geschichte. Der Paduaner Titus Livius schreibt dies in den ersten Jahrzehnten unserer Zeitrechnung. Jahrhunderte vergehen, bis der Kalabreser Philosoph Tommaso Campanella 1602 in seinem Werk *La città del sole* (*Der Sonnenstaat*) einem imaginären «Genoveser» – in Wahrheit natürlich er selbst – diese Worte in den Mund legt:

> Dreihunderttausend Menschen leben in Neapel und von ihnen arbeiten kaum fünfzigtausend. Diese kommen durch übermäßige, andauernde, tägliche Arbeit herunter und gehen zugrunde. Die restlichen Müßiggänger aber verderben gleichfalls, und zwar durch Faulheit, Geiz, körperliche Gebrechen, Ausschweifung, Wucher usw. Dabei verführen und verderben sie den größten Teil des Volkes, indem sie es in Armut und knechtischer Kriecherei halten und die eigenen Laster auf es übertragen. Somit fehlt die öffentliche Dienstleistung und der gemeinnützige Arbeitseinsatz. Feldarbeit, Kriegsdienst und Handwerk werden nur schlecht und mit größtem Widerwillen von einigen wenigen ausgeübt.[3]

Die Zeit vergeht, es kommt das 18. Jahrhundert, das der Aufklärung, und der gelehrte deutsche Philologe Johann Andreas Bühel schreibt in einer Rede über Neapel: «Seine Plebs ist so blenderisch, vor allem beim Spiel, und gewöhnlich so bösartiger Laune, dass die Neapolitaner bei den übrigen Völkern Italiens mit gutem Recht als die Schlimmsten der Schlimmen verschrien sind.» Der Marquis de Sade bezeichnet in der zweiten Hälfte des 18. Jahrhunderts die Via Toledo als eine der schönsten Straßen, die es gibt, aber: «... stinkend und dreckig ... In was für Händen sie sich befindet, großer Gott! Warum nur schickt der Himmel solche Schätze Leuten, die so wenig imstande sind, sie zu würdigen?»

Die Dichterin und Journalistin Matilde Serao war, obgleich im griechischen Patras geboren, durch und durch Neapolitanerin. Mit jeder Faser ihres Herzens nahm die Gründerin der neapolitanischen Tageszeitung «Il Mattino» an den Angelegenheiten der Stadt und ihrer Bewohner Anteil, sie erlebte und beschrieb Neapel von innen. Und so sah sie die Stadt gegen Ende des 19. Jahrhunderts (unter dem Titel *Il ventre di Napoli* – Der Bauch Neapels, 1884):

> Verfallende Häuser, Sackgassen, Unterschlupf für jede Art von Schmutz: Alles ist geblieben, wie es ist, so dreckig, dass es schon ekelhaft ist, ohne dass je ein Straßenfeger dort Ordnung schafft, ohne dass

> je ein Wachmann dort vorbeischaut. … Ein beinahe wurmstichiges Gewirr von schwärzlichen Gässchen und Winkeln, in die nie das Mittagslicht vordringt, in die nie ein Sonnenstrahl hineinfällt. Wo sich seit Jahren der Schlamm auf dem Boden ansammelt, in jeder Ecke haufenweise Müll liegt, alles dunkel und glitschig ist.

Kurioserweise schildert siebzig Jahre später die Schriftstellerin Anna Maria Ortese in ihrem Erzählband *Il mare non bagna Napoli* (etwa: Neapel liegt nicht am Meer, in der dt. Ausgabe: *Neapel Stadt ohne Gnade*, 1953) ein mehr oder weniger identisches Bild. Und zwar durch die Augen ihrer Protagonistin, der kleinen Eugenia, die gerade eine neue Brille bekommen hat, mit der sie «alles winzig klein» sieht:

> Wie ein klebriger Trichter, dieser Hof, mit der Spitze nach dem Himmel, die Mauern von elenden Balkonen wie von einem Aussatz dicht besetzt; die Bögen an den Erdgeschossen schwarz, aber mit glänzenden Lichtern rings um die Addolorata; das Pflaster weiß von Seifenwasser, die Kohlblätter, Papierfetzen, Überbleibsel und, mitten im Hof, diese Gruppe zerlumpter, missgestalteter Menschen, Gesichter, in denen Elend und Ergebung wie eingenarbt standen.[4]

1923 hat Benedetto Croce, der große Philosoph und Wahlneapolitaner, den Essay *Un paradiso abitato da diavoli* (Ein Paradies, das von Teufeln bewohnt ist) publiziert. Diese zum geflügelten Wort avancierte Titelzeile ist eine ursprünglich aus dem 14. Jahrhundert stammende Redewendung. Croce versucht, die Gründe für das Phänomen zu erläutern, die vielleicht «dem Spektakel feudaler Anarchie [geschuldet sind], das die Stadt den Bürgern der mittel- und norditalienischen Städte und Republiken bot …, dem Spektakel von Armut und Müßiggang und der aus Armut und Müßiggang hervorgehenden Laster, das sich den Kaufleuten aus Florenz und Lucca und Pisa und Venedig und Genua bot, die sich geschäftlich hierher begaben.» Er schließt:

> Wenn wir heute noch demselben alten Vorwurf beipflichten …, dann deshalb, weil er unserer Vermutung nach als Peitsche und Antreiber funktioniert und dazu beiträgt, in uns das Bewusstsein dessen wach zu halten, was unsere Pflicht ist. Und unter diesem Aspekt ist es uns nicht so wichtig herauszufinden, bis zu welchem Grad das geflügelte Wort der Wahrheit entspricht. Es für sehr wahr zu halten nutzen wir, um das Unsere dazu beizutragen, dass es immer weniger wahr wird.

Man könnte die Aufzählung endlos fortsetzen, es gibt keinen Reisenden der *Grand Tour* durch Italien, der sich nicht über Neapel ausgelassen hätte, in der Regel negativ. Es gibt aber auch die eine oder andere zuweilen illustre Ausnahme. Stendhal zum Beispiel nannte Neapel die «schönste Stadt des Universums». Goethe schrieb über seinen Aufenthalt in Neapel: «... heute ward geschwelgt und die Zeit mit Anschauung der herrlichsten Gegenstände zugebracht ... Neapel ist ein Paradies, jedermann lebt in einer Art von trunkner Selbstvergessenheit. ... Wenn man in Rom gern studieren mag, so will man hier nur leben.»[5] Der schottische Schriftsteller Norman Douglas hat die Stadt mit einer antiken, aus den Tiefen des Meeres geborgenen Amphore verglichen. Obwohl überzogen mit Algen und Kalkverkrustungen, die sie unkenntlich macht, weiß das Auge des Experten die Schönheit der Originalform sofort zu erkennen.

Wer hat Recht? Wer hat das *punctum saliens*, den «springenden Punkt» dieser Stadt erfasst, die man, wie jede komplexe Realität, von vielen sehr unterschiedlichen Gesichtspunkten aus betrachten kann? Der zeitgenössische neapolitanische Schriftsteller Raffaele LaCapria bezeichnet Neapel als eine janusköpfige Stadt: «Je nachdem, wie man sie betrachtet, kann sie ‹äußerst verzweifelt› oder ‹äußerst glücklich› sein.»

Vielleicht liegt Neapels Dilemma darin begründet, dass, zu welchem Urteil man auch immer gelangt, es immer zutreffend ist. Die Großartigkeit und die Verworfenheit, die Schönheit und der Schrecken, eine Liebenswürdigkeit und eine Grausamkeit, die beide aus weit zurückliegenden Zeiten zu stammen scheinen. Denn wäre Neapel nur Schrecken und Brutalität, wie es die Nachrichten immer wieder nahelegen, wäre das Kopfzerbrechen über die Frage, wie all das passieren kann, was passiert, überflüssig.

Der Salernitaner Wissenschaftler Isaia Sales führt in seinem Werk *Le strade della violenza* (Die Wege der Gewalt) die quantitative Dimension des Desasters vor: 3500 Camorra-Morde in 25 Jahren – das ist Bürgerkriegsniveau. Kriminelle Banden, die archaisch sind und postmodern zugleich, mit eigenen Riten und Modellen, die auf antike

Traditionen, primitive heidnische Kulte und das Christentum zurückgreifen, aber auch auf Kino und Fernsehen, die über zur «Familie» gehörende Schlagersänger und Auftragsdichter populär gemacht werden, bilden eine eigene Realität, die mit einer Vorstellung von Zivilgesellschaft nichts zu tun hat und von ihr auch vollkommen abgeschottet ist. Sales beschreibt eine Kultur, eine Lebensart, eine Welt, die sich zu einem perversen gesellschaftlichen Organismus formiert hat. Dieselben Fakten, die Sales in wirtschaftssoziologischen Begriffen darstellt, hat Roberto Saviano in seinem Buch *Gomorra* in Form einer Reise ins ökonomische Reich und den Herrschaftstraum der Camorra erzählt – was noch beeindruckender ist, weil die Beispiele direkt aus dem Leben der beteiligten Männer, Frauen, Jugendlichen, sogar Kinder genommen sind. Saviano ist selbst in einer Gegend aufgewachsen, in der die Camorra Gesetz ist, in der es der Traum der jungen Männer ist, eine Pistole, Geld, Frauen, ein schnelles Auto und einen Tod als echter Mann zu haben, also «von irgendjemandem erschossen» zu werden.

Es ist zutreffend, was der neapolitanische Essayist Enzo Golino schon vor Jahren geschrieben hat, dass nämlich in der Stadt des italienischen Mezzogiorno «die camorristische *omertà* und der amoralische Familismus sowohl in der Politik als auch im familiären Kontext ein jahrhundertealtes Merkmal der Gesellschaft ist».[6] Diese Tatsache muss man sich immer vergegenwärtigen, wir werden darauf zurückkommen. Doch ist Neapel niemals nur dies gewesen, ist es bis heute nicht. Im 18. Jahrhundert war die Stadt eine der wichtigsten Kulturstädte Europas, eine Kapitale der Musik und des Theaters. Berühmt waren die raffinierten Darbietungen ihrer Musiker, aber auch die innovativen Aufführungen in Theatern, Kirchen, privaten Einrichtungen oder in den Palazzi der wohlhabenden Familien. Die Operntradition der Neapolitanischen Schule – Giovanni Paisiello, Alessandro Scarlatti und Domenico Cimarosa, um nur drei der bekanntesten Namen zu nennen – hat ein Jahrhundert lang den Ton angegeben. Der feine Einsatz der menschlichen Stimme zum Ausdruck von Gemütszuständen und Affekten (Belcanto), die Gesangsvirtuosität und die brillante Melodik waren lange Zeit konkurrenzlos. Da musste schon Mozart kommen, um diesen Primat zu brechen.

Im Jahrhundert der Aufklärung gab die Wiederentdeckung der Antike mit den Ausgrabungsstätten Pompeji und Herkulaneum, den Tempeln von Paestum, zusammen mit dem Zauber der Küstenlandschaft, den Inseln im Golf von Neapel, der goldenen Leuchtkraft des Himmels, den wie Parks aussehenden Nutzgärten und der duftgeschwängerten Luft der Stadt die schon bei den Römern anerkannte Aura der *Campania felix* (glückliches Kampanien) zurück.

Während all dies geschah und sich den staunenden Augen des Reisenden dieses Wunder der Natur präsentierte, trat auf der anderen Seite, mit gleicher Wucht allerdings, das zweite Gesicht Neapels zutage, schwarz und bösartig. Der größte viktorianische Schriftsteller, Charles Dickens, schrieb seinem Freund John Forster: «Was gäbe ich nicht, könntest Du die Lazzaroni sehen, wie sie wirklich sind – nichts als schmutzige, verworfene, elende Thiere, auf denen Ungeziefer sich mästet; träge, schleichende, häßliche, schäbige, gassenkehrende Vogelscheuchen!»[7]

Die *lazzari* oder *lazzaroni* schienen den lieben langen Tag nichts zu tun und von nichts zu leben. Meist nur mit ein paar Lumpen bedeckt, schlugen sie sich mit Gerissenheit, Gelegenheitsjobs, kleinen Betrügereien, Taschendiebstahl, Raub durchs Leben; begünstigt durch das milde Wetter, die vielbesungene Sonne, eine verschwenderische Natur. 1799 versuchten die aufgeklärten bürgerlichen Schichten der Stadt nach französischem Vorbild eine Parthenopäische Republik auf die Beine zu stellen. Dazu gehörten einige der größten Intellektuellen der Stadt: Vincenzo Cuoco, Domenico Cirillo, Mario Pagano, Gennaro Serra, Francesco Caracciolo, couragierte Frauen wie Luisa Sanfelice, Eleonora Pimentel Fonseca. Die Republik war nicht von langer Dauer, sondern, wie ein halbes Jahrhundert später die Römische Republik von 1849, ein ebenso ruhmreiches wie kurzlebiges Experiment. Der neapolitanische Schriftsteller Enzo Striano hat aus der Dichterin Eleonora Pimentel, die portugiesischer Herkunft war, die Protagonistin seines schönen Romans *Il resto di niente* (Der Rest von nichts, dt. unter dem Titel *Die Portugiesin*) gemacht. In einer der härtesten Szenen begeben sich einige dieser aufgeklärten Denker in einen verdreckten Winkel der Stadt, wo sie versuchen, einen widerspenstigen Pöbel davon zu überzeugen, sich im Namen der Freiheit an der Rebellion zu beteiligen. Höhnisches Gelächter, Witze und Grimassen begleiten die Rede der edlen Revolutionäre, bis der Anführer der *lazzaroni* sie brutal unterbricht: «*La libertà ve la tenite pe'vvuie! Sai addo' l'avit'a mettere? Dinto allo mazzo de màmmeta!*» – «Die Freiheit, die könnt ihr gern behalten! Weißt du, wo ihr sie euch hinstecken könnt? In den Arsch von eurer Mama!»[8] Wie Vincenzo Cuoco in seinem *Saggio storico sulla rivoluzione napoletana del 1799* (Historischer Versuch über die neapolitansche Revolution von 1799) schrieb: «Die Patrioten von Neapel waren große Idealisten und schlechte Politiker. Ihre schwankende Republik hielten sie mit maßlosen Illusionen und minimalen Wirkungen, kühnen Vorsätzen und unzulänglichen Mitteln aufrecht: ein zwischen Komödie und Tragödie oszillierendes Leben, bis am Ende Letztere die Oberhand gewann.»

Dieser kraftlosen Republik machte die Bauern- und Briganten-Miliz unter dem Befehl Kardinal Ruffos (vgl. Kap. V) den Garaus, die sich *Esercito Cristiano della Santa Fede*, Christliches Heer vom Heiligen Glauben nannte, kurz: die Sanfedisten. Unterstützt wurden sie von Lord Nelsons britischer Flotte und den *lazzari*, die fast einhellig für die Rückkehr der bourbonischen Monarchie Partei ergriffen, von ihnen instinktiv für sich als angemessener erachtet als das in ihren Ohren so beunruhigend klingende Wort *libertà*.

Es müssen Garibaldis legendäre tausend Freiwillige kommen, sechzig Jahre später, um das Königreich der beiden Sizilien zum Einsturz zu bringen. Es ist immer wieder geschrieben worden – bis in die jüngste Zeit –, dass die berühmte Garibaldi-Expedition im Grunde nichts anderes war als eine Banditenaktion und reine Gewalttätigkeit. Aber tausend Männer, und seien sie noch so tapfer, hätten gewiss nicht ausgereicht, ein Königreich zu Fall zu bringen, wenn es nicht vorher schon von innen morsch gewesen wäre. Ein leichter Stoß reichte aus, und es fiel in sich zusammen.

Zwischen dem 27. und dem 30. September 1943 wurde Neapel erneut zum Schauplatz eines Ereignisses von historischer Bedeutung. Gruppen von Zivilisten, darunter viele Jugendliche, unterstützt von einigen

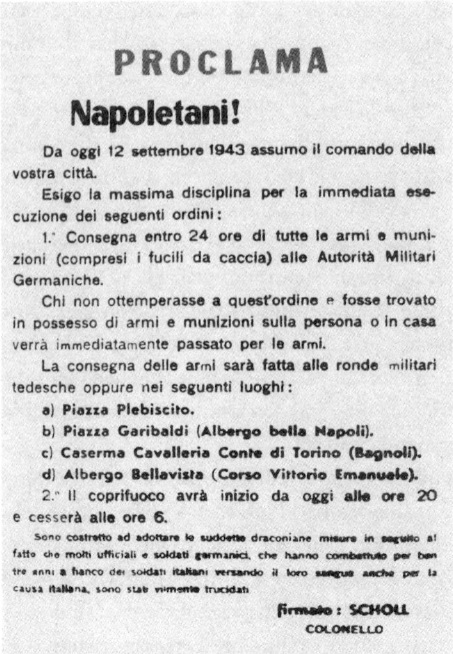

PROCLAMA

Napoletani!

Da oggi 12 settembre 1943 assumo il comando della vostra città.

Esigo la massima disciplina per la immediata esecuzione dei seguenti ordini:

1.° Consegna entro 24 ore di tutte le armi e munizioni (compresi i fucili da caccia) alle Autorità Militari Germaniche.

Chi non ottemperasse a quest'ordine e fosse trovato in possesso di armi e munizioni sulla persona o in casa verrà immediatamente passato per le armi.

La consegna delle armi sarà fatta alle ronde militari tedesche oppure nei seguenti luoghi:

a) Piazza Plebiscito.
b) Piazza Garibaldi (Albergo bella Napoli).
c) Caserma Cavalleria Conte di Torino (Bagnoli).
d) Albergo Bellavista (Corso Vittorio Emanuele).

2.° Il coprifuoco avrà inizio da oggi alle ore 20 e cesserà alle ore 6.

Sono costretto ad adottare le suddette draconiane misure in seguito al fatto che molti ufficiali e soldati germanici, che hanno combattuto per ben tre anni a fianco dei soldati italiani versando il loro sangue anche per la causa italiana, sono stati vilmente trucidati

firmato: SCHOLL
COLONELLO

Gewaltsame Reaktion der deutschen Besatzer bei der Verkündigung des Waffenstillstands: Oberst Walter Scholl proklamiert am 12. September 1943 den Belagerungszustand.

«Badoglianern» – den Soldaten von Badoglios kurzlebigem «Königreich des Südens» – erhoben sich gegen die deutschen Truppen, die die Stadt besetzt hielten. Als am 1. Oktober die alliierten Truppen endlich eintrafen, hatte Neapel die Deutschen bereits verjagt. Es war die erste europäische Stadt, die sich erfolgreich gegen ein Besatzungsheer aufgelehnt hatte. Vereinzelte Anzeichen von Revolte und Auflehnung gegen die Truppen des Deutschen Reichs hatte es seit dem 9. September, nach Badoglios Waffenstillstand mit den Alliierten gegeben. Es folgten Tage von extremem Chaos und Verwirrung, die fast gleichermaßen von Akten großer Feigheit und unerhörten Mutes gezeichnet waren. Nur ein Beispiel: Am 9. September hält eine Gruppe von Soldaten in der Via Foria einen deutschen Panzerwagen an und macht zwanzig Gefangene. Als das italienische Militärkommando über diesen Fall informiert wird, ordnet es die Freilassung an. Es herrscht das absolute Chaos, niemand weiß mehr, wem er gehorchen soll. Diese jungen Soldaten waren davon ausgegangen, sie hätten eine lobenswerte Militäraktion durchgeführt. Stattdessen wurden sie zur Strafe an die Säulen der durch Bombardements halbzerstörten Bianchini-Kaserne gebunden und riskierten ein böses Ende.

Die Stadt und der Hafen waren von den Engländern und Amerikanern wiederholt bombardiert worden. Es gab nicht weniger als 25 000 Opfer, enorme Schäden an Gebäuden und Denkmälern waren zu verzeichnen. Zu den beschädigten Bauwerken gehörte auch der Komplex, den Luigi Vanvitelli im 18. Jahrhundert als Unterkunft und Kaserne für die bourbonische Kavallerie gebaut hatte. Später war sie in «Caserma Bianchini» umbenannt worden. In ihren halbzerfallenen Mauern endete die nutzlose Heldentat dieser jungen Soldaten.

Zu Mussolinis desaströsem Krieg, zu den Bombardements kam in diesem tragischen September nun noch die Härte der deutschen Reaktion auf die Verkündung des Waffenstillstands hinzu. Oberst Walter Scholl, der Stadtkommandant, proklamierte den Belagerungszustand und erließ den Befehl, jeden zu erschießen, der bei feindseligen Aktionen gegenüber der deutschen Truppe erwischt würde. Die Repressalquote in der Stadt belief sich auf hundert Neapolitaner für jeden getöteten oder auch nur verwundeten deutschen Soldaten. Zu den Fällen von terroristischer Grausamkeit gehörte die kaltblütige Erschießung eines jungen Seemanns auf der Außentreppe der Universität vor Hunderten von Menschen, die dazu gezwungen wurden, der Hinrichtung beizuwohnen. Die Sabotageaktionen waren zwar vereinzelt und planlos, hörten aber nicht auf; von deutscher Seite ging es mit den willkürlichen Exekutionen, den Säuberungen und den Plünderungen weiter. Oberst Scholl, in seiner Uniform verhärtet und ohne jedes psychologische Gespür, reagierte auf die schlimmstmögliche Weise. Am 22. September ordnete er die sofortige gewaltsame Räumung aller Stadtviertel in einem Streifen von 300 Metern von der Küste ins Festland an. Innerhalb weniger Stunden mussten Tausende Menschen ihre Häuser verlassen – man kann sich gut vorstellen, in welcher Gemütsverfassung. Wenige Stunden später befahl der Präfekt allen Männern zwischen achtzehn und dreiunddreißig Jahren, sich umgehend zu melden, um beim Ausbau deutscher Verteidigungsstellungen quer durch Italien bzw. zur Zwangsarbeit in deutschen Rüstungsfabriken eingesetzt zu werden. Praktisch eine Massendeportation. Wer Widerstand leistete, wurde erschossen. Es ließen sich aber nur wenige hundert von insgesamt geschätzten 30 000 registrieren.

Am 27. September zwangsrekrutierten die Deutschen ungefähr achttausend Männer – aber an diesem Punkt explodierte die aufgestaute Verbitterung. Einige hundert Menschen, die sich aus Waffen- und Munitionsdepots bedient und bewaffnet hatten, eröffneten den Kampf, der bis zum 30. des Monats mit Straßenkämpfen, Scharmützeln, improvisierten Stadtguerilla-Methoden weitertoben sollte. Menschen aller sozialen Schichten, Ärzte, Priester, junge Mädchen, Studenten, sogar *scugnizzi*, die berühmten neapolitanischen Gassenjungen, gingen auf die Straße, getrieben von Elend, Hunger, Angst und dem festen Willen, diesem Alptraum mit allen Mitteln ein Ende zu bereiten. Zu den Menschen aus dem einfachen Volk und aus dem Bürgertum gesellten sich nach dem 8. September versprengte Soldaten.[9] Diejenigen, die gefangen genommen und zur Deportation bestimmt waren, wurden befreit. Es gab weder Direktiven noch überhaupt Kontakte zu den organisierten Partisanenformationen, der Kampf war umfassend, spontan, leidenschaftlich, in den meisten Fällen von Menschen aus dem Volk geführt, selbsternannten Kommandanten von Hausgemeinschaften, Straßen, Vierteln.

Trotz der Überlegenheit der deutschen Seite bei Bewaffnung, Panzerwagen und Disziplin begriff Oberst Scholl, dass er verhandeln musste. Sein Gegenpart war Enzo Stimolo, ein junger Oberleutnant des königlichen Heeres. Gegen Freilassung der Geiseln erreichte Scholl die Bildung eines unter dem Schutz der Aufständischen stehenden Korridors zum Abzug seiner Truppen aus Neapel. Allerdings war der Rückzug nicht schmerzlos. Bis zum Schluss wurden die Zerstörungen fortgesetzt, auch die grausamen, überflüssigen und kriminellen. Die Besatzer scheuten nicht davor zurück, selbst die kostbaren Dokumente des Staatsarchivs in Brand zu setzen – ein für seine Kultur bekanntes Volk, das sich mit dem blinden Furor von Barbaren aufführte. Dennoch: Zum ersten Mal in Europa waren die Deutschen gezwungen, auf Augenhöhe mit zivilen Aufständischen zu verhandeln. Für seine «Vier Tage», die einige hundert Tote gekostet hatten, sollte Neapel später mit der höchsten militärischen Auszeichnung Italiens, der Tapferkeitsmedaille in Gold, geehrt werden.

Während der «Vier Tage von Neapel» (27. bis 30. September 1943) gehen die neapolitanischen Gassenjungen (scugnizzi) gemeinsam mit Menschen aller Schichten auf die Straße, um dem Alptraum der deutschen Besatzung ein Ende zu setzen.

Mit der Befreiung und der Nachkriegszeit schien die Stadt den außerordentlichen Elan dieser Tage zu verlieren. Curzio Malaparte beschreibt 1949 in seinem Reportage-Roman *La pelle* (*Die Haut*) drastisch die Lebensbedingungen der Neapolitaner und ihre Stimmung. Er tut dies in den grellen, makabren Farben einer Prosa, in der sich das Blau des Meeres mit dem Rot des Blutes mischt, der Wahnsinn mit der Obszönität, der Tragödie, der Phantasie und der Resignation, dem Hunger und der Verunglimpfung. Im Kapitel *Die Jungfrau von Neapel* begibt sich der Autor als Ich-Erzähler und Offizier des italienischen Befreiungskorps in Begleitung eines amerikanischen Oberleutnants in einen *Basso*, eine dieser typisch neapolitanischen armseligen Wohnhöhlen zu ebener Erde,[10] in dem man ein Mädchen bewundern kann, das dort mit gespreizten Beinen seine Jungfräulichkeit präsentiert. Für einen Dollar darf der Besucher mit dem Finger ihre Unversehrtheit prüfen. Von ähnlichem Tenor sind alle in diesem Buch erzählten Begebenheiten. Perücken gaukeln blonde Schamhaare vor, weil das den «Negern» so gefällt: «*They like blondes*»;[11] eine homosexuelle Orgie mit der von einem Mann simulierten Entbindung; eine Gruppe monströser Zwerginnen wie aus einem Gemälde von Hieronymus Bosch. So entsteht das Bild einer von Dieben, Zuhältern, Huren bevölkerten Stadt, in der jeder bereit ist, sich für Geld oder irgendeine andere Ware zu verkaufen, einer Stadt, der jede Würde abhanden gekommen ist und in der das Leben nicht wieder zu fließen beginnt, sondern kriecht, und zwar auf dem verkommensten Niveau. Eine Erzählung, die auf realen Vorkommnissen oder zumindest realen Anlässen gründet, die aber von der expressionistischen Vorstellungskraft des Autors, von seiner üppig wuchernden Phantasie zu jenen traumartig visionären Bildern verzerrt werden, die typisch sind für seinen Stil. Ich weiß nicht, ob Fellini jemals Malaparte gelesen hat. In gewissen «Monstrositäten», in gewissen Deformationen und Exzessen seiner Figuren – angefangen bei *La dolce vita* – findet sich eine analoge Darstellungsweise, scharf beobachtet und verzerrt, realistisch und halluzinierend zugleich.

Man muss sich fragen, warum der Versuch einer Revolution 1799 und die Revolte von 1943 einen so diametral entgegengesetzten Ausgang genommen haben, katastrophal gescheitert die erste, siegreich (auf ihre Weise) die zweite. Es gab große Unterschiede: die historische Situation, der politische Kontext, die Machtverhältnisse, die Dauer der Ereignisse, die An- bzw. Abwesenheit der Volksmassen. Die Geschichte, auch die historische Erzählung, hätte es gern, wenn der Ablauf und die Umstände vergleichbar wären, in unserem Fall aber ist das nicht so, abgesehen von einem Aspekt: der Kohärenz, die sich in den sozialen Mechanismen verbirgt, ihrer Tendenz zur Wiederholung, die es in dem einen wie dem anderen Fall erlaubt, sie als Konstanten eines bestimmten Verhaltens zu interpretieren.

Die bürgerlichen Intellektuellen, die Ende des 18. Jahrhunderts die Republik durchsetzen wollten, stellten die aus Analphabeten bestehende Masse vor eine tiefgreifende, komplizierte politische Wahl. Sie präsentierten ein anspruchsvolles, für dieses einfache Volk viel zu avanciertes, also unverständliches Programm; das war etwas für «feine Herrschaften». 1943 dagegen handelte es sich um eine rasch und gewaltsam auflodernde Stichflamme, eine wütende Notwehr gegen eine nicht nur unverhältnismäßig harte, sondern dazu noch dumme Machtausübung. Oberst Scholl legte in Neapel dieselbe bornierte Blindheit an den Tag wie der römische Statthalter Pontius Pilatus in Judäa, der eine wie der andere unfähig zu erkennen, welche Art von Menschen er vor sich hatte.

1799 stand ein radikaler Wechsel in Aussicht, das Ende der Monarchie, dieser besonderen Monarchie. Wenige Jahre zuvor aber war die Revolution in Paris in Terror umgeschlagen, der König und die Königin waren öffentlich guillotiniert worden. In Neapel regierten Ferdinand IV. und (in weit höherem Maße als er) seine Frau Maria Karolina von Österreich, die Schwester der enthaupteten Marie Antoinette. Der Begriff «Republik» konnte im Lichte dieser nur wenige Jahre zurückliegenden Ereignisse dieselbe bedrohliche Aura annehmen wie im 20. Jahrhundert für viele der Begriff «Kommunismus».

1943 dagegen war klar, dass es nichts Schlimmeres geben konnte als die blindwütige, grausame, hoffnungslose Fremdherrschaft dieser hart durchgreifenden, strengen, gnadenlos agierenden Soldaten. 1799 zeichnete sich, im Wortsinn, eine Revolution ab. 1943 handelte es sich um eine Revolte, ohne Rücksicht darauf, was danach kommen sollte. Das einzig Wichtige war, dem, was war, ein Ende zu setzen, wie auch immer und um jeden Preis.

Es gab in Italien einmal die Masken, nicht die des Karnevals, sondern die Theaterfiguren, die Typen, die sich durch die Wiederholbarkeit ihrer Gesten, ihrer Laster und Tics einer Region, einer Stadt zuordnen ließen und eine alte Tradition am Leben erhielten. Arlecchino, eine Maske der Commedia dell'Arte aus Bergamo, der schlaue, mit allen Wassern gewaschene Diener und Halunke, sprunghaft, Erfinder von

Tricks und Späßen. Sein Kumpel und Diener Brighella, seine Geliebte Colombina, die gewitzte Magd. Dottor Balanzone kommt aus Bologna, Gianduja aus dem Piemont, Pantalone, der alte Geizkragen und senile Lüstling, aus Venedig, Rugantino, der stets zur Flucht bereite Querulant und Angeber, aus Rom. Viele Jahre lang haben die Masken den Bühnenhandlungen Leben eingehaucht, Betrügereien angezettelt, gegen jede mögliche Regel verstoßen (nur um sie anschließend wieder in Kraft zu setzen) und – wie es die Marktschreier versprachen – zur Unterhaltung von Groß und Klein beigetragen.

Auch Neapel hat seine Maske, sogar eine der berühmtesten: Pulcinella, der aus dem 16. Jahrhundert stammt, vielleicht sogar aus noch früherer Zeit, aus jenen römischen Possen voller Kurzweil, Schlüpfrigkeiten und sexueller Anspielungen, die *Atellane* genannt wurden. Er ist mit einem weiten weißen Hemd bekleidet, trägt eine schwarze Maske mit langer Nase, die nur den Mund unbedeckt lässt, hat einen auffälligen Bauch, manchmal einen Buckel. Er ist einfältig und schlau zugleich, tölpelhaft und listig, scheint ein Teufel, kann aber auch zum Engel werden, weiß, dass er tief im Schlamassel steckt, weiß aber auch, dass er irgendwie wieder herauskommen wird, mit einem Spiel, einer Pirouette, einer Schummelei – und dass alles in einer großen Maccheroni-Fresserei enden wird. Er spricht, gröhlt, tanzt, singt, zappelt, gestikuliert; er kann aber auch lange reglos bleiben, träge, schläfrig, immer aber auf dem Sprung, wie eine Katze, um bei jeder sich bietenden Gelegenheit jede erreichbare Beute zu greifen. Er ist eine sympathische, witzige, großzügige Figur, immer bereit zu teilen, was er zusammen mit den Kumpanen des Abenteuers (oder des Missgeschicks) geklaut hat. Er kennt aber auch den Verrat und hat Anfälle von Melancholie. Dann fängt er an zu philosophieren, sucht Trost in einem Traum oder im Gesang.

Von allen italienischen Masken ist Pulcinella die facettenreichste, die intensivste und artikulierteste. Die Figur ist aus dem Humus ihrer Stadt und ihres einfachen Volkes erwachsen, das zu den temperamentvollsten und lebhaftesten des gesamten Mittelmeerraumes gehört. Zu lebhaft, vielen Beobachtern zufolge, lebhaft bis zu einem Grad, dass es nur allzu gern über die Stränge schlägt und die elementarsten, notwendigsten kollektiven Regeln ignoriert, die das Zusammenleben erst ermöglichen. Eine Lebhaftigkeit, die in jedem Individuum bei jedem

Hindernis, das sich in den Weg stellt – ob es sich dabei nun um einen Menschen oder ein Gesetz handelt, die folglich eliminiert oder umgangen werden müssen –, eine grenzenlose Energie freisetzt, ein Aufwallen des Blutes, die Schwingung eines blitzartigen, oft unüberlegten Gedankens. Viele der guten und schlechten Eigenschaften Neapels, vieles von seiner Vitalität, seinem Zauber und seinem Fluch ist in der Maske des Pulcinella enthalten.

Neapel ist einige Jahrhunderte lang eine echte Kapitale gewesen, «eine große europäische Metropole, in der Handel und Industrie, Künste und Wissenschaft, Vergnügungen und politische Intrigen blühten».[12] Weit mehr als Rom, das zur Zeit der Vereinigung mit dem Königreich Italien auf den Status eines Dorfes heruntergewirtschaftet war. Die Stadt hatte eine Bevölkerung von weniger als 250 000 Einwohnern, die zu 70 Prozent aus Analphabeten bestand, und war überlaufen von einem rückständigen Klerus, der sich mit den Erträgen der Kirchengüter durchfüttern ließ. Rom war umgeben von Landstrichen, die der völligen Verwahrlosung preisgegeben waren, zum Teil Malariagebieten, in denen Briganten ihr Unwesen trieben. Es gab zwar die glorreichen Ruinen, aber auch sie waren in einem erbarmungswürdigen Zustand. Sie wurden geplündert, jeder greifbaren Marmorplatte oder Eisenklammer beraubt, weil der Pöbel, der jede Würde als Volk und jegliche handwerkliche Fertigkeit verloren hatte, sie irgendwie für wiederverwendbar hielt. Neapel hatte dagegen den Rang einer Kapitale, es übte Hauptstadtfunktionen aus, für eine gewisse Zeit nahm sein Hof unter den europäischen Höfen eine entsprechende Stellung ein.

Das Königreich beider Sizilien hatte, wie schon der Name durchblicken lässt, eine verworrene politische Geschichte. Es umfasste die heutigen Regionen Abruzzen, Kampanien, Basilikata, Molise, Apulien, Kalabrien, Sizilien, außerdem einen großen Teil des südlichen Latium (Gaeta-Distrikt). Eine Eigentümlichkeit dieses Dominiums war, dass König Ferdinand bis zum Wiener Kongress 1815 in Personalunion zwei Kronen trug, als Ferdinand IV. die von Neapel, als Ferdinand III. die von Palermo. Die zugehörigen Territorien wurden – dies eine weitere Kuriosität – als «diesseits des Faro» und «jenseits des Faro» bezeichnet, wobei mit «Faro» der Leuchtturm von Messina an der Nordspitze Siziliens gemeint war.

Die Insel selbst wurde als *Sicilia ulteriore* bezeichnet, der kontinentale Teil als *Sicilia citeriore*. Zwei Sizilien eben, mit insgesamt zweiundzwanzig Provinzen: fünfzehn auf dem Festland und sieben auf der Insel. Sie waren in dem kurzlebigen Versuch gebildet worden, die beiden Kronen und Territorien zu vereinen. Eine endgültige Vereinigung kam aber erst nach dem Wiener Kongress zustande.

Aus dem ehemaligen Königreich beider Sizilien ist heute der Mezzogiorno geworden, der am wenigsten entwickelte und problematischste Teil der Halbinsel und Gegenstand immer neuer Entwicklungsversuche, die selten zum Erfolg geführt haben. Die Literatur zu diesem Thema, die wissenschaftlichen Untersuchungen, die politischen Initiativen sind unüberschaubar. Aus dieser Masse an Papier, an Worten, an guten Absichten und Vorsätzen ragen einige bedeutende Studien heraus, die bei ihrem Erscheinen nicht selten heftige Polemiken ausgelöst haben.

1958 veröffentlichte der amerikanische Soziologe Edward C. Banfield seinen bahnbrechenden Essay *The Moral Basis of a Backward Society* (Die moralischen Grundlagen einer zurückgebliebenen Gesellschaft). Banfields These zufolge ist das von ihm über lange Jahre studierte lukanische Dorf vom Phänomen des *amoral familism*, des «amoralischen Familismus», gekennzeichnet. Bei dieser Art von Gemeinschaftsleben sind solche Individuen in der Überzahl, deren Handeln ausschließlich an der Maximierung der materiellen und unmittelbaren Vorteile der eigenen Familie orientiert ist und die sich dabei um die Regeln, die der Gemeinschaft zugute kommen, nicht scheren, ja sie sogar verletzen, ganz so, als ob die Welt an der Türschwelle ihres Hauses enden würde. Für Banfield sind die Ursachen dieses Verhaltens kulturell-anthropologischer Natur und relativ unabhängig von der sozial-ökonomischen Situation der jeweiligen Familien. Mit anderen Worten: In einer rückständigen Gesellschaft wie der von ihm beschriebenen verhalten sich Arm und Reich gleich. Die «Kultur», der beide angehören, hat die Oberhand über den sozialen Status. Der Reiche baut ohne Baugenehmigung ein Haus, der Arme baut ohne Baugenehmigung eine Hütte. Der «amoralische Familist» entwickelt Verhaltensweisen, die nicht *community oriented* sind, weil er kein Vertrauen in das Kollektiv und seine einzelnen Mitglieder hat. Mit anderen kooperiert er nur, wenn für ihn ein persönlicher Vorteil dabei herausspringt. Der amoralische Familismus ist also das Gegenteil von *civicness* (Bürgerschaftlichkeit), die vorherrscht, wenn eine Gemeinschaft das eigene «soziale Kapital» als «Gemeingut» betrachtet, als Generator gemeinschaftlicher Normen und Werte, wenn sie Vertrauen hat in ein Gemeinwesen, mit dem sich alle (oder viele) identifizieren. Das «soziale Kapital» wird so zu einem Schlüsselkennzeichen der Gemeinschaft, zusammengehalten durch eine gemeinsame Geschichte, gemeinsame Werte und die Teilhabe aller am Netz sozialer Beziehungen. Alles, was Banfield zufolge in den rückständigen Gesellschaften des italienischen Mezzogiorno fehlt.

Ein weiterer bemerkenswerter Essay ist der des amerikanischen Soziologen Robert Putnam, der 1993 sein *Making Democracy Work: Civic Traditions in modern Italy* publiziert hat. Ich würde es als «Wie man Demokratie zum Funktionieren bringt. Staatsbürgerliche Traditionen im modernen Italien» übersetzen, Mondadori übernimmt in der italienischen Ausgabe aber nur den Untertitel. Zwanzig Jahre lang hat Putnam (mit seinen Mitarbeitern Robert Leonardi und Raffaella Nanetti) die Funktionsweise der verschiedenen Regionen Italiens erforscht und dabei eine Methode angewandt, die schon von Alexis de Tocqueville genutzt wurde, als er sein berühmtes Werk *Über die Demokratie in Amerika* schrieb. Der methodische Ansatz war eine Analyse der Art und Weise, in der die neuen politischen Regionalorgane der Halbinsel funktionieren, die formal zwar identisch, je nach Region aber sehr unterschiedlichen Umfeldbedingungen und Einflüssen ausgesetzt sind. Im Fokus stand die Frage, in welcher Weise lokale Traditionen von Vereinswesen, bürgerlichem Engagement und kooperativem Geist das politische Handeln beeinflussen. Das Ergebnis war auch hier wieder die Feststellung bemerkenswerter Unterschiede zwischen den Regionen des Nordens und des Zentrums auf der einen Seite und des Mezzogiorno auf der anderen. Im Übrigen gibt es, wenn man die Dinge retrospektiv betrachtet, keinen Zweifel, dass Kampanien und

Piemont substantiell unterschiedliche Verwaltungsstrukturen geschaffen haben: Das Piemont funktioniert, Kalabrien nicht.

Wie schon Banfield sieht auch Putnam einen klaren Zusammenhang zwischen dem mehr oder weniger vorhandenen Maß an «Bürgersinn» und der Korrektheit und Zuverlässigkeit der öffentlichen Verwaltungen, auch der Partizipation der Bürger und dem sinnvollen Gebrauch der öffentlichen Gelder. Bei einem an verschiedenen Kriterien orientierten Ranking stellt sich heraus, dass Regionen wie die Emilia, die Lombardei, die Toskana überall in Spitzenpositionen landen, während Kalabrien, Kampanien und Sizilien konstant Schlusslichter bleiben. Die Ursachen sehen die Autoren in den historisch gewachsenen Strukturen, etwa in der hierarchischen Organisation des Lebens im Mezzogiorno. Putnam schreibt:

> Nur sehr wenige sind an den das Gemeinwohl betreffenden Entscheidungen beteiligt. Das Interesse für Politik ist nicht von bürgerlichem Engagement geleitet, sondern vom Gehorsam anderen gegenüber oder von Geschäftsinteressen. Die Mitwirkung in sozialen oder kulturellen Vereinen oder Verbänden ist selten. Selbst von den Politikern wird die Korruption als die Regel betrachtet. Die demokratischen Prinzipien werden mit Zynismus bedacht.

Im Norden dagegen, fährt der Soziologe fort, sind eine höhere Intensität und Häufigkeit der sozialen Beziehungen und die Stärke der «bürgerlichen Gemeinschaften» eine Folge und ein historisch verwurzeltes Erbe der alteingesessenen kommunalen Einrichtungen. Es scheint, als sei man im Norden in weit höherem Maße fähig gewesen, das Interesse der Individuen und der Familien mit dem Wohl der Gemeinschaft zu vereinbaren. Im Süden dagegen habe es seit dem Mittelalter an kommunaler Erfahrung gefehlt. Während sich im Norden von Gegenseitigkeit, Austausch und Kooperation charakterisierte horizontale Beziehungen zwischen den Bürgern etablierten, also Bürgersinn entstand, überwogen im Süden die «vertikalen» Beziehungen, also Herr- und Knecht-Verhältnisse.

Putnams Schlussfolgerungen sind heftig kritisiert worden. Dem Soziologen wurde vorgeworfen, seine Hypothese überschreite – zu Ende gedacht – die Grenze zur Behauptung anthropologischer Konstanten oder gar zum Rassismus. Putnams Studie wurde die Vernachlässigung der jüngeren Ursachen für die Unterentwicklung in

Süditalien vorgeworfen, angefangen bei der Ausbeutung durch den Rest des Landes bis zum überhasteten Zwangseinstieg in eine Industriekultur, für die diese heute völlig sinnlos von Chemie- oder Stahlanlagen verwüsteten Territorien weder geeignet noch vorbereitet waren. Im Lichte der jüngsten Ereignisse könnten wir hinzufügen, dass sich gegen Ende des 20. Jahrhunderts der Norden und der Süden auf verhängnisvolle Weise schließlich doch noch vereint haben, in dem kriminellen Kraftakt nämlich, dieses Werk der Verwüstung durch den Handel mit Giftmüll zu vollenden. Dieser wird von lokalen Gangsterbanden vom Norden in den Süden gebracht und dort in solchen Mengen entsorgt, dass inzwischen nicht nur die Oberfläche des Bodens, sondern auch die tieferen Schichten und das Grundwasser kontaminiert sind.

Eine bemerkenswerte Studie stammt von dem italienischen Anthropologen Carlo Tullio-Altan: *La nostra Italia*, 1986 erschienen. Darin misst auch Altan dem Familismus, im Sinne eines beinahe ausschließlichen Dreh- und Angelpunktes von Werten und Verhalten, großes Gewicht bei. Dabei handele es sich um ein häufig dem der Stadt und noch entschiedener dem der Nation komplett entgegengesetztes, veritables Werte-Universum. Mehr noch als Banfield sieht Altan im italienischen Familismus eine Metaphysik der Sitten, die dazu geeignet ist, das gesamte Verhalten zu Lasten der Gemeinschaftsinteressen ausschließlich auf die Interessen und den Vorteil der eigenen Familie auszurichten. Einen empirischen Beweis für diese Annahme kann man ganz leicht in der Haltung eines politischen Leaders wie Umberto Bossi sehen, für den es offenbar keinen Widerspruch darstellt, sich zum *Padano*, also zum Norditaliener,[13] oder zumindest zum Nicht-Italiener zu erklären und sich gleichzeitig seiner Familie und seinen Kindern gegenüber so zu verhalten wie der eingefleischteste süditalienische Pate.

Sind diese Analysen ausreichend als Erklärung für die jahrhundertealte Unterentwicklung des Südens, für die Neapel symptomatisch ist? Oder, noch einen Schritt zurück: Sind die Diagnosen, von denen sie ausgehen, zutreffend? Jede Antwort ist hypothetisch und läuft Gefahr, von der nächsten These überholt zu werden. Der Historiker und Süditalien-Experte Rosario Villari behauptet zum Beispiel in seiner neuesten, auf langer Archivrecherche basierenden Publikation, die Geschichte Neapels und des Mezzogiorno sei auch die langsame Inkubation eines Reformprojektes und eines «Traumes von Freiheit» (*Il sogno di libertà* ist der Titel seines 2012 erschienenen Buches), dem es nicht selten gelungen sei, auch die ärmlichsten Schichten der Bevölkerung miteinzubeziehen. Villari versucht sich hier in einer noblen Auslegung der *diversità meridionale* – also der «Andersartigkeit des Südens», für mich ist das aber keine Freiheit, sondern Anarchie. Im Gesamtergebnis scheinen doch eher Charakteristika den Ausschlag zu geben, die so sehr vom Rest des Landes abweichen, dass gelegentlich schon von «zwei Italien» die Rede war. Die Edison-Stiftung hat die Situation vor einiger Zeit so zusammengefasst:

> Den Daten der Eurostat zufolge kann Norditalien pro Kopf ein höheres Bruttoinlandsprodukt für sich beanspruchen als das von Großbritannien, während Zentralitalien das BIP von Ländern wie Schweden, Deutschland und Frankreich überholt. ... Der Mezzogiorno [dagegen] stellt mit seinen 20,7 Millionen Einwohnern das größte Niedriglohngebiet Europas dar, vergleichbar mit Griechenland und Portugal zusammen.

Kann ein solches Land trotz ökonomischer Unterschiede von dieser Größenordnung als «vereint» gelten? Die Antwort ist nicht zwingend negativ. Die Wirtschaftslage ist nicht alles, es gibt durchaus noch andere Kriterien, die die Italiener des Nordens und die des Südens der Halbinsel zu einer Schicksalsgemeinschaft machen. Man muss sie nur aufzuspüren wissen.

VII. FRANZISKUS DER ERNEUERER

«Ich zögerte ein wenig
und ging dann aus der Welt ...»

Umbrien ist eine besondere Region. Die einzige der Halbinsel Italien, die ausschließlich von Land umgeben ist, ohne einen Zugang zum Meer, aber auch die einzige, die weder zu Lande noch zu Wasser an die Grenze zu einem anderen Land stößt. Mit knapp einer Million Einwohnern ist sie eine der am dünnsten besiedelten Regionen, mit überwiegend hügeliger Landschaft, durchquert von einem Fluss von bescheidener Länge mit einem großen Namen, dem Tiber; außerdem von einer antiken Konsularstraße, der Via Flaminia (220 v. Chr.), die Rom mit der Adriaküste verbindet – auf den ersten Blick also eher eine Region für die Durchreise als zum Verweilen. Dieses Eingeschlossen-Sein auf begrenztem Raum (8500 Quadratkilometer im Ganzen), der gotische Charakter seiner Städtchen, angefangen bei Perugia, der Landeshauptstadt, oder Orvieto, auf einem hochgelegenen Felsplateau aus Tuffstein errichtet, geben Umbrien ein fast durchgängig archaisches Kolorit, nur selten aufgelockert durch spielerische Leichtigkeit. Spoleto, Todi, Cascia, Gubbio, Norcia, Montefalco, Montecastello di Vibio, kleine Städte von unterschiedlicher Größe, fast immer auf dem Gipfel einer Anhöhe nistend. Jede ist anderes, alle jedoch herausragend durch irgendein Kleinod der Kunst, durch die urbane Architektur, die steinernen Bauten in den Altstädten, die steilen, verschlungenen, abschüssigen Wege, die Beengtheit des Raums, die sie umgebende Landschaft der buckeligen Hügel, grünschimmernd mit Oliven, Wein, Eichen- und Kastanienwäldern. Die Geschichte aller übrigen Regionen erzählt von Beherrschung und Eroberung, Gewalt und Kampf. Die Geschichte Umbriens nicht. Das einschneidendste Militärereignis hier ist und bleibt die berühmte Schlacht am Trasimenischen See (217 v. Chr.) zwischen Hannibals Truppen und den von Konsul Gaius Flaminius befehligten römischen Legionen. Keine echte Schlacht, eher ein Massaker mit dem genialen karthagischen Feldherrn, der als Überraschungsangriff auf die Flanken der beim Marsch am Seeufer besonders exponierten Legionen ein Manöver im Stile Napoleons durchführte. Die Zahl der römischen Toten an diesem Tag ging in die Tausende.

Assisi habe ich noch nicht erwähnt, denn genau dorthin wollen wir jetzt kommen. Der Blick vom Tal aus ist beeindruckend, weil sich Assisi in Stufen erhebt. Die Stadt ist terrassenförmig auf einen Felsrücken des Monte Subiaso gebaut, und man hat dort, ähnlich wie in Jerusalem, unmittelbar das Gefühl, an einem außerordentlichen Ort angekommen zu sein. Das bewirken die Farben, die Konturen, der Kontrast zwischen Bergen und Himmel, die mächtigen Pfeiler des Heiligen Konvents, die mit ihren Arkaden die darüberliegenden Bauwerke stützen: Häuser, Kuppeln, Kirchtürme, Basiliken.

Als Giovanni Bernardone, der Sohn von Pietro, auf die Welt kam, schrieb man das Jahr 1182. Die Landschaft sah natürlich anders aus, die Wälder waren dichter, die Ansiedlungen dünner gesät. Identisch aber müssen die Klarheit der Luft, die Farbschattierungen vom polierten Weiß des Rocca maggiore zum gelegentlich ins Schwärzliche übergehenden Grün der Felder und Wälder, das intensive Blau des Sommerhimmels gewesen sein.

Giovannis Leben ist schon unzählige Male erzählt worden, die wichtigsten Ereignisse und Stationen sind also bekannt. Unerschlossen bleibt aber die Faszination seiner Persönlichkeit, von der eines der gewaltigsten und ergreifendsten Rätsel der menschlichen Natur ausgeht. Seine Mutter hatte ihm den Namen Giovanni, also Johannes, gegeben, der Vater bestand darauf, ihn Francesco zu nennen, den «Franzosen», eine Huldigung an die Gegend in der Provence, mit der er Handel trieb. Durch den Verkauf von Stoffen war Pietro Bernardone sehr reich geworden. Möglicherweise stammte Donna Pica, die Mutter, von dorther. Noch im Erwachsenenalter benutzte Francesco gelegentlich seine schöne Stimme, um Französisch zu singen.

Reiche Familie und sorgenfreie Jugend also mit allen Zerstreuungen und Vergnügungen, die die Zeit, die Gesellschaft und der Ort zu bieten hatten. Mit zwanzig nahm Francesco, Franziskus zu Deutsch, am Krieg zwischen den Städten Perugia und Assisi teil, guelfisch (päpstlich) die eine, ghibellinisch (kaiserlich) die andere.[1] Er war kein großer Kämpfer, wurde gefangengenommen und im Kerker von Perugia festgesetzt. War es diese Zeit der Gefangenschaft mit der Einsamkeit, dem Hunger, der Dunkelheit und dem Ungemach der Zelle, die ihn zu einer radikalen Änderung seines Lebens bewog? So haben es einige seiner Biographen (die man besser als Hagiographen bezeichnet) geschrieben. In Wahrheit wissen wir es nicht; besser gesagt: Von diesen ersten Jahren ist fast nichts bekannt, was als historisch einigermaßen zuverlässig gelten kann.

Franziskus gehört zu der Minderheit von Italienern, die ihr ganzes Leben dem Kampf für die Durchsetzung eines Prinzips zu widmen vermögen – wenn man so will, einem Ideal. Schon zu Lebzeiten wurde ihm Geisteskrankheit, Fanatismus unterstellt. Es ist möglich, dass er an Anorexie litt und hysterische Anfälle hatte, doch sind diese hypothetischen Krankheiten keine hinreichende Erklärung für die Ideale, die ihn mit solcher Inbrunst erfüllten. Tatsächlich ist er ein Beispiel dafür, von welchem Maß an Kohärenz die gesamte Existenz eines Menschen geprägt sein kann. In Franziskus' Leben gibt es ein Geheimnis, es ist sein Leben selbst.

Als der Krieg 1203 zu Ende ging, war er einundzwanzig Jahre alt. Er hatte ungefähr ein Jahr lang im Kerker gesessen und war freigelassen worden, nachdem sein Vater, der reiche Kaufmann, ein hohes Lösegeld gezahlt hatte. Franziskus war immer von schwacher Gesundheit gewesen, und gewiss hatte ihm die Gefangenschaft zugesetzt. Er verbrachte eine Genesungszeit im Hause seiner Eltern, eng verbunden mit der damals wie heute sehr lieblichen umbrischen Natur. Thomas von Celano,[2] einer seiner Mythografen, beschreibt seine Jugendjahre vor der Bekehrung so:

> Durch und durch weltlich waren in der Tat die ersten Anfänge dessen, den wir heute als Heiligen verehren (wie er es wahrhaft auch ist). Bis etwa zu seinem 25. Jahre vergeudete und verlor er seine Zeit. Ja er übertrumpfte noch seine Altersgenossen in jeglichem Leichtsinn, reizte andere zu bösen Streichen und war dabei selbst eifersüchtig auf ihre Tollheiten. Von allen bewundert, richtete er seinen Ehrgeiz darauf, seine Kameraden zu überflügeln in ausgelassenem Prunk, in lustigen Einfällen, Possen und allerlei Späßen, in leichten Liedern und weichlichem Kleiderschmuck. Mit seinem Reichtum war er nicht knauserig, sondern verschwenderisch; er häufte das Geld nicht an, sondern warf es hinaus mit vollen Händen. Und seine Manieren waren ihm eigen, wie er überhaupt ein angenehmer und liebenswürdiger Gesellschafter war – nicht zum eigenen Vorteil: gab es doch viele, die gerade deshalb ihm anhingen, weil sie sein Böses liebten und ihn zur Schlechtigkeit reizen wollten. So schritt denn Franz durch Babylons Straßen, umschwärmt vom Tross schlimmer Gesellen, stolzen, erhabenen Sinnes.[3]

Ob es an den Schrecken des Krieges lag, an den Meditationen während der Rekonvaleszenz, am ausgiebigen Kontakt mit der Natur oder vielleicht, wie Thomas von Celano schreibt, weil es geschah, dass «die Rechte des Herrn über ihn kam und die Hand des Höchsten ihn wandelte»[4] – Tatsache ist, dass er seinem Lebensstil und seiner Attitüde eines an Geld und an Geist reichen jungen Mannes ein abruptes Ende setzte. Im Laufe weniger Monate wird aus dem zügellosen, arroganten jungen Mann jener Franziskus, den die Kirche schnell zu einem Heiligen machen wird, kaum zwei Jahre nach seinem Tod. Ein solcher Umschwung konnte nicht von einem Tag auf den anderen passieren und auch nicht völlig reibungslos. Sein Vater war der Erste, der sich darüber Sorgen machte. Wie alle Vater hätte er gewünscht, dass dieser geliebte Sohn das einträgliche Familienunternehmen weiterführte, zumindest aber, dass er sich im Rahmen der Verhaltensnormen bewegte, die die Sitten der Zeit für einen jungen Mann seiner Herkunft vorsahen. Zum Beispiel hatte Franziskus im Gefolge Walters III. von Brienne, eines Lehensmanns des Papstes, zu einem Feldzug nach Süditalien aufbrechen wollen. Dagegen hatte Pietro Bernardone nichts einzuwenden. Man könnte sagen, ein Feldzug passte ins Curriculum eines jungen Mannes aus der reichen Handelsbourgeoisie. Sein Aufbruch mit Pferd und reicher Rüstung wurde entsprechend begrüßt.

Tatsächlich aber kam Franziskus über Spoleto nicht hinaus. Dort wurde er von einem Unwohlsein befallen, das ihn zur Umkehr zwang; da war er aber schon fest entschlossen, sein Leben zu ändern. Für die Familie war diese plötzliche, ruhmlose Heimkehr keine gute Nachricht, zumal der junge Mann nun begann – unterdrückt, wie er war, oder erleuchtet –, seinem Vater aus dem Weg zu gehen und gewisse Pläne und Absonderlichkeiten sorgfältig vor ihm zu verbergen. Mehr als einen Monat lang verschwand Franziskus, hielt sich in einer Höhle versteckt, und als er nach Assisi zurückkehrte, verwirrt, abgerissen, leichenblass, warfen die Passanten, denen er begegnete, Steine und Erde nach ihm, begannen ihn auszulachen und als Irren zu beschimpfen. Zutiefst erschüttert zog ihn der Vater ins Haus, schloss ihn in einem geheimen Zimmer ein, legte ihn in Ketten, um seine Flucht zu verhindern. Franziskus gelang es dennoch zu fliehen, wobei ihm mit an Sicherheit grenzender Wahrscheinlichkeit von seiner Mutter geholfen wurde, und er suchte Zuflucht bei einem befreundeten Priester in San Damiano, einer Kirche am Stadtrand.

An diesem Punkt blieb Pietro Bernardone nichts weiter übrig, als sich mit der Situation abzufinden. Es war offensichtlich, dass dieser Sohn inzwischen für die Familie und die Welt verloren war, seine Welt zumindest. Also zeigte er ihn beim Bischof an, und es kam zu einer Art Prozess. Als Franziskus vor den Richtern erschien, hörte er den Befehl: «Erstatte deinem Vater alles Geld zurück, das sich in deinem Besitz befindet ... Gott will nicht, dass du den Verdienst deines Vaters zum Wohl der Kirche ausgibst.»

Daraufhin kam es zu der berühmten Szene, die immer wieder erzählt und kommentiert worden ist und die zuerst von Giotto in den Fresken der Basilika von Assisi dargestellt wurde, die wir etwa auf 1306 datieren können. Franziskus erstattet nicht nur das Geld zurück, sondern restlos alles: alle Gegenstände, die gesamte Kleidung einschließlich der Unterhosen, und oben auf den Haufen mit seinen Kleidern legte er das ganze Geld.

In den Worten Thomas von Celanos:

> Ohne sich einen Augenblick zu besinnen, ohne ein Wort zu sagen, ohne auf einen Befehl zu warten, legt er sofort alle Kleider ab und übergibt sie dem Vater. Nicht einmal seine Unterkleider behält er, sondern entledigt sich ihrer vor allen Anwesenden. – Da erkannte der Bi-

> schof den Geist, der ihn trieb, und erstaunt über seinen Eifer und seine Standhaftigkeit erhob er sich schnell, umarmte ihn und bedeckte ihn mit seinem eigenen Mantel. Konnte er zweifeln, dass hier ein göttlicher Plan obwaltete? Die Tat des Gottesmannes, die er schaute, war ihm das Zeichen eines Geheimnisses.[5]

Dabei ist die Tat im Grunde gar nicht so geheimnisvoll. Abgesehen von dem Anfall von Stolz und einer gewissen nervlichen Fragilität, die dieses radikale Verhalten verrät, ist offenkundig, dass seinem Auftritt in dieser Situation auch eine symbolische Bedeutung innewohnt. Franziskus steht nackt und bloß vor dem Bischof, wie im Augenblick seiner Geburt, damit seine Entkleidung als das erscheint, was sie in Wahrheit sein will: eine komplette, totale Wiedergeburt.

Der Geist dieses unerhörten Verhaltens und des gesamten Lebens des historischen Franziskus machen die Entscheidung von Kardinal Jorge Bergoglio so bedeutungsvoll, sich nach seiner Wahl zum Papst als Souverän des Vatikanstaates den Namen des Heiligen von Assisi zu geben. Ein einfacher Name, das lateinische Franciscus, ohne den Zusatz des «Ersten» – in Italien wird der Papst nur Francesco genannt. Auf diese Weise wollte Bergoglio sicherstellen, dass die nachgestellte Ordnungszahl erst dann verwendet wird, wenn ein weiterer Papst diesen Namen wählt, wenn es nach ihm also einen Francesco II. geben würde. Seine ersten Handlungen als Papst scheinen zu bestätigen, dass diese Namenswahl mit einem gezielten Richtungswechsel seines Pontifikats korrespondiert. Das zeigen vor allem die radikalen Entscheidungen zur berüchtigten Vatikanbank IOR, die in den letzten Jahren immer wieder im Zentrum von Skandalen stand. Gewisse Zweifel an der theologischen Linie des neuen Papstes sind aber durch die Enzyklika *Lumen Fidei* (29. Juni 2013) entstanden, zum großen Teil vom Vorgänger-Papst Ratzinger geschrieben und von Francesco nur «redigiert». In diesem Text kommen die Eckpfeiler von Ratzingers Theologie zum Tragen: der Gegensatz zwischen christlichem Glauben und moderner Welt, die Polemik gegen den Relativismus, die Begrenzung der theologischen Forschung durch den Gehorsam gegenüber dem Magisterium ecclesiae.

So weit also in groben Zügen die ersten Jahre Franz von Assisis bis zu dem existentiellen, dem symbolischen Ereignis, von dem aus wir sein Leben neu beginnen lassen können. Von diesem Moment an beginnt er, sich um die Aussätzigen zu kümmern, überwindet er den Abscheu vor dem Ekel, dem Gestank ihrer Wunden. Er schüttelt ihre Hände, lässt sich umarmen von den armen Kreaturen, die gezwungen sind, mit einem Glöckchen am Knöchel herumzulaufen, damit jeder die Möglichkeit hat, ihnen rechtzeitig aus dem Weg zu gehen. Er entledigt sich sogar der armseligen Kleider, die er geschenkt bekommen hat, und in einem wahnartigen Anfall von ekstatischer Verzückung «... löst er [schnell] die Schuhe von seinen Füßen, legt den Stab aus den Händen und, zufrieden mit dem einzigen Rock, vertauscht er seinen Gurt mit einem Strick. Der Rock hatte vorn ein Kreuz: damit dachte er jedem Trug des Teufels zu wehren; er war aus rauhem Stoff: so dachte er das Fleisch mit seinen *Begierden und Leidenschaften zu kreuzigen* [Gal 5, 24]. Ein ärmliches, grobes Gewand sollte es sein: so würde es nicht Gegenstand des weltlichen Verlangens werden können.»[6]

Es ist seine Hochzeit mit der Armut, die totale Abkehr von der Welt, über die er auch in seinem Testament spricht, dem unter anderem die wunderbaren Worte entnommen sind, die zum Titel dieses Kapitels geworden sind. Von jenem Moment an lebt Franziskus nur, um das Wort des Herrn zu verkünden, den Geist des Evangeliums.

So stark, ja geradezu obsessiv die mystische Liebe auch war, die ihn durchdrang, ohne Berücksichtigung des zeitlichen Kontexts lässt sich sein Verhalten nicht restlos erklären. In diesen Jahren entspringen dem Schoß der Kirche einige monastische Strömungen, deren Mitglieder sich unter anderem zur Armut verpflichten. Nicht nur dem einzelnen Individuum, sondern auch der Gruppe und dem Kloster ist es verboten, etwas zu besitzen. Das wenige, das zum Überleben notwendig ist, muss von Almosen oder durch eigener Hände Arbeit kommen. Es waren «häretische» Strömungen (heute würden wir vielleicht «protestantische» sagen), die diese Botschaft zuerst verbreitet hatten. Zum Beispiel die Katharer und die Waldenser, die von den einfachsten und ärmsten Schichten der Bevölkerung, die empört waren über den ostentativen Reichtum der hohen kirchlichen Würdenträger, mit großer Begeisterung begrüßt wurden. So entstehen – um den Häresien entgegenzuwirken – die «Dominikaner», die ihren Namen dem Begründer Domenico di Guzmán verdanken, und die «Franziskaner», nach dem Namen unseres Franziskus. Die breite pauperistische Bewegung fand auch innerhalb der Kirche Anklang, und dazu trugen vor allem Franziskus' Enthusiasmus und seine Begeisterungsfähigkeit bei. Noch einmal in den Worten von Thomas von Celano:

> Bisher trug er ein Kleid ähnlich dem, wie es Einsiedler tragen: einen Gürtel um seine Lenden, einen Stab in der Hand und Schuhe an seinen Füßen. Eines Tages aber – es war im Hochamt in genannter Kirche, vernahm er die Worte des Evangeliums, wie der Herr seine Jünger zum Predigen aussandte. Kaum war die Messe vorüber, begab er sich zum Priester und bat inständig, er möchte ihm jene Stelle erklären. Da erklärte ihm dieser alles der Reihe nach, und der hl. Franz vernahm, die Jünger Christi sollten weder Gold noch Silber noch sonstiges Geld haben, weder Beutel noch Brot noch Stab mitnehmen, sich weder mit Schuhen bekleiden noch zwei Gewänder haben, sondern ihre Aufgabe sei, das Reich Gottes und Buße zu predigen [Mt 10,7–10; Mk 6,8–9; Lk 9,1–6,]. Da brach er in Jubel aus in Gottes Geist: «Das ist es, was ich will!» rief er; «das ist es, was ich suche und von ganzem Herzen will!»[7]

Manche Versionen der Franziskusgeschichte tendieren dazu, die Ereignisse und Reaktionen zu verniedlichen. Diese tragen aber der dramatischen Atmosphäre nicht Rechnung, in der Franziskus seine ersten Entscheidungen trifft. Sie vernachlässigen den Argwohn, auf den seine Bewegung stieß und, als logische Folge, die Schwierigkeiten der «Franziskaner», eine Zulassung als anerkannter Orden zu bekommen. Franziskus brauchte, um seinen Weg weitergehen zu können und neue Mitbrüder anzuwerben, die päpstliche Bestätigung der Ordensregeln. Er hatte aus seiner natürlichen Veranlagung heraus und aus Überzeugung Lebensregeln eingeführt, die ihn in erheblichen Gegensatz zur Kurie und zum Papst brachten. 1209 bringt er, nur von wenigen «Brüdern» begleitet, Papst Innozenz III. die erste Fassung nach Rom. Darin hatte er «in wenigen, einfachen Worten für sich und seine … Brüder eine Regel und Lebensnorm [geschrieben]. Er bediente sich hauptsächlich der Texte des heiligen Evangeliums. … Nur hie und da flocht er etwas anderes ein, das sich für die Bedürfnisse der Bruderschaft als notwendig erwies.»[8] Den Inhalt referiert Thomas von Celano: Der

Papst lässt sie prüfen und reagiert vorsichtig, bestätigt sie lediglich mündlich, also ohne die Weihen einer Bulle, des päpstlichen Siegels.

Auf diesen wenigen Seiten finden sich Ideen, die im Hinblick auf die herrschenden Sitten und Gebräuche revolutionär waren, eine vollkommen innovative Vision von Menschlichkeit. Dieselben Ideen sind es, die aus Franziskus nicht nur einen Heiligen für seine Kirche machen, sondern einen großen Geist, dem die Verehrung aller gebührt. Schon die erste Regel bestimmt die Richtung: die totale Verweigerung jeder Art von Besitz. «Wenn wir Güter besäßen», antwortete er eines Tages jemandem, der ihn nach den Gründen für eine so radikale Entscheidung fragte, «müssten wir auch Waffen haben, um uns zu verteidigen. Aus dem Reichtum entstehen die Streitigkeiten, die die Liebe zu Gott und den Nächsten verhindern.» Es war diese Radikalität, die den Kontrast zum Luxus der römischen Kurie kennzeichnete.

Bernhard, Franziskus' erster Jünger, gab eines Tages in einer florentinischen Kirche einem großzügigen Mann, der ihm ein paar Münzen schenken wollte, eine aufschlussreiche Antwort: «Es ist wahr, dass wir arm sind», sagte er, «aber für uns ist die Armut keine Belastung, wie für die anderen Hilfsbedürftigen, wir sind aus freier Wahl arm geworden.» Diese Freiheit erlaubte es, dass die mit einer solchen Lebensweise verbundenen Unbequemlichkeiten mit «Freude» angenommen wurden. Matthäus schreibt: «Wenn ihr fastet, macht kein finsteres Gesicht wie die Heuchler. Sie geben sich ein trübseliges Aussehen, damit die Leute merken, dass sie fasten. ... das sage ich euch: Sie haben ihren Lohn bereits erhalten.» (6, 16) Franziskus' Randbemerkung in der ersten Fassung der Ordensregel (Kap. VII): «Und die Brüder mögen sich hüten, sich nach außen hin traurig und wie düstere Heuchler zu zeigen; sie sollen sich vielmehr als solche zeigen, die sich im Herrn freuen und heiter und liebenswürdig sind, wie es sich geziemt.»

Das ist der Kern der franziskanischen Überzeugung, die Freiwilligkeit des Opfers, ein äußerlich ärmliches Leben, das umso reicher ist in der Dimension der Meditation, des Gebets und vor allem des erlösenden Handelns gegenüber den Ausgegrenzten, den Letzten, den «Verdammten der Erde», wie sie im 20. Jahrhundert von Frantz Fanon genannt werden.

Es gibt nur noch eine einzige weitere Bewegung, die unter bestimmten Aspekten in die Nähe der franziskanischen gerückt werden kann, das sind die Kibbuzim, die zu Beginn des 20. Jahrhunderts auf dem Gebiet des späteren Staates Israel entstanden. Im Ideal eines Kibbuz (ländliche Kollektivsiedlung) gibt es wie bei den Franziskanern die Idee der Abschaffung des Privateigentums. Ein radikaler Kommunismus, der (solange er dauerte) sogar die Erziehung der Kinder an eigens dafür vorgesehene Kinderkrippen delegierte, in denen die Anwesenheit der Eltern nur für zwei Stunden täglich gestattet war.

Aus unterschiedlichen Gründen hat das kommunistische und zionistische Ideal der Kibbuzim im Laufe der Jahre nach und nach seinen Niedergang erlebt. Der ökonomische Boom Israels hat das strenge Kibbuz-Leben für die jüngeren Generationen immer unattraktiver werden lassen. Doch auch die Franziskaner haben nach und nach die vom Gründer festgelegten strengen Regeln gelockert.

Zwei so weit auseinander liegende Erfahrungen können aber in dem Aspekt der Freiwilligkeit miteinander verglichen werden. Aus freier Entscheidung ging man in einen Kibbuz, und genauso freiwillig verließ man ihn auch wieder. Auch den extrem harten Regeln des Franziskus unterwarf man sich nur nach einer mit aller Macht herbeigeführten Entscheidung; sie war unerlässliche Voraussetzung, um die Strenge dieses Regimes zu ertragen.

Thomas von Celano:

> Als Liebhaber der heiligen Armut besaßen sie nichts, liebten nichts und hatten daher auch keine Furcht, etwas zu verlieren. Sie waren zufrieden mit einem einzigen Kleide, mochte es innen und außen geflickt sein, so arm und von solcher Schlichtheit, dass sie in diesem Gewand für die Welt selbst aussahen wie Kruzifixe, und sie rafften sie an den Seiten mit einer Kordel, dazu trugen sie derbe Hosen. Ihr heiliges Anliegen war es, in diesem Zustand zu bleiben, ohne mehr zu haben. So waren sie ohne Furcht und Sorge. Ohne jeden Kummer sahen sie dem nächsten Tag entgegen, fragten nicht ängstlich, wo sie ihr Nachtlager errichten sollten, wenngleich sie auf ihren Reisen viel Mühsal zu gewärtigen hatten. Bei größter Kälte fanden sie häufig keinen Unterschlupf, dann kauerten sie sich in einen Ofen oder übernachteten in irgendeiner Spelunke.[9]

Eine beinahe irrwitzige Episode macht die erschreckenden Grenzen deutlich, die die ideale Erfahrung der freiwilligen Armut erreichen konnte. In den *Fioretti* (*Blümlein des Hl. Franziskus*, I, VIII[10]) lesen wir, wie Franziskus eines Tages seinem vertrautesten Gefährten, Fra Leo, erklärt, was wahre und vollkommene Freude sei. Es ist ein rauer Wintertag, die beiden marschieren durch den eisigen Wind, der sogar ihre armseligen Gewänder zum Gefrieren bringt. Franziskus legt Leo einige wundersame Fälle von Barmherzigkeit dar und erläutert die Kraft, die in der Konversion liegt: «Bruder Leo, wenn auch Brüder unseres Ordens überall ein hohes Vorbild von Heiligkeit und Erbauung geben, so schreibe du doch und zeichne es sorgfältig auf, dass darin nicht die vollkommene Freude besteht.»[11] Es folgen verschiedene, immer höhere und ausgefeiltere Beispiele, etwa: «Bruder Leo, du Schäfchen Gottes, wenn Brüder unseres Ordens in der Sprache der Engel reden könnten und den Lauf der Sterne und die Kräfte der Kräuter kennten; und wenn ihnen alle Schätze der Erde entdeckt würden und wenn sie das Wesen der Vögel, der Fische und allen Getiers, der Menschen, der Bäume, der Steine, der Wurzeln und der Gewässer zu erfassen vermöchten: schreibe, dass darin nicht die vollkommene Freude besteht.» Schließlich wird der Punkt erreicht, auf den das Plädoyer von Anfang an hinauslief. Die vollkommene Freude für Franziskus besteht nämlich darin, nach einer langen Reise durch die kalte Nacht in Porziuncola anzukommen, an die Tür zu klopfen und vom Bruder Pförtner brutal zurückgewiesen zu werden:

> Wenn wir in Santa Maria degli Angeli ankommen, nass vom Regen und steif vor Kälte, beladen mit Schmutz und geplagt vom Hunger, und an die Klosterpforte pochen werden, so wird der Pförtner missmutig herausschauen und fragen: «Wer seid ihr?» Wir aber werden sagen: «Wir sind zwei von deinen Brüdern.» Und er wird antworten: «Ihr sprecht nicht die Wahrheit; ihr seid vielmehr zwei Landstreicher, welche die Leute zu betrügen herumziehen und die Almosen in die Tasche stecken. ... Packt euch hier fort, ihr elenden Spitzbuben ...; hier sollt ihr weder Essen noch Herberge erhalten.» All dies geduldig zu ertragen, selbst Worte von derartiger Schroffheit, hierin liegt die vollkommene Freude.

Natürlich gibt es eine Erklärung für eine Parabel, die nach reinen Vernunftskriterien unsinnig erscheint. Die Historikerin Chiara Frugoni hat darauf hingewiesen, dass sich in diesem Apolog «offensichtlich ein

den ersten Regeln so zurückgenommen waren, dass sie die ursprünglichen Absichten nur zu einem Bruchteil widerspiegelten. Chiara Frugoni fasst die Unterschiede so zusammen: «Ein Großteil der Zitate aus den Evangelien wurde gestrichen, die Sprache klingt juristisch trocken und nicht mehr ausschweifend und poetisch. Keine Rede ist mehr davon, Leprakranke zu pflegen, in strenger Armut zu leben, sich gegen unwürdige Vorgesetzte auflehnen zu dürfen»[15] und so weiter. Franziskus hat seine Anerkennung bekommen, steckt aber die Belastung, die die Aufweichung seiner ursprünglichen Ordensregeln für ihn bedeutet, nicht so einfach weg. Einigen Biographen zufolge beginnt 1223 die Phase «der großen Versuchung»: der Versuchung, alles hinzuschmeißen, sich nicht mehr um die Gemeinschaft der Brüder zu kümmern, sich in das einsame Zwiegespräch mit Gott zurückzuziehen.

Mit oder ohne Bulle, der Orden verbreitet sich jedenfalls. Die Franziskaner, wie sie inzwischen allenthalben genannt werden, üben eine große Faszination aus, wo immer sie auch hinkommen und predigen, und sie werben viele neue Mitglieder. Wahrscheinlich zu viele, was sich daraus schließen lässt, dass sich im Inneren des Ordens alsbald unterschiedliche Positionen herauszukristallisieren beginnen, «Strömungen» würden wir das heute nennen. Gegen Ende seines Lebens ist Franziskus mehrfach gezwungen, den Verfall des von ihm geschaffenen Ordens zu kritisieren, in dem sich – dessen ist er sich bewusst – zu viele auseinanderlaufende Positionen formiert haben. Zahlenmäßig erreichen die «Spiritualen» eine besondere Relevanz. Diese fordern, in Nachahmung von Jesus Christus ein Leben in absoluter Armut und unter strenger Beachtung von Franziskus' «Testament» zu führen. Vor allem in Südfrankreich (Provence) und in Mittelitalien, namentlich in der Toskana, fand diese Gruppierung viel Zulauf. Ihre Fratres taten sich durch flammende Predigten hervor, die sich nicht darauf beschränkten, unermüdlich auf das Armutsideal hinzuweisen, sondern auch die unmittelbar bevorstehende Apokalypse verkündeten, die der Korruption in der Kirche ein Ende setzen und ihre Erneuerung herbeiführen werde.

Der Gegensatz zwischen der offiziellen Linie der päpstlichen Obrigkeit und diesen Geboten, der immer latent gewesen war, explodiert neunzig Jahre nach Franziskus' Tod mit dem Aufstieg von Johan-

Franziskus versucht bei Papst Honorius III. die Approbation der Ordensregeln der Franziskaner zu erhalten. Ausschnitt aus Giottos Freskenzyklus zum heiligen Franziskus in der Basilika San Francesco von Assisi

nes XII. zum Papstthron (dessen ziviler Name Jacques Duèze war, geboren 1249 in Cahors, einer gallisch-römischen Stadt in den Midi-Pyrénées). Der neue Papst wird im September 1316 geweiht, also im recht fortgeschrittenen Alter von 67 Jahren. Wir befinden uns in der Periode des Avignonesischen Papsttums (1309–1377), in der sich der Heilige Stuhl in Avignon befindet. Die Kontroversen innerhalb des Franziskanerordens, insbesondere die von den «Spiritualen» angestoßenen, gehören zu den Problemen, mit denen sich der neue Papst herumschlagen muss. Er tut das auf seine Art und mit großer Entschiedenheit, denn die Zentrifugalkräfte der zahlreichen pauperistischen Bewegungen konnten ohne energisches Eingreifen kaum noch unter Kontrolle gehalten werden. Ein Jahr nach seiner Wahl lässt der Papst die «Spiritualen» ächten und die spirituale Lehre zur Häresie erklären: Wer sich nicht fügt, wird vor die Inquisition zitiert und als Ketzer verurteilt.

In der Auseinandersetzung ging es hauptsächlich um das Thema Armut, die zu einer so entscheidenden Frage wurde, dass die «Spiritualen» und der Papst nicht davor zurückscheuten, sich gegenseitig der Häresie zu bezichtigen. Noch 1389 (über anderthalb Jahrhunderte nach Franziskus' Tod!) wurde der Franziskanerprediger Michele da Calci aus Pisa, der zu den Armen Brüdern (*Fratres de paupere vita*) gehörte, in Florenz auf dem Scheiterhaufen verbrannt. Die Geschichte seines Prozesses und Martyriums, erzählt von einem anonymen Bruder (*Storia di Fra Michele Minorita*), ist einer der großen Texte des 14. Jahrhunderts in Italien. Dort sind sogar, wie in einer Live-Reportage, die Schreie der Menge beschrieben, die auf dem Weg zum Scheiterhaufen an den Frater appelliert, seinen Ideen abzuschwören: «Widerrufe, widerrufe!», schreien sie. Oder: «Du willst wohl sterben, dumm, wie du bist!» Er widerrief nicht und starb, wie Giordano Bruno, *abbrugiato* – «geröstet».

Umberto Eco lässt in seinem Roman *Der Name der Rose* eine seiner Figuren – Adson von Melk – bei dieser Hinrichtung zugegen sein, von der er Zeugnis ablegt, indem er den Text des anonymen Bruders paraphrasiert:

> Das Feuer wurde entzündet, und Fra Michele, der schon das *Credo* gesungen hatte, stimmte nun auch das *Te deum* an. Er mochte vielleicht acht Verse davon gesungen haben, da beugte er sich auf einmal nach vorn, als müsse er niesen, und fiel zu Boden, denn die Stricke waren verbrannt. Und da war er schon tot, denn lange bevor der Körper gänzlich verbrennt, stirbt man bereits an der Hitze, die einem das Herz zerspringen lässt, und an dem Rauch, der einem die Lunge füllt. Dann brannte der Scheiterhaufen vollständig nieder wie eine Fackel.[16]

Franziskus hatte seit langem erkannt, dass die von ihm gegründete Bewegung zu groß geworden war, um die Inspiration des Ursprungs kompakt durchzuhalten. Nach seinem Ableben wird das offenkundig, und 1266, also genau vierzig Jahre nach seinem Tod, beschließt die in Paris versammelte Spitze des Franziskanerordens aus Gründen der Disziplin und der Doktrin, nur noch eine einzige autorisierte Biographie im Umlauf zu belassen. Es ist die von Bonaventura da Bagnoregio, dessen bürgerlicher Name Giovanni Fidanza war, Theologe und Philosoph, Professor an der Sorbonne, Generalminister des Ordens, wegen seiner theologischen Weisheit bekannt als *Doctor Seraphicus*. Ein Mann also, der alle erdenkliche Kompetenz für das mitbrachte, was zu schreiben war. Sein Text wird als *Legenda maior* berühmt, wobei der erste der beiden Begiffe im mittelalterlich-lateinischen Wortsinn verstanden werden soll: Buch, das zu lesen ist.

Neben seiner unbestrittenen Kompetenz hatte Bonaventura aber auch eine genaue Vision des Mannes, und diese wollte er herausstellen, um der großen Konfusion entgegenzuwirken, die durch die vielen Erzählungen über das Leben des Heiligen geisterte, einschließlich der beiden «Biographien» Thomas von Celanos. Das Generalkapitel von Paris ordnete deshalb die Zerstörung aller früheren «Legenden» an. Viele Texte, die sich von der offiziellen Linie entfernt hatten, wurden beschlagnahmt und den Flammen übergeben. In einer sehr geschickten Operation aus Montage und Auslassung wurde das arme und zugleich glorreiche Leben des Franziskus um seine dramatischsten Momente bereinigt und gleichzeitig auf eine Höhe knapp unter Jesus Christus gehoben.

Franziskus war gewiss ein «guter» Mensch im weitesten Sinne des Wortes, und so muss er auch denen erschienen sein, die seine Bekanntschaft machten. Seine Gegenwart muss brüderlich und vertraueneinflößend gewesen sein, sein Ausdruck sanft und intensiv, wiederholt wurde er als *Alter Christus* bezeichnet.

Doch ging seine Güte mit einer unerbittlichen Vorstellung dessen einher, was der Weg zur Heiligkeit sein sollte, unabhängig davon, welche Qualen und welchen Verzicht dies mit sich bringen konnte. Sie war geprägt von den letzten Stunden im Leben Christi, seiner Passion: der Geißel, den Dornen, den Nägeln, dem Blut. Franziskus' letzte Jahre waren eine – gewollte, gesuchte – Wiederholung dieser Passion. Er war krank an der Leber, der Milz, dem Magen, er hatte überall Wunden, war erschreckend mager, hatte eine Darminfektion, die er sich beim Trinken unreinen Wassers in Ägypten eingehandelt hatte, er war fast blind wegen eines Trachoms, das er sich bei einem Aufenthalt im Orient zugezogen hatte. Das Leiden verließ ihn nie, weder bei Tag noch bei Nacht. Und dann ist da noch die kontroverse Legende über die Wundmale, bei der ich mich wegen der komplexen theologischen Implikationen, die sich in den verschiedenen Versionen niederschlagen, an dieser Stelle nicht aufhalten werde.[17]

Bonaventura dokumentiert und besiegelt mit seiner *Legenda maior* Franziskus' Existenz und hebt dabei die Figur auf eine solche Höhe, dass sie unerreichbar wird. Niemand konnte sich mehr schuldig fühlen, wenn es ihm trotz aller Opfer nicht gelang, ihr gleichzukommen. Dazu der Historiker Alessandro Barbero: «Es ging darum zu zeigen, dass die Stärke des Ordens mit seinen hunderten von Klöstern, seinen tausenden von Fratres, dem ideologischen und politischen Einfluss seiner Führung, seiner perfekten Integration in das Machtgefüge der Kirche nicht im Gegensatz zu der Armut standen, die der unnachahmliche Franziskus hatte leben wollen.»[18] Damit seine Bewegung in den Schoß der Kirche aufgenommen werden konnte, hatte der Mann sich auf gravierende Kompromisse einlassen müssen; jeder allzu sehr ins Auge fallende Grund für Gegensätze und Dramatik musste aus seinem Andenken getilgt werden. Chiara Frugoni vermutet, dass es Bonaventura war, der diesen neuen Franziskus geschaffen hat, mit dem Risiko, aus ihm die sanftmütige und ein wenig langweilige Figur zu machen, die wir heute in ihm sehen.

In den letzten qualvollen Jahren seines kurzen Lebens war Franziskus bewusst, dass die Bewegung im Begriff war, sich von dem glühenden Glauben zu entfernen, mit dem er sie aufgebaut hatte, von der Suche nach Einfachheit und Frieden, die er zum Fundament seines «Evangeliums» gemacht hatte. Sein Schmerz wäre noch tiefer gewesen, hätte er voraussehen können, dass ausgerechnet seine Franziskaner – gemeinsam mit den Dominikanern – in den Tribunalen der Inquisition die strengsten Richter sein würden.

Im September 1220, anlässlich eines Generalkapitels in Porziuncola in Anwesenheit von Kardinal Ugolino, erklärte er sich für zu krank, um seine Führungspositionen beibehalten zu können, und betraute seinen Freund Pietro Cattani mit diesen Aufgaben. In einem lateinischen Manuskript unsicheren Ursprungs, bekannt unter dem Namen *Compilatio assisiensis* (*Kompilation von Assisi* oder auch *Legende des heiligen Franziskus*), wird erzählt, er habe diese Entscheidung weniger aufgrund seiner Krankheiten getroffen, sondern weil «die Brüder einst die heilige Armut mit großem Eifer beachteten ..., seit einiger Zeit aber Reinheit und Vollkommenheit zu verderben begannen, wenngleich die Brüder zu ihrer Entschuldigung vorbrachten, dieses Ideal könnten sie aufgrund ihrer Vielzahl nicht mehr befolgen». Franziskus wusste, dass er an Gründerautorität verloren hatte. Dazu hatte auch sein sich immer weiter verschlechternder Gesundheitszustand beigetragen. Besonders bewegend sind seine letzten Tage. Mit vierundvierzig war er ein noch relativ junger Mann, selbst für die Maßstäbe seiner Zeit, doch ließ ihm die Krankheit keine Atempause, und seine Erschöpfung wurde durch ein spirituelles Leiden verschärft, das vielleicht noch viel grausamer war als seine physischen Qualen. Außerdem versuchte er, mit einem glühenden Eisen das Trachom kurieren zu lassen, mit dem einzigen Ergebnis, dass er sich einen Teil des Gesichtes verbrannte, selbstverständlich ohne die geringste heilende Wirkung für seine Augen.

In der Nacht vom 3. auf den 4. Oktober 1226 hauchte er, auf dem nackten Erdboden liegend, sein Leben aus und wurde zur Legende.

Das heute dominierende kitischige Franziskus-Bild wird der gewaltigen Durchschlagskraft seiner Botschaft nicht gerecht. Ein Echo davon findet man heute noch in der Franziskanischen Gemeinschaft von Assisi, in ihren Initiativen zu einer dem Frieden verpflichteten Aufnahme aller sowie der Begegnung zwischen völlig verschiedenen Menschen.

Im Juni 1939 (Zehnjahresfeier der Lateranverträge) hat Papst Pius XII. Franziskus zum Schutzpatron Italiens erklärt und ihm mit einem berühmten Wortspiel, mehr oder weniger zufällig, unterstellt, auf einer Linie mit dem herrschenden Regime zu sein: Er sei der italienischste aller Heiligen und der Heiligste aller Italiener. Auch Benito

Mussolini hat versucht, die Figur dieses Armen, der in einem ebenso armen Land sehr populär geworden war, dem Faschismus einzuverleiben. In seinem *Messaggio francescano* (Franziskanische Botschaft) schrieb er – mit Bezug auf Franziskus' Reise nach Ägypten – die unbeholfene Eloge:

> Das Schiff, das den Herold der unsterblichen Botschaft in den Orient bringt, macht sich auf dem sicheren Bug das Schicksal der italienischen Rasse zu eigen, die wieder auf den Weg der Väter zurückkehrt. Und die Anhänger des Heiligen, die sich nach ihm in Richtung Levante begaben, waren Missionare Christi und Missionare des italienischen Nationalcharakters zugleich.[19]

Katholiken und Nicht-Katholiken können sich in einer weiteren Hinterlassenschaft Franziskus' begegnen: im poetischen Geist, der vom *Cantico (o Lodo) delle Creature* (*Gesang auf die Schöpfung* oder *Sonnengesang*) ausgeht. Der «Sonnengesang» ist einer der großen Texte der gerade entstehenden italienischen Literatur, innovativ im Hinblick auf den Bruch mit der seinerzeit vorherrschenden Büßervision des Lebens, prophetisch im Hinblick auf das, was man heute «Ökologie» nennt. Im Geist der Vorfreude besingt er die Welt, die Tiere, die Elemente der Natur, das Wasser, den Wind, die Sonne, ja sogar den Tod, die er alle als göttliches Geschenk betrachtete; seine Religiosität verwandelt sich hier in ein harmonisches Gesamtbild der Natur.

Laudato si', mi' Signore, cun tucte le tue creature,
spetialmente messor lo frate sole,
lo qual' è iorno, et allumini noi per loi.
...

Laudato si', mi' Signore, per sora luna e le stelle,
in celu l'ài formate clarite et pretiose et belle.

Laudato si', mi' Signore, per frate vento,
et per aere et nubilo et sereno et onne tempo
...

Laudato si', mi' Signore, per sor' aqua,
la quale è multo utile et humile et pretiosa et casta.

Laudato si', mi' Signore, per frate focu,
per lo quale enn'allumini la nocte.
...

Laudato si', mi' Signore, per sora nostra matre terra,
la quale ne sustenta et governa,
et produce diversi fructi con coloriti flori et herba.

Laudato si', mi' Signore, per quelli ke perdonano per lo tuo amore,
et sostengo infirmitate et tribulatione.
...

Laudato si', mi Signore, per sora nostra morte corporale,
da la quale nullu homo vivente pò skappare.
...

Sei gepriesen, mein Herr, durch alle deine Geschöpfe,
besonders Herrin Schwester Sonne,
sie ist Tag, und durch sie gießt du das Licht aus über uns.
...

Herr, sei gelobt durch Bruder Mond und die Sterne,
am Himmel hast du sie geformt, klar und kostbar und schön.

Sei gepriesen, mein Herr, durch Bruder Wind,
durch Luft und Wolken und schönes und jegliches Wetter
...

Sei gepriesen, mein Herr, durch Schwester Wasser,
sie ist sehr nützlich, demütig, kostbar und rein.

Sei gepriesen, mein Herr, durch Bruder Feuer,
durch den du die Nacht erhellst.
...

Sei gepriesen, mein Herr, durch unsere Schwester Mutter Erde,
die uns erhält und führt und mannigfaltige Früchte hervorbringt
mit bunten Blüten und Kräutern.

Sei gepriesen, mein Herr, durch jene, die verzeihen aus Liebe zu dir
und Krankheit ertragen und Verfolgung.
...

Sei gepriesen, mein Herr, durch unseren Bruder, den körperlichen Tod,
dem kein lebender Mensch entrinnen kann.
...[20]

Wer mit Franziskus' Leben vertraut ist, hat natürlich bemerkt, dass diese kurzen Anmerkungen zahlreiche Ereignisse seines Lebens außer Acht gelassen haben. Es ist nicht die Rede von Klara gewesen, einer sehr wichtigen Figur in seinem Leben, es werden die berühmtesten Legenden nicht erwähnt, von der Vogelpredigt bis zur Zähmung des Wolfes, es wird die Erfindung der lebenden «Krippe» mit Ochs und Esel nicht erwähnt – von der in den Schriften übrigens keine Spur zu finden ist. Auch werden die enormen Schwierigkeiten nur knapp gestreift, auf die Franziskus bei der Anerkennung der Regeln und des Ordens durch ein Papsttum stieß, das einer derart radikalen Berufung auf das Evangelium lange Zeit äußerst argwöhnisch gegenüberstand.

Der Philosoph (und Politiker) Massimo Cacciari zeichnet in einer seiner jüngsten Publikationen[21] ebenso kurz wie eindringlich den Weg nach, auf dem Franziskus zum Göttlichen gelangt, und geht dabei von der verzweifeltsten *conditio humana*, dem Elend und dem Hunger, aus. Ich habe in diesem Kapitel ein anderes Verfahren versucht: Franziskus vollständig aus der Perspektive einer irdischen Dimension zu sehen, um ganz aus ihr seine heldenhafte Hingabe an eine Idee auf den Prüfstein zu stellen. Cacciaris Essay ist Giottos und Dantes Franziskus-Interpretationen gewidmet. In den Fresken der Oberkirche der Basilika San Francesco von Assisi (und in der Bardi-Kapelle der Franziskanerkirche Santa Croce in Florenz) legt Giotto Franziskus' Leben im Sinne der *Legenda maior* des Bonaventura aus. Sein Leben wirkt in gewisser Weise geschönt; es fehlt zum Beispiel die dramatische Begegnung mit den Leprakranken, geschönt ist auch sein Tod, den er auf der nackten Erde erleben wollte. Es sieht so aus, als habe sich Giotto der von der Kirche geforderten «korrekten» Auslegung gebeugt. Ganz im Gegenteil dazu Dante, dessen Darstellung mehr als ein Akt der Huldigung ist. Seine Verse reflektieren das Bild eines Mannes, der dem Papst seine Ordensregeln vorlegt, ohne sich dabei zu erniedrigen. Er macht aus ihm, so könnte man sagen, einen Ghibellinen, oder besser noch, einen authentischen *Alter Christus*. Dante schreibt, dass Gott in Assisi der Welt einer «Sonne Glanz entbrennen» ließ, und zu

Madame Armut: Nach dem Verscheiden ihres ersten Gatten Jesus «elfhundert Jahr saß trüb sie und alleine ... Bis dieser kam, dass er sich ihr vereine.»[22] Und mit «dieser» war Franziskus gemeint.

In unserem Buch ist die Erzählung auf die «zivile» Außergewöhnlichkeit des Protagonisten konzentriert, denn Franziskus gehört in die Galerie der großen Geister, die, wie Michelangelo oder Giordano Bruno, wie Dante oder Galileo, mit aller Kraft um die Anerkennung ihrer Vision der Welt gekämpft haben. Einige haben für ihr Ideal das Leben geopfert, alle haben es bis zur Grenze ihrer eigenen Möglichkeiten gelebt.

Menschen dieses Schlages sind überall in der Minderheit, auch in Italien natürlich. Den Italienern eilt der Ruf voraus, ein gefügiges, ein anpassungsfähiges Volk zu sein, selbst dann, wenn sie das nicht sein sollten: eher zum Kompromiss geneigt als zur mutigen Zäsur, eher bereit, ein gegebenes Wort zu vergessen, als es zu halten in einem Land, in dem, wie wir gesehen haben, nicht von ungefähr niemals eine richtige Revolution stattfand. Aufstände, Rebellionen, Aufruhr ja, Revolutionen nie. Das ist sein «Charakter», und dementsprechend ist die Geschichte verlaufen. An «großen Geistern» hat es dennoch nie gefehlt. Es sind alle diejenigen, die, wie Franziskus, ohne Zaudern und Zagen ihre Aufgabe bis zur Neige erfüllt haben: die Richter, die ihr Leben gelassen haben, weil sie Gerechtigkeit herstellen wollten; die mutigen Priester, die sich geopfert haben, um sich der organisierten Kriminalität entgegenzustellen; die Anwälte, die den Erpressungsversuchen der Mafia nicht erlegen sind; die Politiker, die sich der dunklen Seite der Macht widersetzt haben; die Freiwilligen der Freiheit, die der Folter getrotzt und damit die nationale Würde wiederhergestellt haben. Eine kleine Schar, eine edle Minderheit – Franziskus' Brüder.

VIII. DUCHESSA DI PARMA

Die gute Herzogin

Es ist beinahe unvorstellbar, welche Fülle an Kulturschätzen und Genialität sich in einer Stadt mit weniger als 200 000 Einwohnern auf einer Fläche von 260 Quadratkilometern konzentrieren kann. Das politische Leben auf der Halbinsel ist über die Jahrhunderte so schwer und leidvoll gewesen, dass es in jeder Stadt, in jedem Dorf seine Spuren hinterlassen hat. In manchen Fällen als schwere Hypothek, bisweilen aber auch als einmalige Gelegenheit, als Potenzial.

In Parma hat die zweite Variante die Oberhand gewonnen. Die Vergangenheit, ihre Hinterlassenschaften, ihre Implikationen für die Gegenwart sind hier vielleicht sichtbarer als anderswo in Italien. Ohne allzu große Übertreibung könnte man sagen, sie ist überall mit Händen zu greifen, in der Schönheit der Straßen, der Plätze, des Theaters, ja selbst in der Qualität der kulinarischen Produkte: des Schinkens, des Parmesans. *Duchessa di Parma* (Herzogin von Parma) ist der Name eines köstlichen lokalen Gerichts: Truthahnnuss, gefüllt mit Parmaschinken und Parmesan – womit sonst? Oder die schmackhaften Anolini, Stendhals Lieblingsspeise: handgemachte halbmondförmige Nudeln, mit Brot, Ei und Parmesan gefüllt, die sich kein Liebhaber der guten Küche entgehen lassen sollte. Wenn man an Genialität denkt, fallen einem für die Malerei Correggio und Parmigianino ein oder die Großen der Musik, von Verdi bis Toscanini, oder, in unseren Tagen, der Lyriker Attilio Bertolucci und sein weltberühmter Sohn, der Filmregisseur Bernardo.[1]

Dabei hatte alles aus einem rein politisch-militärischen Kalkül heraus begonnen, als Papst Paul III. Farnese Mitte des 16. Jahrhunderts für seinen illegitimen Sohn Pier Luigi das Herzogtum Parma schuf, in der Absicht, ein Territorium zu konsolidieren, das als Puffer zwischen den Dominien der Kirche und der bedrohlichen spanischen Herrschaft in der Lombardei dienen sollte.

Sie hat eine seltsame Geschichte, die Familie Farnese, die einen der schönsten Renaissancepaläste Roms besaß, heute Sitz der Französischen Botschaft. Ursprünglich war sie, wie Gregorovius in seinen *Wanderjahren in Italien* vermerkt, nichts als «eine kleine Dynastie von raublustigen Landbaronen in Etrurien»,[2] also im oberen Teil Latiums. Wir können uns Schafherden, Milch, Käse, karge Äcker vorstellen, die Patrizierresidenz umgeben von Elendshütten mit schlecht ernährten Kindern und von brotloser Arbeit verschlissenen Leben. Giulia Farnese war eine der größten Protagonistinnen des Wandels. Sie war ein bildhübsches Mädchen und trug entscheidend zum Aufstieg ihrer Familie bei, die in eine Geschichte einging, in der, so seltsam es klingen mag, auch Parma eine Rolle spielte: obskure italienische Begebenheiten und Konstellationen mit ihrer einzigartigen Mischung aus amouröser Begierde, Geld, Macht, Intrigen, unehelichen Kindern, persönlichen Vorlieben.

Pier Luigi Farnese war, wie gesagt, ein unehelicher Sohn. Sein Vater Alessandro Farnese hatte ihn, als er noch Kardinal war, mit der römischen Edelfrau Silvia Ruffini gezeugt, mit der er noch drei weitere Kinder hatte. Abfällig pflegte ihn die Piacentiner und Parmaer Aristokratie «Bastard des Papstes» zu nennen, was sein Regierungshandeln sicher nicht erleichterte und seine Unnachgiebigkeit noch steigern sollte. Die Unnachgiebigkeit, die Tizian in seinem berühmten Porträt so großartig eingefangen hat, war seine hervorstechendste Charaktereigenschaft. Er nahm dann auch ein schlimmes Ende, wie uns Lorenzo Molossi in seiner überaus detailgenauen Chronik erzählt. Damit kommt nun zum ersten Mal in dieser Geschichte auch der Name Marie-Louise Herzogin von Parma, Piacenza und Guastella, ehemalige Kaiserin der Franzosen, ins Spiel. Auf ihre ebenso spannende wie rührende Geschichte kommen wir gleich zurück, im Augenblick genügt es uns zu wissen, dass es Marie-Louise war, die 1832 den Wirtschaftswissenschaftler und Geographen Molossi beauftragte, ein topografisches «Vokabular» ihrer Herzogtümer zu verfassen, genau genommen aber eine Geschichte dieser Orte, mit ihren Geschichten. Pier Luigis klägliches Ende wird hier so erzählt:

> An jenem fatalen Tag, dem 10. September 1547, an dem sich Pierluigi in der alten Zitadelle von Piacenza aufhielt, wurden die Wachposten überwältigt, die wenigen deutschen Gardisten von den Verschwörern festgesetzt, einige getötet. Resolut trat der Conte Anguissola in das Zimmer, in dem sich der Herzog aufhielt, um ihm so viele Dolchstiche zu versetzen, wie er noch Anzeichen von Leben zeigte. Das am weitesten zum Platz liegende Fenster wurde geöffnet, und von dort aus zeigten der Anguissola und der Landi dem «Freiheit» und «Kaiserreich» gröhlenden Volk den Leichnam und warfen ihn anschließend in den Graben. Nachdem diese Tragödie vorbei war, wurden die Kaiserlichen, die in der Nähe gewartet hatten, in die Stadt geführt, und am Tag darauf nahm sie D. Ferrante Gonzaga für [seinen Sohn] Cesare in Besitz.

Es war also ein politischer Mord, gefolgt von einem Fenstersturz. Die Verschwörung war von Don Ferrante Gonzaga, dem Gouverneur von Mailand, angezettelt worden, der kurzen Prozess machte, um aus dem Weg zu räumen, wer ihm lästig war. In diesem Falle war es vor allem Kaiser Karl V., der sich von Pier Luigi belästigt fühlte. Als getreuer kaiserlicher Untertan hatte Don Ferrante Gonzaga nicht gezögert, Anguissola für die Ausführung des Mordes zu rekrutieren, und durch dessen Vermittlung weitere Adelige der Stadt. In den Städtischen Museen von Piacenza, im Farnese-Palast, stellt ein Gemälde von Lorenzo Toncini aus dem 19. Jahrhundert den Moment des Mordes dar, in dem der schon mehr tot als lebendig auf dem Boden liegende Herzog von Dolchen durchbohrt wird. Das Licht, die Farben, das Gebaren der Akteure erinnern schon stark an die gemalten Kulissen der Melodramen, in denen Giuseppe Verdi sein Genie austoben wird.

Dennoch werden die Farneser mehr als zwei Jahrhunderte lang (bis 1773) in diesem Territorium ihre Herrschaft ausüben. Auf ihre Weise, gemessen natürlich an den Bedingungen und Gepflogenheiten ihrer Zeit, regierten sie nicht schlecht: Sie förderten die Reorganisation des Staatswesens, die Gründung einer Universität, die Neustrukturierung der Justizverwaltung. Nach ihnen war die Geschichte des Herzogtums von wechselhaften Ereignissen geprägt, die es mal in die Arme der konservativsten Restauration trieben, mal in die der radikalsten Aufklärung mit dem Ausschluss der Jesuiten, der Beschlagnahmung von Kirchenbesitz und der Abschaffung der Kirchentribunale.

Doch die Phase, die für die Entwicklung der Stadt prägend sein sollte, war die dreißigjährige Herrschaft jener jungen Frau, deren Name bereits einige Zeilen zuvor genannt wurde und die von der Geschichte zugleich priviligiert und erniedrigt worden war. Geboren in Mozarts Todesjahr 1791, war sie die Erstgeborene Franz' I., des späteren Kaisers von Österreich.[3] Sie erhielt die Namen Maria Ludovica Leopoldina Franziska Therese Josepha Lucia von Habsburg-Lothringen: Eltern und Großeltern, alle im Namen vertreten. Als Achtzehnjährige war sie, *virgo intacta*, mit dem vierzig Jahre alten Napoleon verheiratet worden, zur Besiegelung des Friedens zwischen den beiden Ländern nach der österreichischen Niederlage 1809 bei der Schlacht von Wagram. Nur ungern zog sie nach Paris. An den Höfen Europas war der Korse Napoleon, ein durch Staatsstreich auf den Thron gelangter Parvenu, als Scheusal verschrien, als gewalttätiger Kerl bäurischen Geblüts und von einer Insel stammend, die als halbe Wildnis galt. Zweimal war der Mann, der sich widerrechtlich einen Kaiserthron angeeignet hatte, bewaffnet in Wien einmarschiert (1805 und 1809) und hatte den gesamten Hof genötigt, im fernen Ungarn Zuflucht zu suchen. Überdies konnte Marie-Louise nicht vergessen, dass weniger als zwanzig Jahre zuvor dasselbe Volk ihre Großtante Marie Antoinette – vom Volksmund «die österreichische Hündin» genannt – aufs Schafott geschickt hatte. Dennoch wird sie nach Paris gehen und Napolen den Sohn gebären, den seine erste Frau Joséphine ihm nicht hatte schenken können.

Mit fünfundzwanzig Jahren nahm sie das Großherzogtum von Parma, Piacenza und Guastello in Besitz. Was es sie gekostet hatte, dies zu erreichen, infolge welch dramatischer Verkettung von Ereignissen, das ist eine der aufregendsten nicht nur politischen, sondern auch persönlichen Geschichten dieses Jahrhunderts. So extrem waren diese Ereignisse, so rasant das Tempo, in dem sie sich überstürzten, dass sie kaum wahr zu sein scheinen.

Marie-Louise oder Maria Luigia, wie sie in Italien genannt wurde, kam an einem Tag Mitte April in die Stadt, am 18. des Jahres 1816. Für ihre fünfundzwanzig Jahre – das kann man sagen – hatte sie schon einiges erlebt. Am 7. März war sie in Wien aufgebrochen, man kann also auch sagen, dass es eine sehr gemächlich zurückgelegte Reise gewesen ist, selbst wenn man die Transportmittel der damaligen Zeit bedenkt. Sie hatte sich Zeit gelassen, denn von Parma erwartete die junge Frau das Schlimmste, einer Provinzstadt, in der (schrieb sie ihrem Vater, dem Kaiser von Österreich), «wie man sagt, keine Ressourcen, keine Sozietät und keine gebildeten und wenig brave Frauen sind».[4] Ein hartes Urteil, das sie kurze Zeit später aus persönlicher Erfahrung bestätigen wird: «Die hiesige Gesellschaft übertrifft alle Begriffe von Langeweile, die man sich machen kann, denn aus den Frauen ist es nicht möglich, ein gescheites Wort zu ziehen.»[5]

Die Erzherzogin war gewiss keine Intellektuelle, ihre Bildung nur oberflächlich. Sie hatte aber an zwei kaiserlichen Höfen gelebt, wo sich alle, an erster Stelle ihre Hofdamen, durch brillante, charmante Konversation auszeichneten, hier und da durchsetzt von anbiederndem Klatsch mit saftig-pikanten Details. Sie hatte alles erlebt, was zur Atmosphäre eines Hofes dazugehört, wo jeder, der nicht die Kunst der Weltläufigkeit beherrscht, sofort ins Abseits gerät, und nur der bestehen kann, der diese Art der Konversation beherrscht. Die Damen waren mit allen Wassern gewaschen, hatten sonst nicht viel zu tun und verbrachten einen Großteil ihrer Zeit mit Klatsch und Tratsch, dem Geschwätz über (wenn es die Situation erlaubte) Heldentaten und Moden, Vorlieben und Eigenheiten des einen oder anderen, begleitet von verschwörerischem Lächeln, vielsagendem Schweigen, graziösen Schubsern, mokantem, sogleich hinter einem Fächer verborgenem Grinsen.

In Parma fehlte all dies offenbar, doch schien das Marie-Louise nur in geringem Maße zu bekümmern. In einem weiteren Brief an den Vater schrieb sie nämlich: «Mein einziger Wunsch ist es, mein Dasein hier in größter Ruhe verbringen zu dürfen.»[6]

Ihre Ehe mit Napoleon war sehr aufregend gewesen, das konnte auch gar nicht anders sein, wenn man bedenkt, welche Gewitter sich in den Jahren zwischen 1810 und 1815 über dem Haupt dieses unbeugsamen Mannes zusammengezogen hatten. Auf seine Weise hatte der Kaiser es wahrscheinlich geliebt, dieses schüchterne Mädchen, das ihm das so heftig herbeigesehnte Kind geschenkt hatte, einen Sohn, den König von Rom, den *aiglon* (Sohn eines Adlers), den Jungen, der in seinen Träumen eines Tages als Napoleon II. gekrönt werden sollte. Die Rechtmäßigkeit dieser Ehe war übrigens umstritten, für Papst Pius VII. sogar nichtig, weil in seinen Augen von Anfang an nicht gültig. Napoleon hatte sich in derselben Situation befunden wie Heinrich VIII. Auch dem Engländer war es nicht vergönnt, von seiner Frau Katharina von Aragón das männliche Kind zu bekommen, das er für den Fortbestand seiner Dynastie benötigte. Sechs Jahre älter als er, hatte die Spanierin zwar zahlreiche Schwangerschaften gehabt, aber lauter Fehlgeburten, außer einer, die zur Geburt eines Mädchens führte, das sich als Königin den Beinamen Maria die Blutige (Bloody Mary) erwerben sollte.

Heinrich hatte das Problem gelöst, indem er kurzen Prozess machte. Als Papst Clemens VII. ihm die Scheidung von Katharina verweigerte, hatte er einfach ein Schisma proklamiert und seine eigene Kirche gegründet, die *Anglicana Ecclesia*, deren Haupt der König von England war, also er selbst und seine Nachfolger. Einen solchen Akt konnte sich Napoleon nicht leisten. Heinrich konnte sich sicher sein, dass er damit einem tiefempfundenen Wunsch seines Volkes entsprach, das nichts gegen eine Auflösung der Bindung an die Kirche von Rom hatte, weil diese weit weg, korrupt und alles in allem zu «mediterran» war. Für Napoleon lagen die Dinge anders, weil die religiösen Gefühle seiner Untertanen anders waren. Schon seine Exkommunikation durch Papst Pius VII. hatte geschadet, wobei man nicht vergessen darf, dass die Krönung eines Souveräns mit dem «Segen Gottes» erfolgen musste und der Papst sich zum Stellvertreter dieses Gottes auf Erden erklärt hatte. Eine Kirchenspaltung wäre zu viel gewesen. Er griff zu einem formalen Trick, der in den Urteilen der Sacra Rota immer wieder angewendet worden war, auch bei weniger illustren Personen. Das Kirchentribunal von Paris erklärte die Ehe Napoleons mit Joséphine für von Anfang an nichtig – die schnellste Methode, um ein formales Scheidungsurteil zu umgehen.

In Wien lagen die Dinge aber nicht ganz so einfach. Sigismund Anton von Hohenwart, der Erzbischof der österreichischen Hauptstadt, hatte den Kaiser von Anfang an darauf hingewiesen, dass die Hochzeit seiner Tochter Marie-Louise nicht gefeiert werden könne, wenn die Nichtigkeit der vorhergehenden Ehe zwischen Napoleon und Joséphine nicht zweifelsfrei nachgewiesen würde. Es bedurfte der Geschicklichkeit eines Metternich, um ihn zur Staatsraison zurückzurufen.

Diese Vorgeschichte erwähne ich nicht als biografische Kolorierung der Persönlichkeit, sondern weil diese Episode, bei der Marie-Louise nicht etwa Protagonistin, sondern Objekt war, auf ihr Leben bis zur Ankunft in Parma Einfluss haben sollte. Jedenfalls hatte die Frau ihre wichtigste Pflicht erfüllt, sie hatte Bonaparte einen Erben geboren. Die Hochzeit hatte am 27. März 1810 in Wien als Ferntrauung stattgefunden. Der Kronprinz und König von Rom war am 20. März 1811 in Paris zur Welt gekommen, nach zwölf Stunden Geburtswehen, die so schmerzhaft waren, dass die arme Marie-Louise in Ohnmacht fiel und das Kind einige Minuten lang auf dem Boden lag, weil alle glaubten, es sei tot geboren. Um ganz sicherzugehen, hatte der Arzt den Jungen aufgehoben, um ihn zu massieren, und dabei bemerkt, dass das Herz überraschenderweise schlug.

Die Zweifel über die Legitimität der Heirat wurden nie ganz zerstreut. Noch beim Wiener Kongress (1815), der sich nach dem Ende des Wirbelsturms Napoleon versammelt hatte, um die politische Landkarte Europas und das Gleichgewicht zwischen den Monarchien des Kontinents neu auszutarieren, stellten die Legitimisten erneut in Frage, ob sich Marie-Louise tatsächlich als Gattin des ehemaligen Kaisers betrachten konnte oder nicht doch eher als seine Konkubine – Mutter eines Bastards also.

Für jede Mutter wäre eine solche Situation Ursache tiefen Schmerzes gewesen. Gewiss auch für Marie-Louise, doch nur bis zu einem gewissen Grad. Das lag vor allem an den Umständen, die ihrem Leben zwischen dem 29. März 1814 – dem Tag, an dem sie, zur Regentin ernannt, Paris verlassen musste – und dem endgültigen Zusammenbruch nach Napoleons Niederlage von Waterloo am 18. Juni 1815 eine grundlegende Wende geben sollten.

Von den Umständen ihrer Flucht aus Paris – überstürzt und erniedrigend wie die Flucht eines jeden sterbenden Regimes – mit der Verfolgung durch österreichische Ulanen und Zar Alexanders Kosaken erzählt sehr anschaulich der Chronist Chateaubriand:

> Die Regentschaft hatte sich nach Blois zurückgezogen. Bonaparte hatte angeordnet, dass die Kaiserin und der König von Rom Paris verlassen sollten, wobei er sagte, er ziehe es vor, sie auf dem Grund der Seine zu sehen, als im Triumph nach Wien zurückgekehrt; gleichzeitig hatte er [seinem Bruder] Joseph befohlen, in Paris zu bleiben. Der Rückzug des Bruders erzürnte ihn, er klagte den ehemaligen König von Spanien an, alles ruiniert zu haben. Die Minister, die Mitglieder der Regentschaft, die Brüder Napoleons, seine Gemahlin und sein Sohn erreichten Blois in großer Verwirrung, von den Strapazen überwältigt: dort gab es von allem etwas, Lastwagen, Gepäck, Fuhrwerke; da waren sogar die Karossen des Königs, die durch den Lehm von Beauce gezogen wurden … es gab Minister, die die Ebene durchquerten und es bis in die Bretagne schafften, um sich zu verstecken.[7]

Wie verarbeitete Marie-Louise das Trauma dieser aufwühlenden Ereignisse? Es heißt, dass ihre emotionale, erotische und interessengeleitete Beziehung zu Napoleon, die nie ganz unproblematisch gewesen war, in diesen Tagen endgültig zerbrach. Am 30. März 1814 kapitulierte Paris. Am folgenden Tag marschierten die Alliierten als Sieger durch die Stadt. An der Spitze der Kosaken Zar Alexander persönlich, auch Friedrich Wilhelm IV. von Preußen war dabei, gefolgt von seinen Truppen. Es fehlte dagegen Franz I. von Österreich, der sich von Feldmarschall Schwarzenberg vertreten ließ, ein Zeichen des Taktgefühls vonseiten des Kaisers gegenüber seiner auf der Flucht befindlichen Tochter und seinem Enkel, vielleicht sogar gegenüber seinem besiegten Schwiegersohn.

Bonaparte schreibt aus dem Exil auf der Insel Elba mehrfach an seine Frau. Zunächst bittet er sie, dann befiehlt er ihr, zu ihm zu kommen. Es hatte einen bedeutsamen Präzedenzfall gegeben, der dem Ex-Kaiser Anlass zur Hoffnung gab. Bei seinem Aufbruch zum Russlandfeldzug im Mai 1812 hatte ihn Marie-Louise bis nach Dresden begleitet, bevor er sich an der Spitze von 600 000 Männern, der größten Armee aller Zeiten, auf den Weg nach Moskau begab. Chateaubriand notiert:

> Als Bonaparte durch den Dresdner Palast ging, um sich zu einem Gala-Empfang zu begeben, lief er allen vorneweg, mit dem Hut auf dem Kopf, gefolgt von Franz II. mit dem Hut in der Hand an der Seite seiner Tochter, der Kaiserin Marie-Louise; hinterher kam in wahlloser Reihenfolge der Pulk der Prinzen in respektvollem Schweigen.[8]

Dies ist eine geniale Skizze der Situation am Hofe, auch der hierarchischen Unterschiede zwischen Schwiegersohn und Schwiegervater. Diese Zeiten sind nun vorbei. Der Russlandfeldzug, bei dem er zwei Drittel der Armee verloren hatte, 400 000 Männer, bedeutete Napoleons Ende. Waterloo wird nur noch der tragische Schlusspunkt sein. Die Situation hat sich radikal verändert. Als Verbannter bittet Napoleon seine Frau, zu ihm zu kommen, doch sie entzieht sich, entgegnet, sie wolle lieber nach Wien reisen, im Interesse des gemeinsamen Sohnes und seiner persönlichen Zukunft. Chateaubriand kommentiert:

> Marie-Louise war bestrebt, eilends zu ihrem Vater zurückzukehren; bei ihrer geringen Zuneigung zu Bonaparte war ihr das ein Trost, und sie war erleichtert, von der doppelten Tyrannei des Gemahls und des Gebieters frei zu sein.[9]

Süffisant notiert der große Chronist: «Sie fand eine Art und Weise, sich zu trösten.» Ein «Trost», der sie in der Tat bis nach Parma begleiten und dort nach Kräften unterstützen sollte. Über alle von ihr zu treffenden Entscheidungen berät sich Marie-Louise gern mit General Neipperg, der ihr vom Vater zunächst als Berater zur Seite gestellt wurde. Graf Adam Albert von Neipperg, brillanter Husarenoffizier, hatte in einer Schlacht das rechte Auge verloren, tat sich im Gefecht wie auch als Gesandter am schwedischen Hofe hervor, danach beim König von Neapel, Joachim Murat, den er (vorübergehend) davon überzeugen konnte, sich gegen Napoleon zu stellen. Witwer und Vater von vier Kindern, um die vierzig, mit einer auffälligen schwarzen Binde, die mit ostentativem Stolz seine leere Augenhöhle bedeckte – das war der Mann, der die unerfahrene Marie-Louise beraten sollte. Diese Aufgabe erfüllte er mit Bravour. Er begleitete die entthronte Regentin zuerst nach Aix-les-Bains, dann auf der Rückreise nach Wien. In der Schweiz wurde das Paar bei einem Ausflug auf die Rigi, von den Ortsansässigen «Königin der Berge»[10] genannt, von einem Unwetter überrascht. Es fand Zuflucht in einem Gasthaus mit dem vielversprechenden Namen *Zur Goldenen Sonne*. Nachdem sie die völlig durchnässten Kleider gewechselt hatten, wärmten sie sich vor einem mächtigen Kaminfeuer wieder auf, aßen Linsensuppe mit Speck und tranken einen sehr guten Weißwein. Inzwischen war die Nacht (vom 25. auf den 26. September 1814) hereingebrochen. Und es passierte, was schon seit geraumer Zeit zu erwarten war und das Leben Marie-Louises grundlegend ändern sollte.[11]

Aus all diesen Gründen grämten die Zweifel an der Legitimität ihrer Ehe die Erzherzogin nur bedingt. Wenn die Heirat, wie die Legitimisten behaupteten, aufgrund der Nichtigkeit der Eheschließung *ab origine* nie gültig zustande gekommen war, beging sie, als sie die Geliebte des Generals Neipperg wurde, noch nicht einmal Ehebruch, war sie eine freie Frau, die eine Beziehung mit einem Mann einging, zu dem sie sich hingezogen fühlte, den sie liebte. In Wien verbreitete während des Kongresses der päpstliche Nuntius (Botschafter) Antonio Gabriele Severoli ein Memorandum, in dem noch einmal daran erinnert wurde, dass aus kanonischer Sicht die Ehe zwischen Marie-Louise und Napoleon nie rechtsgültig war, weil der Papst die Ungültigkeit von Napoleons vorhergehender Ehe nicht bestätigt hatte. Darüber hinaus gab es Informationen, wonach Napoleon in seiner Residenz auf Elba seine alte Flamme Maria Walewska empfangen habe, die von sehr weit hergekommen war, um ihn in der Einsamkeit des Exils zu trösten. Im Übrigen habe er es mit der ehelichen Treue ohnehin nie so genau genommen. Motive für Marie-Louise, die mehr als ausreichen, sich nicht allzu schuldig zu fühlen, dem Drängen ihres draufgängerischen Generals nachgegeben zu haben.

Dies also ist die Frau, die am 18. April 1816 in Parma eintrifft, mit dem dramatischen Aufruhr der jüngsten Ereignisse hinter sich und unsicheren Hoffnungen auf größere Ruhe vor sich.

Ihren Sohn hatte sie in Wien zurücklassen müssen; den Vater hatten die Siegermächte nach der bösen Überraschung von Elba – Napoleons Rückkehr nach Paris, die erneute Machtübernahme und die «Herrschaft der 100 Tage» – auf eine vulkanische Insel inmitten des Ozeans verfrachtet, und sie wollten nun nicht riskieren, dass das Kind, wenn es erst einmal in Parma wäre, zu einer Verlockung für bonapartistische Nostalgien würde. Es war besser, ihn in Wien zu halten, wo er wie ein österreichischer Erzherzog erzogen und früher oder später Vater und Mutter, sogar seinen Namen vergessen würde: nicht mehr Napoleon, sondern Franz, wie der Großvater. Eine Zeitlang hoffte Marie-Louise – wohl ohne große Überzeugung –, dass dieser Junge seinem Großvater eines Tages auf den Thron folgen könnte. Rasch musste sie aber die Unmöglichkeit des Projektes einsehen und sich mit dem zufriedengeben, was ihr die neue Existenz zu bieten hatte – und das war nicht wenig. De facto führte Neipperg die Regierungsgeschäfte des Herzogtums, in enger Abstimmung mit Wien, ließ aber zu, dass Marie-Louise offiziell als Inhaberin der Macht fungierte, die ihr verliehen worden war. Sie war eine aufgeklärte Souveränin, auch weil Neipperg viel liberalere Positionen vertrat als die in der österreichischen Hauptstadt vorherrschenden. Die Meinungsverschiedenheiten waren sogar so groß, dass es nicht selten zu ernsthaften Auseinandersetzungen kam. Was Marie-Louise angeht, so hatte sie, kaum in Parma angekommen, eine Typhusepidemie zu bekämpfen. Sie wusste der Situation zu begegnen und zeigte dabei auch persönlichen Einsatz. Es gab fast 500 Tote, doch wurde die Epidemie innerhalb weniger Monate bezwungen. Ein zweites Betätigungsfeld fand sie in ihrem großen Engagement für die Frauen. Sie, die während der Entbindung so furchtbar gelitten hatte, ließ eine neue Klinik für Geburtshilfe und Gynäkologie eröffnen. Sie legte auch eine gewisse über den Rahmen der üblichen Regierungstätigkeit hinausgehende Phantasie an den Tag, als 1819 die neue Brücke über den Taro eingeweiht wurde. Bei dieser Gelegenheit loste man 25 junge *ragazze da marito* (heiratsfähige Mädchen) aus, und jedem von ihnen wurde als kleiner Bonus eine Mitgift von 250 Lire zugesprochen. Wenige Tage später schrieb sie ihrer ehemaligen Privatlehrerin und Vertrauten Victoria Colloredo:

> Das Fest ist herrlich gewesen, schönes Wetter und eine große Zahl von Besuchern, und obwohl ich mich noch keiner [allzu guten] Gesundheit erfreue, hat es mir sehr gefallen, weil diese Brücke und die andere über den Trebbia und ein paar Einrichtungen zur Wohltätigkeit die einzigen Monumente sind, die ich hinterlassen will, die Luxus-Denkmäler überlasse ich meinen Nachfolgern.[12]

Marie-Louise, die aus einer Stadt wie Wien kam, damals die Metropole der Musik, zollte auch in Parma der Musik große Aufmerksamkeit und entwickelte schöne Initiativen. Die «gute Herzogin» ließ das prachtvolle Teatro Farnese umbauen und *ex novo* ein Teatro Ducale errichten, heute das Teatro Regio. Es wurde im Mai 1829 mit Vincenzo Bellinis Oper *Zaira* eingeweiht, eigens für den Anlass komponiert. Wenige Wochen später ging *Moses e Faraone* (*Moses und Pharao*) des «hochberühmten Maestro Gioachino Rossini» (wie der Programmzettel zusicherte) in Szene. Ein vielversprechender Anfang. Ihr verdankt die Stadt auch ein Musikkonservatorium, an dem später unter anderen Arturo Toscanini studierte. 1885 erwarb er dort das Violoncello-Diplom. Nur ein Jahr später, im Alter von 19 Jahren, ergriff er den Taktstock des Dirigenten und gab ihn nicht mehr aus der Hand. Marie-Louise besorgte Giuseppe Verdi, der 1813 in Roncole di Busseto in der Bassa Parmense (nördlich von Parma) geboren wurde, ein Stipendum. Zum Dank widmete ihr der Maestro die Oper *I Lombardi alla prima crociata* (*Die Lombarden auf dem ersten Kreuzzug*) mit dem Chor der Kreuzfahrer und der Pilger *O Signor, che dal tetto natìo* (*Deinem Rufe, Herr, sind wir erschienen*), der an den berühmten Gefangenenchor *Va, pensiero* (*Flieg, Gedanke*) aus Verdis vorhergehendem *Nabucco* erinnert, auch wenn er melodisch und emotional weniger gelungen ist.

An dieser Stelle halte ich einen kurzen Einschub für geboten. Verdis Oper *Nabucodonosor* (*Nebukadnezar,* Libretto: Temistocle Solera) ging im März 1842 an der Mailänder Scala mit triumphalem Erfolg in Szene. Nur zwei Jahre später mutierte ihr Titel zu *Nabucco*. Dort wird von den ins babylonische Exil verschleppten Hebräern erzählt, die in diesem mit Recht berühmten Chor in Gedanken zu den Tälern und Hügeln der verlorenen Heimat enfliehen, «Wo leis und lind, umduftend Tal und Hügel / Die freie Luft begrüßt mein Vaterland». In Mailand, wo sich die Bevölkerung wenige Jahre später, 1848, beim Fünf-Tage-Aufstand gegen die österreichische Besatzung erheben sollte, beschwor dieser Chor auf herzzerreißende Weise nicht das ferne und vergangene Babylon, sondern die damals aktuelle Situation der Lombardei und Italiens. Und genauso kam es: Jedesmal, wenn der Chor zur Aufführung kam, applaudierte das Publikum anhaltend und so provozierend, dass die im Saal anwesenden österreichischen Offiziere, die verstanden hatten, was die Glocke geschla-

Marie-Louise, Herzogin von Parma und Piacenza, mit ihrem zweiten Ehemann Adam Albert von Neipperg und den Kindern Albertine und Wilhelm Albrecht

gen hatte, aufstanden und gingen. Es setzt daher schon eine komplette Unkenntnis der Musikgeschichte voraus, und dazu der Geschichte überhaupt, dass die Lega Nord den Gefangenenchor aus Nabucco zur Parteihymne bzw. zur Hymne des sogenannten Padanien auserkoren hat, eines kleinen, auf der Basis von nicht selten schmutzigen kommerziellen Interessen und Steuervorteilen erfundenen Vaterlandes (vgl. Anm. 13, S. 250).

Kehren wir nach Parma zurück. Diese kulturellen und sozialen Initiativen zeigen, welche Richtung die Herzogin ihrem Lebenswerk gab und wie reich ihr Herrschaftsgebiet an Talenten war. Doch sollen auch für die Jahre in Parma die privaten Aspekte ihres Lebens hier nicht unter den Tisch fallen.

Am 1. Mai 1817, mit 26 Jahren also, brachte Marie-Louise ein Mädchen zur Welt; am 8. August 1819 folgte eine weitere Entbindung, diesmal ein kleiner Junge. Albertine und Wilhelm Albrecht, die beide zu «Fürsten von Montenuovo» erhoben wurden, damit gar nicht erst Zweifel über die Vaterschaft aufkamen (Neipperg gleich Neuberg im Deutschen gleich Montenuovo im Italienischen). Napoleon war zu dieser Zeit noch am Leben, als unglücklicher Gefangener auf St. Helena unter der wachsamen Aufsicht seines erbarmungslosen Kerkermeisters Sir Hudson Lowes. Niemand wusste mehr zu sagen, ob die Ehe Marie-Louises mit dem ehemaligen Kaiser gültig war oder annulliert oder nichtig von Anfang an. Vorsichtshalber wurden die beiden Kinder in die Obhut eines Arztes gegeben, Giuseppe Rossi, der auch ihr Lehrer war. Jeden Abend begab sich die Mutter, begleitet von ihrem General, dorthin, um sie zu besuchen. In der Zwischenzeit wuchs ihr Erstgeborener, *l'aiglon*, getrennt von ihr in Wien heran. So vergingen ihre Jahre, zwischen einem Sohn, den sie nur selten sah, wenn sie nach Wien fuhr, und zwei Kindern, die ganz nahe waren, die in der Öffentlichkeit zu präsentieren ihr aber verwehrt war.

Am 5. Mai 1821 stirbt Napoleon. Er ist einundfünfzig Jahre alt. Seine inzwischen dreißigjährige Witwe schreibt einen ziemlich sachlichen Nachruf: «Er war der Vater meines Sohnes; weit entfernt, mich schlecht zu behandeln, wie im Allgemeinen angenommen wird, ist er mir mit größter Zuvorkommenheit begegnet: Das ist im Grunde das Einzige, was man von einer politischen Ehe verlangen kann.»

Drei Monate später, am 8. August 1821, kann Marie-Louise endlich den Vater ihrer beiden anderen Kinder heiraten. Eine geheime morganatische Ehe in dem Sinne, dass weder Adam noch die beiden Kinder jemals einen Anspruch auf Teilhabe am Rang, am Status oder an den Gütern der Gattin respektive Mutter haben würden.

Welches Ende nahmen diese Menschen? Adam Neipperg starb im Februar 1829, acht Jahre nach der Hochzeit, an Herzversagen. Marie-Louise beweinte ihn mit ehrlichem Schmerz; sie wollte sogar Trauer tragen, wurde aber durch einen Befehl aus Wien daran gehindert. Ihr Erstgeborener, der verhinderte Napoleon II., starb im Juli 1832 im Alter von einundzwanzig Jahren in Schönbrunn an einer Lungenentzündung, ledig und offiziell kinderlos. Der Hof hatte Marie-Louise über seinen Gesundheitszustand lange Zeit im Unklaren gelassen. Als sie endlich davon erfuhr, erreichte sie Wien gerade noch rechtzeitig, um den unglücklichen Jungen noch einmal zu umarmen, bevor er mit ihrem Namen auf den Lippen starb. Und sie selbst, Marie-Louise? Früh gealtert, starb sie 1847, mit sechsundfünfzig Jahren, an einer Brustfellentzündung, wie man im offiziellen Krankenbericht nachlesen kann. Wegen des langen Transportwegs nach Wien wurde ihr Leichnam von demselben Dottor Rossi einbalsamiert, der Lehrer der beiden aus dem außerehelichen Verhältnis hervorgegangenen Kinder gewesen war. Feldmarschall Radetzky, der in Italien zu trauriger Berühmtheit gelangte, Generalkommandant der österreichischen Armee im lombardo-venezianischen Königreich, schickte ein Geschwader von hundertfünfzig Husaren als Ehrengeleit.[13] Was die Stadt Parma betrifft, so ist als vielleicht bedeutsamste Tatsache zu verzeichnen, dass sich auf die Nachricht von ihrem Tode vor ihrem Palast eine große Menge zusammenfand, schmerzerfüllt und hilflos, schweigend.

Was hat der Hof von Marie-Louise und ihrem Neipperg mit dem kleinen Hof des Prinzen Ranuccio Ernesto IV. zu tun? Sehr wenig, vielleicht gar nichts. Es gibt keine historischen Vorbilder, keine politische Analogie zu dieser Persönlichkeit, die hier so plötzlich in unsere Geschichte einbricht. Prinz Ranuccio regiert eine erfundene Stadt, die Parma ist und auch wieder nicht, die historisch – wenn überhaupt – eher Modena ähnelt, die aber in jedem Fall im Italien jener Zeit bleibt – und vielleicht auch ein wenig in der unseren. Ranuccio Ernesto IV. ins Spiel zu bringen bedeutet, dass wir vom historischen Parma zu der verklärten Stadt übergeleitet haben, um die herum Stendhal sein Meisterwerk *La Chartreuse de Parme* (*Die Kartause von Parma*) konstruiert hat. Wie wir am Anfang unserer Reise gesehen haben, liebte der Schriftsteller Italien gerade aufgrund seiner Defekte oder wegen der von ihm überall auf der Halbinsel, im Süden wie im Norden, angetroffenen Fähigkeit, Leidenschaften so heftig zu empfinden, dass dieser psychische Ausnahmezustand schnell zum Verbrechen aus Leidenschaft führen kann oder zumindest dazu, aus Liebe zu verzweifeln. Im Vorwort seines Romans, den er wie in einem Furor in nur 52 Tagen diktiert hatte (November-Dezember 1838), schreibt Stendhal:

> … die Italiener sind aufrichtig, gutmütig und sagen, wenn sie nicht eingeschüchtert werden, was sie denken; nur gelegentlich haben sie Anwandlungen von Eitelkeit; dann allerdings wird sie zur Leidenschaft, und man nennt sie *puntiglio*, Eigensinn. Und schließlich ist Armut bei ihnen nichts Lächerliches.[14]

Sehr schöne Worte, vor allem die letzten, in denen er den Zustand der Armut von jeglichem Gefühl der Lächerlichkeit abkoppelt. Kurz darauf fügt er hinzu:

> Wozu sollte ich sie [also die Italiener] auch mit der hohen Sittlichkeit und der Anmut französischer Charaktere ausstatten, die das Geld über alles lieben und kaum jemals Sünden aus Hass oder Liebe begehen? Die Italiener dieser Erzählung sind das ganze Gegenteil.[15]

Auch wenn sein Fürstentum der Phantasie entsprungen ist, so ist das von Stendhal erzählte Ambiente doch realistisch: ein winziger, von empfindlichen Gleichgewichten aufrechterhaltener Hof, an dem sich Liebe, Heimlichkeiten, Eifersucht und Erpressung miteinander verflechten. Fabrizio Del Dongo, jung, attraktiv, von unbeständigen Leidenschaften getrieben, gelegentlich fast karikaturesk in seinen Verhaltensweisen, bewegt sich an diesem Hof (aber auch auf dem Schlachtfeld von Waterloo) mit der für romantische Helden typischen Leichtsinnigkeit, mit Naivität also, er ist sich jedoch durchaus der Protektion bewusst, die ihm seine Tante, die faszinierende Herzogin Sanseverina, gewährt. Die Frau ist die Maitresse *en titre* des mächtigen Ministers Conte Mosca, in Wahrheit aber liebt sie ihren Neffen, praktisch eine inzestuöse Liebe. Eine Handlung, die Italo Calvino ganz klar als «melodramatisch» definiert hat, und das ist sie auch; nicht von ungefähr war die Oper für Stendhal einer der Schlüssel für seine Entdeckung, Beschreibung und Vorstellung von Italien und für seine Liebe zu diesem Land. Doch die romanhafte Verklärung eines kleinen, in den Verstrickungen der postnapoleonischen Restauration verfangenen Reiches überlagert er mit den düsteren Schatten einer Renaissance-Chronik, in diesem Falle des Lebens von Alessandro Farnese.

Das Werk ist so entstanden: Auf der Suche nach Dokumenten, mit denen bestimmte Phasen der Geschichte Italiens zu rekonstruieren waren, hatte Stendhal in Rom eine zerlesene Kladde mit dem Titel *Origine delle grandezze della famiglia Farnese* (Ursprung und Größe der Familie Farnese) aufgefunden. Davon war er sehr beeindruckt, wie wir aus der Randnotiz auf einem seiner italienischen Manuskripte wissen: «Erzählung voller Wahrheit und Spontaneität in römischem Dialekt. Rom 1834.» Tatsächlich entsprach die Chronik nicht ansatzweise der Wahrheit, sie war im Gegenteil gespickt mit historischen Ungenauigkeiten und reinen Erfindungen: falschen Namen, unkorrekten Zeitangaben. Sie war aber genau das, was der Autor brauchte, um seine Phantasie in Gang zu setzen. Dazu schreibt er: «Die meisten der italienischen Aristokratenfamilien haben durch eine oder mehrere Dirnen ihr Glück gemacht. In New York ein Ding der Unmöglichkeit, aber New York ist auch so zum Gähnen, dass man sich fast den Kiefer ausrenkt. Hier haben wir die Familie Farnese, die dank einer Dirne ihr Glück macht.»

Eine Anspielung Stendhals auf Giulia Farnese, die sich auf eine Scheinehe einließ, unter deren Deckmantel sie die Geliebte eines Kardinals werden konnte, sogar des mächtigsten Kardinals von Rom, Rodrigo Borgia, des künftigen Papstes Alexander VI. Als Kardinal Rodrigo Giulia zum ersten Mal sah, verlor er augenblicklich den Verstand. Das Mädchen war vierzehn Jahre alt, er achtundfünfzig, es war aber nicht einmal daran zu denken, einer solchen Persönlichkeit zu widerstehen. In der Tat, Giulia widerstand nicht, nicht zuletzt weil ihre Mutter einen erheblichen Druck auf sie ausübte, seinen Avancen nachzugeben. Zunächst wurde das Mädchen einem mittelmäßigen Orso Orsini zur Frau gegeben, was ihr offiziell die Jungfräulichkeit nahm. Erst einmal zur Frau geworden, bot man sie dem Kardinal an. Nach wenigen Monaten wusste ganz Rom – und die Chronisten schrieben das auch ganz offen –, dass Giulia «die Konkubine des (künftigen) Papstes» geworden war. Als er auf den Petrusthron gelangte, wusste Rodrigo die Gunst der blutjungen Geliebten zu belohnen, indem er ihren Bruder Alessandro mit gerade einmal fünfundzwanzig Jahren zum Kardinal machte. Alessandro sollte später unter dem Namen Paul III. seinerseits Papst werden und so den Bogen zwischen der ehebrecherischen Leidenschaft seiner Schwester Giulia und der Stadt Parma schließen.

Tatsache ist, dass Stendhal die Dirnen liebte, in seinem Leben hat er einige kennengelernt. Er bekannte ganz offen, dass bei ihm die Scheinheiligkeit der «anständigen Frauen» eine Art Ekel hervorrief. Er empfand auch eine starke «Wahlverwandtschaft» mit einem Abenteurer wie Alessandro, der seine Jugend «mit Frauen und Wein» verbracht hatte und etwas wirklich Schlimmes verbrochen haben musste, um in den Verliesen der Engelsburg eingesperrt zu werden: Es sieht ganz danach aus, als sei er der Geliebte seiner Stiefmutter gewesen. Mit Hilfe eines langen Seils gelang ihm aber die Flucht aus seiner abscheulichen Zelle. Genauso Fabrizio Del Dongo, der im Phantasie-Parma in einer Zitadelle eingekerkert wird, der Torre Farnese, aus der ihm mit der gleichen Methode die Flucht gelingt.

Stendhal überträgt die Abenteuer des Alessandro Farnese, die sich im 16. Jahrhundert zugetragen hatten, auf die Figur des Fabrizio Del Dongo, auf seine eigene Zeit also, um eine «italienische Kontinuität in der vitalen Energie und der leidenschaftlichen Spontaneität [zu zeigen], an die zu glauben er nie müde wurde» (Italo Calvino). Den «Farnese-Turm» hat es in Parma nie gegeben, durch die Erschaffung dieses luftigen, verzauberten Ortes erlaubt es der Schriftsteller aber seiner Geschichte, zu einem weiteren Abenteuer vorzudringen, und seinem Fabrizio – und damit auch uns Lesern – ermöglicht er einen schwindelerregenden Panoramablick auf ganz Norditalien. Kaum ist Fabrizio in der für ihn vorgesehenen Zelle angekommen, heißt es:

> Er lief an die Fenster. Die Aussicht, die man von den vergitterten Fenstern hatte, war herrlich … An diesem Abend schien der Mond, und als Fabrizio das Gefängnis betrat, ging er gerade majestätisch rechts über der Kette der Alpen nach Treviso zu auf. Es war erst halb neun Uhr abends, und am anderen Ende des Horizonts hoben sich im Westen im orangeroten Glanz des Sonnenuntergangs deutlich die Konturen des Monte Viso und anderer Alpengipfel ab, die sich von Nizza bis zum Mont Cenis und nach Turin hinüberziehen. Ohne irgendwie an sein Unglück zu denken, war Fabrizio von diesem erhabenen Anblick aufgewühlt und hingerissen.[16]

Um ein solches Szenario in der Wirklichkeit zu erleben, müsste man mit dem Flugzeug in einige hundert Meter Höhe aufsteigen. Eine phantastische Vision also, die uns aber gerade deshalb die ebenso phantastische Dimension wiedergibt, in der Fabrizio lebt.

Der zweite phantastische Ort ist die Kartause, die dem Roman den Titel gibt und in die sich Fabrizio am Ende seiner zahllosen Abenteuer zurückzieht. Stendhal beendet die Handlung am Schluss des Romans kurz und bündig: «Am folgenden Tag bat er an maßgebender Stelle, ihn von seinem Amt als Erzbischof und von all seinen anderen Würden … zu entbinden, und zog sich in die Kartause von Parma zurück. Die Kartause liegt in den Wäldern am Po, zwei Meilen von Sacca entfernt.»[17] Die Wissenschaftler hatten große Mühe, diesen Ort zu finden, und haben schließlich die Kartause von Paradigna identifiziert, zurzeit Standort eines Archivs der Universität von Parma. Der reale Ort hat keine große Bedeutung. Die von Stendhal ersonnene Kartause ist unzugänglich, versteckt in den Wäldern entlang des Po, mehr ein Ort des Geistes als ein echtes Bauwerk, in dem man tatsächlich wohnen könnte. Im Übrigen wird auch Fabrizio Del Dongo nicht lange in dieser Kartause leben, denn kaum ein Jahr, nachdem er sich zurückgezogen hat, beendet er dort seine irdische Existenz. Nicht beendet aber ist die Erinnerung an sein faszinierendes Dasein, die unbeschadet bis in unsere Tage überdauert hat: Fabrizio als Geschöpf der Phantasie, die Herzogin als Geschöpf der Geschichte, die dazu beigetragen hat, Parma ein so liebenswürdiges Gesicht zu geben.

IX. GESICHTER MAILANDS

Der Krieg,
der Wiederaufbau, der Boom

Man muss wissen, wie es in Mailand aussah, als die Stadt am 25. April 1945 befreit wurde und der Krieg zu Ende war. Dafür reichen schon ein paar Zahlen: 60 Prozent der Häuser war durch die Bombardierungen zerstört oder beschädigt; 1400 Gebäude, 250 000 Räumlichkeiten waren instandzusetzen; ein Großteil des Produktionssystems war vernichtet oder nicht funktionsfähig; die größten Baudenkmäler beschädigt: das Castello Sforzesco, die Scala, die Pinacoteca di Brera, das Ospedale Maggiore, die Galleria Vittorio Emanuele II, der Palazzo delle Arti, in dem die Design-Triennale stattfindet. Die Stadt hatte ihren Preis als Industriemetropole gezahlt und unter tragischen Bedingungen die katastrophalen letzten Monate der nazi-faschistischen Okkupation erlebt: Schießereien und Razzien, Hausdurchsuchungen und Beschlagnahme von Gütern durch echte und falsche Agenten der Miliz, jeden Tag drei bis vier Partisanen-Exekutionen, Hunger.

Heute zu erzählen, was das für Monate, für Jahre waren, ist nicht leicht. Wenn man es den Jüngeren zu erzählen versucht, droht etwas davon verloren zu gehen, wie schwer die Umstände das Alltagsleben der Menschen belasteten. Eine sehr konkrete Last aus Ungemach und Entbehrung, aber auch eine psychologische, denn es ist ein Albtraum, am Morgen aus dem Haus zu gehen und nicht sicher zu sein, dass es abends noch steht. Man muss sich vorstellen, was es für eine Familie, vor allem für die Kinder hieß, dass das Brot schlecht und rationiert war und nur an drei Tagen pro Woche ausgeteilt wurde und dass es an Grundnahrungsmitteln wie Milch, Reis, Butter, Zucker fehlte. Gelegentlich konnte man auf dem Schwarzmarkt etwas ergattern, aber zu exorbitanten Preisen oder im Tausch gegen kostbare Familienerbstücke. Die Nachricht, dass es in einem bestimmten Laden oder in einem Hauseingang etwas zu kaufen gab, weckte geheime Gier und verbreitete sich durch Flüsterpropaganda jedesmal wie ein Lauffeuer. Strom war auf wenige Stunden beschränkt, ansonsten behalf man sich mit Kerzen, Laternen, stinkenden Acetylen-Lampen, die immer wieder explodierten. Ich kann mich noch deutlich daran erinnern, wie ich als Kind – nicht in Mailand, sondern in Rom – die Hand auf bestimmte Rohre legte, die an den Wänden der Wohnung verliefen, und plötzlich spürte, dass sie heiß wurden. Es war die Heizung, die mit dem Ende des Krieges endlich wieder zu funktionieren begann. Keine Frostbeulen mehr und keine fingerlosen Wollhandschuhe, um die Hausaufgaben zu machen. Auch Mozart hatte seine Musik mit solchen Handschuhen geschrieben, bei Temperaturen, die meines Wissens noch viel drastischer waren. Doch das erfuhr ich erst viele Jahre später, und bis zu einem gewissen Grad tröstete es mich.

In Mailand war es schlimmer als in Rom, nicht nur wegen des raueren Klimas. Rom wurde am 4. Juni 1944 befreit, in Mailand musste man bis zum Frühjahr des darauffolgenden Jahres warten, und der Winter 1944/45 war in jeder Hinsicht der grausamste.

Und doch gingen in dieser ausgehungerten, halbzerstörten Stadt am Abend die Vorhänge auf und es wurde Theater gespielt, ging in den Kinos das Licht aus und es begannen im dichten Rauch schlechter Zigaretten die Filmvorführungen. Die Scala war bombardiert worden, trotzdem wurden im Teatro Lirico Opern gespielt.

An einem eisigen Februartag des Jahres 1947 besichtigen Paolo Grassi und Giorgio Strehler ein Gebäude im Zentrum von Mailand, in der Via Rovello, einer kleinen Querstraße der Via Dante. Der Palazzo hat eine berühmte Vorgeschichte, er gehörte dem Conte Carmagnola, einem großen Condottiere des 15. Jahrhunderts. Zu Beginn des 20. Jahrhunderts war er die Spielstätte einer von den kommunalen Angestellten auf die Beine gestellten Laientheatergruppe. Während der Besatzung war er von der faschistischen Polizeilegion «Muti», einer auf die Partisanenjagd spezialisierten autonomen Formation, in

Nach der schweren Bombardierung im Jahr 1943 wird das Mailänder Teatro alla Scala in Rekordzeit wieder aufgebaut.

eine Kaserne umgewandelt und als Gefängnis und Folterkammer genutzt worden.

Die Legende behauptet, dass die Tür verschlossen war, aber vielleicht klemmte sie auch nur, jedenfalls war sie nicht aufzukriegen, und Paolo Grassi – der selbst zwar in Mailand geboren wurde, dessen Familie aber aus Apulien stammte – bezwang sie mit einem kräftigen Fußtritt. Im Innern erwartete sie ein grauenvoller Anblick. Die für die Grausamkeit ihrer Repressalien bekannten Kämpfer der «Muti» hatten ihren Standort überstürzt verlassen müssen; an den Wänden der in Zellen umgewandelten Räume fanden sich Graffiti, Hilferufe, Gebete, Blutspuren.

Paolo Grassi war damals achtundzwanzig Jahre alt, Giorgio Strehler sechsundzwanzig. Beide hatten sie Theatererfahrung, keinem der beiden aber war bewusst, dass sie in diesem Augenblick einen Meilenstein der italienischen Theatertradition setzten. Grassi sollte der italienische Prototyp des großen Theaterleiters und Kulturmanagers werden, Giorgio Strehler die Theaterregie in Italien nachhaltig reformieren. Gemeinsam würden die beiden das erste moderne öffentliche Theater der Halbinsel gründen.

Es war schon ein *coraggio da leoni* vonnöten, ein «Löwenmut», um sich auf dieses Abenteuer einzulassen und gewissermaßen aus dem Stand zu entscheiden, diese nackten, finsteren Räume zu übernehmen und in ein echtes Theater umzuwandeln. Die Bühne war winzig, sechs Meter tief, fünf Meter breit, ohne Seitenabgänge, die Beleuchtungsanlage lächerlich. Es gab aber eine ganze Menge «mutige Löwen» in jenen Jahren, in Mailand und anderswo in Italien. Ein Jahr nach der Befreiung, am Samstag, dem 11. Mai 1946, wurde die in Rekordzeit wiederaufgebaute Scala mit Arturo Toscanini auf dem Podium und einem komplett aus Werken italienischer Komponisten bestehenden Konzert wiedereröffnet: Puccini, Arrigo Boito, Rossini und Verdi natürlich; von Verdi das *Te Deum* und der Gefangenenchor *Va pensiero* aus *Nabucco* (von dem im vorhergehenden Kapitel schon die Rede war), der nach seiner großen Zeit während des Risorgimento nun erneut die Herzen berührte und ein Fenster zur Zukunft öffnete.

Als Grassi der Tür seinen energischen Fußtritt versetzte, waren im Parlament weitere «Löwen» an der Arbeit, die am 2. Juni 1946 in eine Assemblee gewählt worden waren, die anderthalb Jahre später die Verfassung hervorbringen sollte. Es war das beste System der Sicherung bürgerlicher Freiheitsrechte, das die Bewohner der Halbinsel im Laufe ihrer mühevollen Geschichte jemals kennengelernt hatten. In einem der ersten Artikel, dem Art. 9., heißt es: «Die Republik fördert die Entwicklung der Kultur und die wissenschaftliche und technische Forschung. Sie schützt die Landschaft und den historischen und künstlerischen Reichtum der Nation.»

Wenige Worte, trockene Worte, aber es bedurfte schon einer besonderen Erleuchtung, 1947 einen Artikel zu formulieren, in dem der Kultur und der Forschung eine solche herausragende Bedeutung zugebilligt wurde, und der angesichts von Italien in Trümmern und einem nur stockend wieder in Gang kommenden Verkehrssystem sogar den «Schutz der Landschaft» vorsah, noch dazu in Verbindung

Ein gutes Jahr nach Kriegsende, am 11. Mai 1946, wird die Mailänder Scala mit einem von Arturo Toscanini dirigierten Konzert wiedereröffnet.

mit dem «historischen und künstlerischen Reichtum der Nation». Die unvergleichliche Landschaft der Halbinsel als Teil des «kulturellen Erbes» zu betrachten, dies war ein noch nie dagewesenes Prinzip, das mit einigen Jahrzehnten Vorsprung die schweren Umweltsünden antizipierte, die es dann doch nicht verhindern konnte.

Das Bewusstsein, dass nicht nur Häuser und Straßen, Fabriken und öffentliche Gebäude, Beleuchtung und Schienennetz wiederhergestellt werden mussten, ist eines der Wunder des «Wiederaufbaus» nach den ungeheuren Zerstörungen des Krieges. Die Stätten und die Inhalte der Kultur mussten ja nicht nur wiederhergestellt werden; es musste auch aufgeholt werden, was der Faschismus und der Furor der Besatzung an Erkenntnis, Offenheit, Modernisierung, Auseinandersetzung unterbrochen und verhindert hatten. Es werden die Kulturinstitutionen Società Umanitaria (Humanitäre Gesellschaft), die Casa della Cultura, das Zentrum Ambrosianeum wiedereröffnet und das Museum für Wissenschaft und Technik Leonardo Da Vinci gegründet. Angelo Rizzoli, der in armen Verhältnissen aufgewachsen war und es vom Schriftsetzer zu einem der größten Verleger Italiens brachte, erfand die Biblioteca Universale Rizzoli (BUR), eine preisgünstige Buchreihe: kleine graue Bändchen mit ganz kleinen Buchstaben, auf einfaches Papier gedruckt – ein geniales Programm, die Weltliteratur zu einem für alle bezahlbaren Preis anzubieten, vergleichbar mit Reclams Universal-Bibliothek in Deutschland.

Im Kontext dieses kulturellen Klimas ist die Gründung des Piccolo Teatro von Mailand zu sehen. Strehler schreibt: «Man muss den alten Plunder von der Bühne fegen, Texte inszenieren, die von unserer Zeit sprechen, die Diktatur des *grande attore*, des Starschauspielers durch die Regie ersetzen. Die Wiederentdeckung der Demokratie macht die Befreiung des Theaters noch dringlicher.»[1]

Grassi hat das Konzept noch erweitert; nicht nur ein Regietheater sollte es sein, sondern ein Theater «wie ein kollektives Bedürfnis, eine Notwendigkeit für jeden Bürger, eine öffentliche Dienstleistung genau wie die Metro und die Feuerwehr».[2] Ein *teatro stabile*, also ein öffentliches Theater mit fester Spielstätte, das bedeutete im Rahmen dieses Konzepts nicht nur eine Gruppe von fest engagierten Schauspielern, ein Ensemble, sondern einen Organismus, eine Ressource der Stadt, eine Einrichtung nicht zum Geldverdienen, sondern um der Gemeinschaft das zu geben, was wie die Nahrungsmittel zu den Grundbedürfnissen des Menschen gehört.

Auf einen Schlag wurden damit zwei Systeme gekippt: das der Impresarios, für die das Theater nichts als ein kommerzieller Betrieb wie jeder andere war, darauf angelegt, dem Produzenten Gewinn einzubringen, und das der Stars, denn die Inszenierung war nun nicht mehr Tummelplatz für die Launen des Hauptdarstellers, sondern die Umsetzung eines künstlerischen Konzepts. Der Regie eben.

Zu einer gewissen Berühmtheit gelangte die Anekdote vom *mattatore* (so nannte man die großen Theaterstars auch) des 19. Jahrhunderts, der kurz vor Beginn der Aufführung in die Garderobe stürmt und den Technischen Direktor fragt: «Was wird heute Abend gespielt?» – «Hamlet, Commendatore!» – «Gut, dann bring mir das schwarze Kostüm!» Ein wenig bösartig, diese Anekdote, sie bringt aber eine Atmosphäre, eine Unsitte, eine Art, Theater zu machen, auf den Punkt, die in Italien ungebrochen bis in die ersten Jahrzehnte des 20. Jahrhunderts geherrscht hat.

In Mailand also beginnt man mit einem seiner Aufgabe bewussten, aufgeklärten Theater, das die Kraft hat, der Realität einen echten Spiegel vorzuhalten; das nicht die Erwartungshaltung des Publikums bedient, sondern seine Intelligenz und Sensibilität anspricht. Dazu noch einmal Strehler: «Das Theater ist zeitgenössisch, auch wenn es die Klassiker inszeniert, die großen Sterne, die uns auf unserem Weg durch die Geschichte und die Kunst als Navigationssystem dienen.»[3]

Es gibt aber noch einen weiteren, ebenso wichtigen Aspekt, der unterstrichen werden muss. In der Not jener Jahre, in denen das Leben erst allmählich wieder zu so etwas wie Normalität zurückfand, bringt der Stadtrat von Mailand die Kraft, die Einmütigkeit und das Geld auf, um den kleinen Saal in der Via Rovello herzurichten und es dem Stadttheater zu ermöglichen, den Spielbetrieb aufzunehmen. Die Nachricht erscheint am 26. Januar 1947 im «Corriere della Sera». Am 14. Mai wird der Saal eingeweiht, nicht einmal vier Monate nach der Ortsbesichtigung, in großer Eile, wie bei der Scala.

Grassi und Strehler hatten vor, ihre erste Spielzeit mit einem großen Theaterklassiker des 16. Jahrhunderts zu eröffnen, mit Niccolò Machiavellis *La Mandragola* (*Der Liebestrank*). Diese Komödie in fünf Akten hatte der geniale Erfinder der politischen Wissenschaft 1518 geschrieben. Das an Boccaccio angelehnte Grundmuster ist, wie üblich, der derbe Schabernack auf Kosten eines allzu gutgläubigen Ehemanns, ein Liebeshandel, wie ihn die Novellisten der Renaissance in allen Variationen durchexerziert haben. Callimaco brennt vor Liebe zu Lucrezia, die aber schon mit einem Einfaltspinsel namens Nicia verheiratet ist. Die Eheleute hätten gern einen Sohn, der sich aber partout nicht einstellen will. Callimaco gibt sich als direkt aus Paris kommender Arzt aus und behauptet, über ein Heilmittel zu verfügen: einen Zaubertrank aus Springwurz, der die Frau fruchtbar macht, den ersten

Mann aber, der ihr beiwohnt, tötet. Nicia ist natürlich ratlos, aber Callimaco hat sofort eine Lösung parat. Seine Empfehlung: sich irgendeinen *garzonaccio*, einen hergelaufenen Burschen zu schnappen, ihn mit der Frau zu verkuppeln und ihn sich dann vom Halse zu schaffen bzw. ins Jenseits zu befördern. Nicia ist Feuer und Flamme, Lucrezia unwillig, wird aber von ihrem Beichtvater Fra' Timoteo, der mit Callimaco unter einer Decke steckt, eines Besseren belehrt. Natürlich ist es Callimaco selbst, der sich in den Burschen verwandelt und mit Lucrezia vergnügt. Gleich nach dem Vollzug gibt er sich zu erkennen und gesteht ihr seine Liebe.

Eine typische Bühnenhandlung, mit der sich die Zuschauer bis ins 19. Jahrhundert hinein köstlich amüsiert haben und wie sie später eins zu eins von den Filmkomödien übernommen wurde. Die Figur des gehörnten Ehemanns und der schönen, unbefriedigten, somit willfährigen Ehefrau war schon in der griechischen Komödie eine unversiegbare Quelle der Komik, und hätten die Assyrer ein Theater gehabt – was ich nicht weiß –, hätte es sicher auch bei ihnen ein solches Motiv gegeben. In Mailand dagegen konnte *La Madragola* nicht gespielt werden, weil sich die Kirche dagegenstellte. Das Stück galt wegen der von einem Priester ausgeübten Kupplerrolle als blasphemisch. Was Machiavelli über die italienische Religiosität dachte, kann man in deutlichen Worten in seinen Werken nachlesen.

Man wich auf Maxim Gorkis *Nachtasyl* aus, in dem Strehler selbst die Rolle des Aljoschka übernahm. Eine Notlösung, die sich als Glücksgriff erwies und zwei positive Effekte hervorbrachte: Die Inszenierung war epochemachend, und die Wahl des Stückes markierte eine der Richtungen, die das Piccolo Teatro einschlagen sollte, nämlich die des sozialen Theaters. Dabei sollten Brechts Werke für Italien zu einer echten Entdeckung werden. Man kann, glaube ich, ohne Übertreibung sagen, dass Strehlers Brecht-Inszenierungen weltweit zu den bemerkenswertesten gehören.

Dieses Urteil hat auch einen ganz persönlichen Hintergrund. Ich war kaum älter als zwanzig, als ich an einem Sonntagnachmittag auf der Via Nazionale in Rom spazieren ging und am Teatro Eliseo vorbeikam. Auf dem Plakat dort las ich: *Schweyk im Zweiten Weltkrieg* von Bertolt Brecht. Ich wusste zwar vage, wer Brecht war, kannte aber Strehler nicht. Vor allem der Titel machte mich neugierig. Ich kaufte eine Karte für einen Platz auf der Galerie. Ich glaube, an diesem Tag ist meine Liebe zum Theater entstanden. Ich hatte keine Vorstellung, mit welcher Kraft eine Inszenierung die beklemmende Idiotie eines Regimes, in diesem Fall des nazionalsozialistischen Dritten Reiches, beschwören und gleichzeitig mit einer ironischen Präzision ohnegleichen die bezwingende Tölpelhaftigkeit eines Mannes darstellen kann, der mehrmals fast an die Wand gestellt wird, dem es aufgrund seiner Einfalt aber immer wieder gelingt, mit heiler Haut davonzukommen. Später habe ich entdeckt, dass es in der Literatur und im Kino von solchen Typen nur so wimmelt: Männer, die durch den echten oder metaphorischen Kugelhagel gehen, ohne den geringsten Schaden zu nehmen, einfach weil sie sich über die Situation nicht im Klaren sind.

Den «laizistischen» Geist der verhinderten *Mandragola* findet Strehler in der Spielzeit 1962–63 wieder, nun nicht mehr in komödiantischer Boccaccio-Manier, sondern in der Tragödie, mit der Inszenierung von Brechts *Leben des Galilei* und wieder mit dem Schauspielgiganten Tino Buazzelli in der Titelrolle, der schon den Schweyk gegeben hatte. Vor der Premiere hatte sich eine gespannte Erwartung aufgestaut, und wieder einmal waren vor allem von katholischer Seite Polemiken losgebrochen worden. Strehler hatte sorgfältig auf jedes Detail geachtet: Bühne und Kostüme von Luciano Damiani, Musik – wie schon bei der Uraufführung 1943 in Zürich – von Hanns Eisler, Masken von Donato Sartori. In der italienischen Nachkriegszeit hat es nur zwei Regisseure gegeben, deren Werke mit einer solchen Spannung erwartet wurden: Strehler für das Theater und Fellini für den Film. Die Sonntagszeitung «Domenica del Corriere» widmete der Aufführung am Vorabend der Premiere eine ihrer großen illustrierten Seiten. Auch Paolo Grassi hatte ein wenig nachgeholfen. Obwohl er stets ein Auge auf die Einnahmen hatte, hielt er diesmal, um die Proben nicht zu gefährden, das Theater 43 Tage lang geschlossen. Das hatte vorher noch nie jemand getan – und ich glaube, auch nachher nicht. Es hat sich gelohnt. Für mich gehört *Vita di Galileo* von allen Theaterstücken, die ich im Laufe meines Lebens – im In- und Ausland – gesehen habe, zu den zehn, von denen ich sagen kann, sie sind bahnbrechend gewesen.

Giorgio Strehlers Inszenierung von Brechts «Leben des Galilei» wurde in der Spielzeit 1962/63 im Mailänder Piccolo Teatro aufgeführt.

Galileos Tragödie ist ganz auf den Widerruf fokussiert, zu dem der große, fast siebzigjährige Wissenschaftler am 22. Juni 1633 vor dem Tribunal der Inquisition gezwungen wurde, um sein Leben zu retten. Auf Knien muss er auf dem nackten Steinfußboden und im Büßerhemd die demütigende Formel, den vorgefertigten Text der Abschwörung laut verlesen, mit der er seine wissenschaftlichen Entdeckungen verleugnet, die ich hier in die heutige Sprache übertrage:

> Von diesem heiligen Offizium bin ich aufgefordert worden, ich müsse die falsche Meinung, dass die Sonne der Mittelpunkt der Welt sei und sich nicht bewege, und dass die Erde nicht der Mittelpunkt der Welt sei und sich bewege, ganz aufgeben und dürfe diese falsche Lehre nicht für wahr halten, verteidigen, noch in irgendeiner Weise lehren, weder mündlich noch schriftlich; … da ich wünsche, Euren Eminenzen und jedem Christgläubigen diesen gegen mich mit Recht gefassten Verdacht zu benehmen, schwöre ich ab, verfluche und verwünsche ich mit aufrichtigem Herzen und ungeheucheltem Glauben besagte Irrtümer und Ketzereien … und ich schwöre, dass ich in Zukunft niemals mehr etwas sagen oder mündlich oder schriftlich behaupten will, woraus man einen ähnlichen Verdacht gegen mich schöpfen könnte.

In einer Mailänder Pfarrei wurde eine Novene[4] abgehalten, um dafür zu beten, dass die Aufführung nicht zustande kommen möge. Tatsächlich aber wurde sie ein Erfolg von europäischer Dimension. Brechts These war, dass Galilei den Widerruf akzeptiert und damit die Wahrheit der Wissenschaft verrät, um am Leben zu bleiben und weiter seine Forschung betreiben zu können. Dreiunddreißig Jahre vor Galileo war der Philosoph Giordano Bruno, der den Widerruf verweigert hatte, auf dem Campo de' Fiori in Rom bei lebendigem Leibe verbrannt worden. War Galileo also ein Held machiavellistischer Verstellung? Nur bis zu einem bestimmten Grad. In einem zweiten Moment scheint sich der Wissenschaftler darüber klar zu werden, dass man sich niemals auf Übereinkünfte mit der Macht einlassen sollte, wenn man vermeiden will, dass sich Ungerechtigkeit und Unterdrückung unter die uneigennützigen Motive der wissenschaftlichen Forschung mischen.

Brecht hat das Ende des ursprünglich 1938/9 im dänischen Exil verfassten, 1943 in Zürich uraufgeführten Dramas mehrfach umgeschrieben, zuletzt in den fünfziger Jahren am Berliner Ensemble. Es waren die Jahre des Kalten Krieges, der ständigen Drohung eines Atomkriegs. Brecht versuchte im Finale, zwei große Themen miteinander zu verbinden: die Macht und die Verantwortung der Wissenschaftler auf der einen Seite, die Freiheit der Forschung auf der anderen. Im Schlussteil der Inszenierung bleiben die Dinge ein wenig unklar, die beiden Themen überlagern sich, und die Aufführung wird ein bisschen anstrengend. Doch auch im Abstand von einem halben Jahrhundert bleibt Strehlers Schlussszene ganz klar im Gedächtnis: Galileo steht in seiner Wohnung unter Hausarrest. Trotz der Überwachung durch die Inquisition ist es ihm gelungen, eines seiner wichtigen Werke zu Ende zu bringen, das ihm den Titel eines Vaters der modernen Wissenschaft einbringen wird: *Discorsi e dimostrazioni matematiche intorno a due nuove scienze attinenti la mecanica e i moti locali (Unterredungen und mathematische Demonstrationen über zwei neue Wissenszweige, die Mechanik und die Fallgesetze betreffend)*. Er wird diesen Text einem Schüler übergeben, der ihn in Holland drucken lässt, außerhalb der Reichweite des Papstes.

Der Saal in der Via Rovello ist nur *ein* Beispiel, aber eines der bedeutendsten, für die Vitalität eines Landes, das am Ende des Krieges tot schien, das aber imstande war, wieder auf die Beine zu kommen, wieder anzufangen zu laufen und sogar zu rennen. Die Italiener haben im Laufe der Geschichte immer wieder versucht, diesem Phänomen einen Namen zu geben: im 16. Jahrhundert nannten sie es *Ri-nascimento* (Wieder-geburt oder Re-naissance), im 19. Jahrhundert *Ri-sorgimento* (Wieder-Erstehung). Für die Jahre nach 1945 könnte man einen ähnlichen Begriff erfinden und als Beispiel die Fabriken anführen, die wieder zu arbeiten und zu produzieren begannen, das Industriedesign, das den italienischen Stil in der Welt durchsetzte, die Mode, das Essen, die technologischen Innovationen, die Innenarchitektur. Nie zuvor in jüngerer Zeit hatte Mailand, hatte Italien einen solchen Boom erlebt.

Die relative «Unschuld» dieses Aufschwungs war allerdings nicht von langer Dauer. Der neue Wind, der Enthusiasmus, die Voraussetzung für die Wiedererstehung des Landes gewesen waren, ließen allmählich nach. Der aufkommende Wohlstand in einem Maße, wie ihn die Italiener zuvor nie gekannt hatten, ebnete den Weg für die Ausbreitung von Korruption; es begannen die ersten Verflechtungen der politischen Ambition mit der Kriminalität.[5]

Ungefähr in denselben Jahren, in denen am Piccolo Teatro *Vita di Galileo* über die Bühne ging, präsentierte Federico Fellini sein Meisterwerk *La dolce vita*. Und Pier Paolo Pasolini brachte nach dem Roman *Ragazzi di vita* seinen ersten Film *Accatone* heraus. Bei der Mailänder Premiere wurde Fellini bespuckt, Pasolini bekam wegen «Obszönität» Ärger mit der Zensur. Alle drei Künstler, die auf unterschiedlichen und komplementären Registern gearbeitet haben, wurden in der einen oder anderen Weise zensiert. Strehler und Fellini von der Kirche, Pasolini von dem, was man ein bisschen bequem als die *borghesia benpensante*, also als «Spießbürgertum» bezeichnete; dem muss man in Italien heute fast schon wieder nachweinen, denn der *borghesia benpensante* kann man Kontra geben, gegen die *borghesia malpensante* dagegen ist kein Kraut gewachsen.

Es waren jedenfalls die Künstler, die als erste erkannten, welche Gefahr der plötzliche Wohlstand, der Konsumismus und der damit einhergehende Verlust von Werten, so archaisch sie auch immer sein mochten, der fast gewaltsame Ausbruch der Gier nach Geld und Statussymbolen für ein kulturell fragiles Land wie Italien bedeutete, das auf die Erschütterungen der Moderne nur unzureichend vorbereitet war.

Strehler, Fellini und Pasolini sind tot, sie haben nicht mehr sehen können, wie Recht sie hatten mit ihrem Spürsinn. Sie haben nicht mehr sehen können, wie es ausgegangen ist. Wir haben es gesehen und können nur feststellen, dass sie Recht hatten. Es ist immer wieder versucht worden, die Gründe für das schnelle Nachlassen der Dynamik dieser ersten Nachkriegsjahre zu analysieren, einer Dynamik, die dann nie wieder in Gang kam. Eine endgültige Erklärung ist nicht gefunden worden, vielleicht weil es keine gibt.

Ich habe von Theater und Film gesprochen, von einem Aspekt, der hochbedeutsam und doch marginal ist im Hinblick auf das Chaos der Faktoren, die nach dem Krieg zum Wiederaufschwung und sogar zum Boom beigetragen haben. In einem nie dagewesenen Maße wuchs die Industrieproduktion und mit ihr sämtliche Aktivitäten, die in das berühmte Bruttoinlandsprodukt (BIP) einfließen, also den Gesamtwert aller Güter, die in einer Volkswirtschaft pro Jahr erwirtschaftet werden; dem Index also, der den Lebensstandard misst und dabei alle positiven und negativen Einflussfaktoren in einen Topf schmeißt: Wohlstand, Gesundheit, Bildung, Handel, Import-Export, aber auch Auto- und Arbeitsunfälle, Spekulation und Kriminalität. Alles, was gekauft und verkauft wird, gehört zum Bruttoinlandsprodukt. Um das Gute vom Schlechten zu trennen, müsste man eine Auswahl treffen, das würde aber ein politisches und moralisches Urteil implizieren, das nicht zu den Aufgaben der Ökonomie gehört, weshalb alle wie gebannt auf das widersprüchliche und zuweilen trügerische BIP starren.

Mailand ist für diese Entwicklung, wie auch immer man sie beurteilen mag, lange Zeit der Motor gewesen und hat sich durch den Geschäftssinn, die Ordnung und den Fleiß seiner Bewohner den Titel einer «moralischen Hauptstadt» erworben, was heute natürlich, im Lichte all dessen, was geschehen ist, ein wenig pathetisch klingt. Rom war die Kapitale der Politik und der Bürokratie, Mailand die eigentliche Hauptstadt, die Stadt, von der im Wesentlichen der Lebensstandard des gesamten Landes abhing.

Wenn man Fiat und das dichte Netz der teilweise herausragenden kleinen und mittleren Betriebe außen vor lässt, die nach und nach auf den Plan traten, akkumulierte sich der Großteil des Bruttoinlandsproduktes in Mailand oder dank Mailand. Dazu gehören nicht nur die industriellen Produktionsstätten, auch die Sektoren der bisweilen kaum wahrnehmbaren Leichtindustrie, repräsentiert durch Mode, Design, Architektur, Fotografie, Graphik. Das war die wichtige, die sichtbare, die strahlende Seite der Medaille, die aber auch eine andere, entgegengesetzte und weit weniger glänzende hatte, von der kaum gesprochen wird.

Die Unternehmerklasse Mailands und der Lombardei hat das öffentliche Leben fast immer gemieden, auch in der Nachkriegszeit, sie hat sich also systematisch aus der Staatsverwaltung und damit der Interessenvertretung für die Allgemeinheit herausgehalten. Den Mailänder und norditalienischen Unternehmern ist immer wieder der Vorwurf gemacht worden, sie hätten sich mit Scheuklappen ausschließlich auf die Jagd nach dem Profit begeben – sei es nun für die Familie oder das Unternehmen – und dabei jede Art von Verpflichtung oder Engagement für die Allgemeinheit vermissen lassen. Italien hat in der Nachkriegszeit, angefangen mit Alcide De Gasperi,[6] eine ganze Reihe von brillanten Politikern aus dem Norden hervorgebracht. Seltener dagegen sind Führungsfiguren der öffentlichen Verwaltung von ähnlicher Statur aus dem Norden gekommen. Vor solchen und ähnlichen Pflichten haben sich die Unternehmer des Nordens immer gedrückt. Vollkommen absorbiert von ihren eigenen Geschäften, haben sie die Geschäfte der Allgemeinheit immer anderen überlassen.

Nach Auffassung Carlo Gallis, Professor für die Geschichte der politischen Theorien an der Universität Bologna, ist das schwierige Verhältnis zwischen Italien und seinen Eliten nie vollkommen geklärt worden.[7] Die führenden Schichten des Landes, einschließlich der Intellektuellen und Unternehmer, haben sich nur selten und in Ausnahmephasen der Aufgabe gestellt, die Gesellschaft zu integrieren oder im Interesse der Allgemeinheit zu operieren. Stattdessen haben sich diese Schichten durch kurzsichtige Verteidigung ihrer eigenen Privilegien hervorgetan, wenn sie sich nicht gleich zu reinen Lobby-Vereinen zusammentaten. Die weit zurückliegenden Ursachen für dieses Phänomen diagnostiziert Galli mit seinem üblichen Scharfblick. Bemerkenswerterweise räumt er zum Beispiel gründlich mit dem hartnäckigen Vorurteil auf, die sogenannte Zivilgesellschaft sei der politischen Gesellschaft, auch «Kaste» genannt, bei weitem überlegen. Galli zufolge reflektieren diese beiden «Gesellschaften» – sofern sie überhaupt klar zu unterscheiden sind – einander wie in einem Zerrspiegel. Es ist kein Zufall, dass Silvio Berlusconi 2001 in Parma die Versammlung der italienischen Arbeitgebervereinigung Confindustria[8] mit dem berühmten Satz «Euer Programm ist mein Programm!» dazu brachte, vor Begeisterung aufzuspringen und Beifall zu klatschen. Berlusconi war hier ein Unternehmer unter vielen Unternehmern, er, der als Politiker eigentlich die Interessen der Allgemeinheit hätte verkörpern müssen, nicht die einer Klientel. Und es ist kein Zufall, dass sich der Enthusiasmus derselben Unternehmer so weit abkühlte, dass sie ihn am Ende politisch fallenließen, als ihnen nämlich (endlich) klar wurde, dass Berlusconis Programm in Wirklichkeit nur «sein» Programm und nichts anderes war.

Galli zufolge haben einige große Geister, darunter ein Atheist und ein liberaler Katholik, nämlich Leopardi und Manzoni (man könnte aber auch Gramsci dazustellen), zu den wenigen gehört, die bis ins Detail den rückwärtsgewandten Charakter beschrieben haben, von dem die Führungsklassen des Landes befallen sind, was nicht zuletzt ein Grund für die Pannen und Verspätungen bei der Aktualisierung, der Modernisierung und dem Prozess der Vereinigung Italiens war.

Dabei hatte die Geschichte des vereinten Italien einmal ganz anders begonnen. Über das gesamte 19. Jahrhundert hinweg hat es zum Wohle der Effizienz und der Redlichkeit in den hohen Rängen der Verwaltung des Königreiches eine deutliche Übermacht aus dem Piemont gegeben. Auch der Conte di Cavour hatte das so gewollt: Seine

«Piemonteser» schienen ihm die solideste Garantie, um der Zersplitterung und der verbreiteten Korruption vor allem in der süditalienischen Gesellschaft entgegenzuwirken. Der italienische Finanzwissenschaftler und spätere Staatspräsident Luigi Einaudi schrieb am 23. Juni 1900 in der Turiner Tageszeitung «La Stampa» in einem Kommentar:

> Wir [Piemonteser] haben einen überdurchschnittlichen Prozentsatz an hohen und niedrigen Beamten gestellt; das war in den ersten Jahren aber auch notwendig, um die nationale Einheit mit einer Staatsbürokratie zu festigen, die vom Geist der Einheit und der Ergebenheit gegenüber den Regierungsbehörden durchdrungen war; eine solche Bürokratie konnte man nirgendwo anders finden als im Piemont.

Die Studien zu diesem Thema sind in ihren Schlussfolgerungen praktisch einhellig. Besonders aufschlussreich ist die Untersuchung Prof. Sabino Casseses, die den Kern eines Problems, das man als «historisch» bezeichnen kann, bereits im Titel auf den Punkt bringt: *Questione amministrativa e questione meridionale* (Die administrative Frage und die meridionale Frage, Mailand 1977). Die beiden «Fragen» werden als zwei Seiten desselben, in einem halben Jahrhundert Einheitsgeschichte nie gelösten Problems gesehen: die Teilung, manche sagen sogar die tiefe Spaltung zwischen einem «produktiven», im Norden konzentrierten Land und einer meist als «unproduktiv» erachteten Bürokratie, wie sie vor allem im Süden überreichlich vorhanden ist.

Das Vorherrschen der Piemonteser in der öffentlichen Verwaltung war aber nur von kurzer Dauer. Schon gegen Ende des 19. Jahrhunderts war unübersehbar, dass die Mehrheit der Beamten und des administrativen Führungspersonals des Staates aus den südlichen Regionen kam. Der aus Como stammende Sozialist Filippo Turati erklärte am 26. Juni 1920 bei der Vorstellung der letzten Giolitti-Regierung:

> Der Mezzogiorno ist das große Gewächshaus, fast das einzige Gewächshaus der gesamten italienischen Bürokratie auf allen Ebenen, vom Abteilungsleiter bis zum Gefängniswärter. ... In Oberitalien, einer Industrieregion, kann man sagen, dass es keinen einzigen Absolventen unserer Technischen Hochschulen, unserer Höheren Schulen gibt, der einen Posten in einem Büro des öffentlichen Dienstes an-

> strebt. Diese Posten sind reine Arbeitsbeschaffungsmaßnahmen für diejenigen geworden, die ich, wenn der Ausdruck nicht zu kindisch wäre, arbeitslose Kopfarbeiter nennen würde, ungeeignet für jede nutzbringende Dienstleistung.

Der Ausdruck war alles andere als «kindisch», er war sogar ausgesprochen hart, spiegelte brutal die verbreitete öffentliche Meinung wider, die sich bis heute fast unverändert gehalten hat. 1919, also etwa zur selben Zeit, bestätigte Carlo Jemolo, der große Jurist und Historiker, mehr oder weniger dieselbe Realität: «Die Staatsverwaltung wird belagert von den lästigen Gesuchen zahlloser Kleinbürger, die unfähig sind, eine einträgliche Arbeit auf gewerblichem Gebiet zu finden, und denen es an der notwendigen Tatkraft fehlt, den Kittel eines Arbeiters anzuziehen.»

Ich habe an diese Vorgeschichte erinnert, weil auch die Zahlen belegen, dass, kaum waren die allerersten Jahre des Piemonteser Übergewichts vorbei, die gesamte Geschichte des vereinten Italien mit einer *Meridionalisierung* des Staates einherging, einem immer stärker werdenden Einfluss Süditaliens, sowohl während des Faschismus als auch in der Zeit nach dem Zweiten Weltkrieg. In den sechziger Jahren zum Beispiel war bei der Linken die Meinung verbreitet, dass es die Christdemokraten seien, die den Staat besetzten, bevorzugt natürlich mit *burocratici di consenso*, also Staatsangestellten der gleichen Couleur. Unter den leitenden Angestellten des öffentlichen Dienstes kamen die Süditaliener auf Spitzenwerte von 80–90 Prozent; zu 80 Prozent kamen die Einstellungsgesuche für die öffentlichen Sicherheitsorgane aus Mittel- und Süditalien und nur zu 20 Prozent aus dem Norden.

Das mag alles richtig sein, es ist aber genauso richtig, dass es dieses deutliche Übergewicht nicht gegeben hätte, zumindest nicht in einem solchen Maße, wenn die Führungsschichten des Nordens sich bei der Sorge um die *res publica* engagierter gezeigt hätten. Dies hätte mit dem frischen Wind von Dynamik und Kreativität geschehen können, der auf das Ende des Krieges folgte. Einige Monate lang hatte man ja tatsächlich den Eindruck, dass sich im Vergleich zu vergangenen Zeiten im Land auch in dieser Hinsicht eine Änderung vollzog. Mailand nahm diese Aufbruchstimmung in ihrer ganzen Breite auf und setzte sie auf die bestmögliche Weise um, wenn man nur bedenkt –

und hier kehren wir zum Anfang dieses Kapitels zurück –, wie die Stadtverwaltung auf das Projekt der Eröffnung eines neuen Theaters reagierte, während ein Großteil der Wohnhäuser und Fabriken noch in Trümmern lag. Man braucht dieser Haltung nur einmal das Desinteresse so vieler heutiger Verwaltungen für kulturelle Probleme und Projekte gegenüberstellen, um den vitalen Unterschied, die couragierte Vision, die Power jener Jahre zu erfassen.

Dieser Geist hat nicht lange genug angehalten, er hat die notwendige Energie und Ausdauer nicht aufbringen können. Mit Recht wird das im Mezzogiorno so verbreitete Fehlverhalten gescholten; sehr viel seltener wird eine ähnliche Kritik auch an Mailand und den Regionen des Nordens geübt. Die Unterschiede sind natürlich da, und sie sind augenfällig, aber dahinter oder darunter gibt es ein generelleres Problem, von dem das ganze Land betroffen ist: Es sind die politischen und wirtschaftlichen Führungsschichten, die der professionellen und moralischen Dimension ihrer Aufgaben oft nicht gewachsen scheinen.

X. NICHT NUR GIOTTO UND MICHELANGELO

Die Drohkulisse der Jüngsten Gerichte

Das erste Jüngste Gericht, das ich als Kind gesehen habe, war nicht das der Sixtina, wie es sich für einen Römer gehört hätte, sondern das von Giotto in der Capella degli Scrovegni. Ich war mit meinen Eltern in Padua, und natürlich beeindruckte mich der Besuch zutiefst, denn diese Stadt ist ein Ziel, das sich eigentlich kein kultivierter Reisender entgehen lassen kann. Genau genommen langweilten mich die Erklärungen. Die Schönheit und vor allem das Revolutionäre dieser Schönheit, davon verstand ich zu wenig. Ich war natürlich auch noch nicht imstande zu erkennen, welche Bedeutung die Qualität dieser Bilder in Bezug auf die gesamte vorhergehende Malerei hatte, was für einen Bruch mit der Zweidimensionalität der herkömmlichen Malerei sie darstellten, geschweige denn die Aufteilung des Raums und die perspektivischen Lösungen, die der Meister für die hier erzählten Geschichten gefunden hatte: für die Geschichte von Joachim und Anna, von Maria, die Geschichte Christi von der Geburt bis zum Schmerzenstod am Kreuz. Hier finden wir ein breit angelegtes, aus verschiedenen Quellen inspiriertes Programm, nicht nur aus den vier kanonischen Evangelien, sondern auch aus Jacopo da Varagines *Legenda aurea,* aus apokryphen Evangelien wie dem Proto-Evangelium des Jakobus und dem sogenannten Pseudo-Matthäus-Evangelium.

Bei allem auch für die Augen eines Kindes offenkundigen Glanz dieses Raums beeindruckte mich aber ein Detail ganz besonders: die

Giottos Jüngstes Gericht in der Kapelle der Scrovegni in Padua

beiden Engel ganz oben, zu den beiden Seiten der Trifora, die Giotto malt, während sie sich anschicken, den Himmel «einzurollen». Genau so: der Himmel eingerollt wie eine gemalte Bühnenkulisse, nach einem gängigen visuellen Motiv (aber das wusste ich erst viele Jahre später), das erdacht wurde, um das Ende der messbaren Zeit nach dem letzten göttlichen Gericht zu symbolisieren. Die suggestive mittelalterliche Ikonografie war zutiefst von der Apokalypse geprägt, einem der visionärsten Texte der Menschheitsgeschichte und Archetyp jeder weiteren Flucht der Phantasie in die unerforschten Gefilde des Unbewussten und der Schuld. Nach der Beschwörung der verblüffendsten Erscheinungen wird das Ende von vier Engeln angekündigt, die mit dem Klang ihrer Posaunen die letzten Geißeln auslösen.

> Der erste Engel blies seine Posaune. Da fielen Hagel und Feuer, die mit Blut vermischt waren, auf das Land. Es verbrannte ein Drittel des Landes, ein Drittel der Bäume und alles grüne Gras.

Detailaufnahme mit Giottos Engel beim «Einrollen» des Himmels als Zeichen für das Ende der Zeit nach dem Jüngsten Gericht

> Der zweite Engel blies seine Posaune. Da wurde etwas, das einem großen brennenden Berg glich, ins Meer geworfen. Ein Drittel des Meeres wurde zu Blut. Und ein Drittel der Geschöpfe, die im Meer leben, kam um und ein Drittel der Schiffe wurde vernichtet.[1]

Und so geht die furchteinflößende Beschreibung weiter, bis der gesamte Planet und das Firmament mit all seinen Sternen und Planeten von der Katastrophe erfasst wird. In Giuseppe Gioachino Bellis Sonett «Der Tag des Gerichts», das in einer volkstümlichen Version diesem wunderbaren und schaudererregenden Ereignis gewidmet ist, stellt sich der Schluss dagegen so dar:

All'urtimo usscirà 'na sonajjera
D'angioli, e, ccome si ss'annassi a lletto,
Smorzeranno li lumi, e bbona sera.

Zuletzt kommt noch ein Engelsschwarm herein,
Der löscht, wie sonst vorm Schlafengehn auf Erden,
Rasch alle Lichter aus – und Gute Nacht.[2]

Dieselbe Szene des eingerollten Himmels kann man in Rom, in der winzigen Silvester-Kapelle bei der Basilika Santi Quattro Coronati sehen, einem der faszinierendsten und zugleich unentdecktesten Orte Roms. Giotto arbeitete in Padua zwischen 1303 und 1305; in Rom hatten im 13. Jahrhundert byzantinische Meister in der kleinen Kapelle dem Papst einen Freskenfries mit der (gefälschten) Geschichte der *Donazione di Costantino* (Konstantinische Schenkung) gemalt, der juristischen Grundlage für die weltliche Macht der Kirche. Ihre Fresken sind eine Art politisches Manifest, Zeugnis einer Machtabtretung vonseiten des Kaisers, die es nie gegeben hatte. Auch im Oratorium des Hl. Silvester wiederholt sich die Szene: Christus auf dem Thron, an seiner Seite die Madonna und Johannes der Täufer, in der Höhe zwei Engel: Der erste bläst die Posaune des Gerichts, der andere rollt den Sternenhimmel ein, um zu zeigen, dass alles zu Ende ist.

Natürlich ist Giottos Arbeit von ganz anderem Niveau und von sehr viel größerer Komplexität. Unten links am Fuße des Kreuzes sieht man den Auftraggeber Enrico Scrovegni, der der Madonna ein Modell des Gebäudes übergibt, das er hat erbauen lassen, um die Schandtaten seines Vaters Reginaldo zu sühnen. Dieser war ein allseits so bekannter Wucherer, dass Dante ihn sogar in die Hölle schickt. Auch Giotto hat ihn den Flammen übergeben, unten rechts sieht man, wie Reginaldo in eine schauerliche Höhle eintritt, so etwas wie den Stollen eines Ameisenhaufens, und damit schnurstracks in die ewige Verbannung stolpert. Hinter ihm her schreitet ein Diener mit einem Sack auf den Schultern, der prall gefüllt ist mit seinen Reichtümern. In einem Gesamtbild voller Verweise auf das irdische Leben und das Leben *post mortem*, von Bezügen auf die Schriften und die Prophezeiungen, auf bewegende und tragische Ereignisse, ist dieser kleine realistische Anstrich fast schon rührend: der Reiche, der versucht, einen Sack voller Gold mit ins Jenseits zu nehmen. Man kann sich leicht vorstellen, wie der Teufelswächter wenige Schritte weiter, beim Überschreiten der schicksalhaften Schwelle, alles beschlagnahmen und mitsamt seinem Besitzer in die ewigen Flammen werfen wird.

Ein weiteres Jüngstes Gericht ist in einem byzantinischen Mosaik der Basilika auf der Insel Torcello dargestellt. Spektakulär, suggestiv und sehr bewegend. Die Insel liegt in der *laguna morta* von Venedig, da, wo das Salzwasser mit dem Süßwasser zusammentrifft und die Gezeiten nicht mehr bemerkbar sind. Hier leben heute nur noch einige Dutzend Menschen. Die flache Silhouette der wenigen Wohnhäuser ist von einem hohen Campanile und dem Koloss der Kirche Santa Maria Assunta unterbrochen. Nähert man sich der Küste an Bord eines Bootes, sieht man schon von weitem diese beiden isolierten Erhebungen, die das homogene Profil der Dächer und einer niedrigen Vegetation durchbrechen. Es herrscht eine große, nur durch das regelmäßige Tuckern des Dieselmotors beeinträchtigte Ruhe, während der Rumpf des Bootes über das stehende Gewässer gleitet, über die Büschel der Sumpfgewächse streift, und man an vielen Stellen bis zum sandigen Grund der Lagune schauen kann. Schon auf den ersten Blick lassen diese beiden inmitten einer unauffälligen Umgebung sehr imposanten Bauwerke erkennen, was für eine Ausnahmeerscheinung sie seit ihrer Grundsteinlegung vor mehr als zehn Jahrhunderten bis heute sind. Der Bau der später mehrfach umgebauten und restaurierten Kathedrale geht auf das Jahr 640 zurück; sie ist ein weiteres der unzähligen Kulturdenkmäler eines Landes, das den Lauf der Geschichte in jedem hintersten Winkel mit einem Wunderwerk wie diesem markiert hat.

Das Jüngste Gericht nimmt die gesamte innere Wand der Kirchenfront ein. Um es zu betrachten, muss man mindestens bis zur Hälfte des Hauptschiffes gehen und sich dann zum Eingangsportal umdrehen. Da ist der Tod Jesu, nach byzantinischer Tradition vor der Auferstehung direkt gefolgt vom Abstieg in die Unterwelt, da sind die mit sehr langen Lanzen bewaffneten Racheengel, die die Verdammten in die Flammen der Hölle treiben. Über ihnen thront (wie in Padua) ein riesiger Hades, der einen zarten Jüngling auf dem Arm hält. Hades ist König im Reich der Toten, der Hades ist aber auch der Ort der ewigen Verdammnis. In der Basilika verkörpert Hades den Antichristen, der durch seine unschuldige Erscheinung die Menschen täuscht. Auch hier gibt es wieder das Bild eines Engels, der den Sternenhimmel einrollt und damit den Schlussstrich unter die gesamte Schöpfung setzt.

Ausschnitt aus dem byzantinischen Mosaik in der Basilika Santa Maria Assunta in Torcello: Hades als Jüngling täuscht die Menschen mit seinem unschuldigen Aussehen.

Ein weiteres Jüngstes Gericht unter den vielen, von denen dieses einzigartige Land übersät ist, ist der Freskenzyklus von Luca Signorelli im Dom von Orvieto. Seit den byzantinischen Szenen von Torcello sind vier oder fünf Jahrhunderte vergangen. Wir sind mitten in der Renaissance. Im Paneel der Auferstehung des Fleisches beherrschen zwei überdimensionale Engel die Szene. Mit ihren Posaunen erwecken sie die Toten, einige stehen schon da in Fleisch und Blut, andere sind noch Skelette, wieder andere kriechen mühsam aus der Erde hervor, in der sie noch zur Hälfte feststecken. Mit größerer Anschaulichkeit könnte der Geist der Apokalypse nicht beschworen werden, man spürt Dantes Inferno, aber auch schon eine Vorahnung von Michelangelo, der in der Tat dreißig Jahre später mit der Arbeit an seinem Jüngsten Gericht in der Sixtina beginnen wird. Noch stärker ist dies in der Tafel zu spüren, die der echten, mit exaltiertem Realismus beschworenen Hölle gewidmet ist: eine Anhäufung von zuckenden Leibern und Gliedmaßen, mittendrin Teufel mit grünen Gesäßbacken, die die Verdammten durchbohren, verstümmeln, blenden; einige werden von fliegenden Dämonen zu Boden geschleudert, die Verrenkungen der Glieder scheinen die schwindelerregenden Todesstürze der unglücklichen Menschen vorwegzunehmen, die sich am 11. September 2001 in New York von den Twin Towers ins Bodenlose stürzten. Im Mittelpunkt der Szene die «Prostituierte» (ein Bild, das eine eigene Berühmtheit erlangte), die auf dem Buckel eines gehörnten Dämons mit Fledermausflügeln in die Verdammnis überführt wird. In ihrem Gesicht drückt sich Angst aus, vielleicht Bedauern über ein Leben, das hätte besser sein können. Ganz oben drei unerschütterliche Engel, Hand am Schwert, die darüber wachen, dass keiner seiner Strafe entgeht.

Der unüberschaubaren Menge an Literatur über das ungeheure Jüngste Gericht Michelangelos ist kaum noch etwas hinzuzufügen. Ich möchte an dieser Stelle lediglich auf gewisse Absonderlichkeiten hinweisen und auf das eine oder andere bedeutsame, witzige oder auch nur menschliche Detail, das den Geist und die Absicht dieser schreckenerregenden Darstellung zusammenfasst. Sie zeigen auch den freien und spöttischen Geist des Menschen Michelangelo. In der rechten unteren Ecke des ungefähr 170 Quadratmeter großen Freskos ist die Gestalt eines Mannes mit seltsam verdrehter Physiognomie und Eselsohren zu sehen. Eine riesige Schlange hat sich um ihn herumgewickelt, drückt ihm den Brustkorb zusammen, schlingt sich dann mit ihren Windungen bis zu den Leisten, beißt ihm in die Hoden. Wer ist dieser unselige Totenrichter Minos, sicher einer der unglücklichsten unter den Verdammten? Es handelt sich um Messer Biagio da Cesena, Zeremonienmeister Papst Pauls III. Farnese. Dieser hatte sich in die Sixtina begeben, um sich das Fresko anzusehen, während es noch in Arbeit war, und hatte die Unvorsichtigkeit begangen zu sagen, dass ihm das Werk mit seinen vielen Nackten als Dekoration eines Thermalbads geeigneter erscheine als für eine Kapelle. Michelangelos Rache hat ihn nun über die Jahrhunderte dort verewigt. In seinen Viten berichtet Vasari von dieser Begebenheit in einem Ton, der eine gewisse Schadenfreude nicht verhehlt:

> Michelangelo hatte dort bereits mehr als drei Viertel des Werks ausgeführt, als Papst Paul es besichtigen kam. Mit dem Papst kam der Zeremonienmeister Messer Biagio da Cesena in die Kapelle, der eine recht kleinliche Person war und auf die Frage nach seiner Meinung erklärte, dass es eine ganz und gar unehrenhafte Sache sei, an einem so ehrwürdigen Ort dermaßen viele nackte Gestalten angebracht zu haben, die so ungebührlich ihre Scham zeigen, weshalb dieses Werk nicht einer Papstkapelle, sondern Bade- und Gasthäusern angemessen sei. Verärgert wollte Michelangelo sich dafür rächen, und nachdem jener fortgegangen war, machte er sich, ohne ihn noch vor sich zu haben, sogleich daran, ihn in der Figur des Minos in der Hölle zu porträtieren, inmitten einer Schar von Teufeln und mit einer großen Schlange, die seine Beine umschlingt. … Da half es nichts, dass Messer Biagio den Papst und Michelangelo anflehte, ihn zu entfernen, er blieb als Erinnerung an diese Begebenheit stehen und ist dort noch immer zu sehen.[3]

Geschieht ihm recht, könnte man sagen. Die Begebenheit hatte, Vasari zufolge, noch ein Nachspiel. Messer Biagio, irritiert und beleidigt wegen des von Michelangelo gewählten Standortes (und der beschädigten Hoden), ging sich beim Papst beschweren, der ihn fragte, wo ihn der Künstler denn hingestellt habe. In die Hölle, antwortete der Unglückselige dem Papst, der darauf antwortete: «Wenn er euch im Fegefeuer gemalt hätte, hätte es noch Abhilfe gegeben, wer aber erstmal in der Hölle ist, kommt niemals mehr heraus.» Auch Päpste gestatten sich hin und wieder einen Anflug von Humor.

Detail aus dem Jüngsten Gericht in der Sixtinischen Kapelle: Biagio da Cesena, der Zeremonienmeister Papst Pauls III., hatte eine abfällige Bemerkung über die unbekleideten heidnischen Gestalten des Freskos gemacht, die in seinen Augen eher als Dekoration eines Badehauses als für eine Kapelle geeignet waren. Michelangelo «rächt» sich, indem er ihn als Totenrichter Minos mit Eselsohren darstellt.

Im Jahr 1564, Michelangelos Todesjahr, wurde beschlossen, die als skandalös betrachteten Nackten der Sixtina zu zensieren. Zum Glück hat der Künstler, der im Februar gestorben war, dieses Massaker nicht mehr miterleben müssen. Die Entscheidung war die direkte Umsetzung eines Dekrets, das ein Jahr zuvor beim Konzil von Trient erlassen worden war. Damit war in Italien das Zeitalter der berüchtigten «Gegenreformation» eröffnet, die nicht nur die wissenschaftliche Forschung lahmlegen sollte, sondern auch für die Kunst einen gravierenden Einschnitt bedeutete. Daniele da Volterra, ein Mitarbeiter Michelangelos und auch sein Erbe, wurde mit dieser Aufgabe betraut. Es ging darum, die zahlreichen anstößigen Blößen mit Lendentüchern zu bedecken, ungefähr so, wie in nicht allzu weit zurückliegenden Zeiten der größten Heuchelei die Beine der Tänzerinnen bedeckt sein mussten. Der unselige Daniele, der dadurch als *braghettone*, als Hosen- oder Höschenmaler in die Kunstgeschichte einging, beschränkte sich darauf, die Fresken mit Tempera zu überziehen, so dass nach dem Ende des Moralsturms die Figuren wieder «ausgezogen» und das Werk in den Originalzustand zurückgeführt werden konnte. Alle bis auf eine, die (etwa auf halber Höhe, rechts) Darstellung zweier Märtyrer des neuen Bundes, San Biagio und Santa Caterina. Michelangelo hatte Caterina nackt dargestellt, mit hängenden Brüsten, über das Fragment eines Zahnrads gebeugt, Instrument ihres Martyriums. Ihre Körperhaltung und die des Heiligen sind uns dank einer von Marcello Venusti angefertigten getreuen Kopie des Werkes vor der Höschen-Intervention bekannt.

In diesem Falle konnte die Restaurierung nicht ausgeführt werden, weil Daniele sich nicht darauf beschränkt hatte, der Heiligen Kleider überzuziehen, er hatte das Originalfresko weggekratzt, neuen Putz darübergelegt und die beiden Figuren komplett neu gemalt, wobei er ihre Positionen änderte. Bei Michelangelo war Caterina, wie schon gesagt, nach vorne, Biagio von hinten über sie gebeugt, in einer Stellung also, die sexuell gestörten Gemütern – wie es die allzu Keuschen nicht selten sind – einen *coitus a tergo vel more ferarum* («Geschlechtsverkehr von hinten nach Art der Tiere») hätte suggerieren können.

Erbärmliche Skrupel angesichts der machtvollen Tragik dieses Wandgemäldes. Der Meister wäre empört gewesen, er, der es niemandem je gestattete, sein Werk in Frage zu stellen. Das belegt eine weitere Anekdote. Während der Künstler die beinahe unmenschliche Anstrengung unternahm, das Deckengewölbe der Sixtinischen Kapelle auszumalen, also etwa fünfundzwanzig Jahre vor Vollendung des Jüngsten Gerichts, begab sich Papst Julius II. Della Rovere, der Auftraggeber dieser Fresken, an den Ort des Geschehens, um die Arbeiten zu inspizieren. Nachdem er sich ein wenig umgeschaut und die eine oder andere Erläuterung erbeten hatte, ließ er eine gewisse Unzufriedenheit erkennen. Insbesondere merkte er an, dass ihm die Malerei in ihrer Gesamtheit ein wenig ärmlich vorkomme. Michelangelos Antwort, die nur ein Mann wie er die Stirn hatte, dem Papst ins Gesicht zu sagen: «Die da gemalt sind, waren auch ärmlich.» Dabei blieb es, nach allem, was bekannt ist.

Eine starke Reaktion, die zeigt, wie bewusst und konzeptionell der Maestro an seine seine Kunst heranging. Sie zeigt darüber hinaus aber auch sein Selbstbewusstsein und seine Charakterstärke. Er war ein Mann, der seiner Arbeit die Bedeutung beimaß, die sie verdiente, und den Künstler auf die gleiche Höhe, wenn nicht noch höher stellte wie seinen Auftraggeber, und sei es der Papst höchstpersönlich.

Es soll noch auf eine weitere, wichtige Besonderheit in der Sixtina hingewiesen werden. Das Jüngste Gericht des Michelangelo befindet sich hinter dem Altar und nicht auf der gegenüberliegenden Seite wie alle anderen. Die Jüngsten Gerichte wurden immer auf der dem Altar gegenüberliegenden Seite platziert, damit sie als ständige Mahnung fungieren konnten. Nachdem die Gläubigen mit Blick auf den Altar am Gottesdienst teilgenommen hatten, waren sie beim Hinausgehen mit einem Bild der Strafen konfrontiert, die für die Verletzung des göttlichen Gesetzes vorgesehen waren. Im Falle der Sixtina geschieht das Gegenteil: Der Zelebrant und die Gläubigen sind während der Gebete gezwungen, das Jüngste Gericht zu sehen. Ich weiß nicht, ob es der Grundriss der Kapelle war, der diese Lösung vorgab, oder der Wille des Meisters. Dies wäre durch Nachfrage bei einem Spezialisten sicher schnell zu klären. Ich habe das nie tun wollen; mir gefällt die Vorstellung (die aber kein historisches Fundament hat), dass Michelangelo diese Anordnung deshalb gewollt hat, weil so aus seinem Werk eine Ermahnung wurde, die sich auch an die Kardinäle, die Zelebranten und sogar den Papst richtete.

Michelangelo gehörte im korrupten, von der Gegenreform traumatisierten Rom dieser Jahre im Übrigen zum Kreis der sogenannten Spiritualen, die sogar gewisser Sympathien für den Protestantismus Lutherischer Prägung verdächtigt wurden. Dieser Verdacht ist sicherlich unbegründet; wahr dagegen ist, dass man in diesem engen Zirkel versuchte, gegen die Korruption der Kirche eine Erneuerung im Geiste des Evangeliums zu erreichen. Zu diesem Kreis gehörte Vittoria Colonna, die Witwe Ferdinando Francesco d'Avalos', des Markgrafen von Pescara, die sich nach dem Tode ihres Gatten zu einem klausurähnlichen Leben im Frauenkloster von San Silvestro al Quirinale zurückgezogen hatte. Hier sammelte sie einen kleinen Hofstaat von Intellektuellen um sich, die *gli spirituali,* «die Geistlichen» genannt wurden: hohe Prälaten, Schriftsteller, Dichter, bildende Künstler, darunter Michelangelo, der ihr verschiedene seiner Werke schenkte. So intensiv war ihre Freundschaft, dass sogar von einer Liebesbeziehung zwischen ihnen gemunkelt wurde – eine zwar plausible Vermutung, gleichzeitig aber ohne jede Bedeutung, denn was wirklich zählte, war die starke spirituelle Bindung zwischen den beiden. Als Vittoria am 25. Februar 1547 mit nur sechsundfünfzig Jahren starb, verabschiedete sich Michelangelo von ihrem Leichnam, so schreibt Ascanio Condivi in seiner *Vita di Michelangelo Buonarroti* (1553), indem er tief bewegt davor niederkniete und ihr Antlitz küsste.[4]

Eine Frage aber, die sich aus der Gesamtheit dieser Jüngsten Gerichte beinahe zwingend stellt, ist, wie sich die massive Ausbreitung des Themas erklärt. In Italien gibt es neben den vielen Fresken und Mosaiken auch eine ganze Menge skulpturaler Darstellungen des Jüngsten Gerichts, zum Beispiel zur Dekoration von Kanzeln, mit dem offensichtlichen Zweck, während der Predigt im Kopf der Gläubigen die Vorstellung von einer drohenden Strafe zu erzeugen. Es geht hier nicht um die künstlerische Qualität dieser Werke, die häufig sehr gut, nicht selten exzellent, manchmal sogar großartig ist, sondern um den praktischen oder, wenn man so will, pädagogischen Zweck solcher Darstellungen. Die grausamen Qualen, zu denen die Sünder in alle Ewigkeit verdammt sind, sind denen nicht unähnlich, die von christlichen Märtyrern erlitten oder von den Tribunalen der Inquisition über Hexen und Ketzer verhängt wurden. In der römischen Kirche Santo Stefano Rotondo kann man eine Reihe von Fresken des Niccolò il Pomarancio Circignani betrachten, die Martyriums-Szenen darstellen. Das Folter-Repertoire dort hat eine große Bandbreite: Es finden sich arme Kreaturen, die von Raubtieren zerfleischt, mit einem Stein am Hals erstickt, geblendet, stranguliert, gegeißelt, verstümmelt, gesteinigt werden. Alles, was die menschliche Grausamkeit sich hat ausdenken können, um Schmerz zuzufügen, ist hier zu sehen. Sogar der Marquis de Sade, der von dem Thema besessen war, soll, als er diese Szenen 1775 sah, erschüttert gewesen sein. Der Unterschied aber liegt darin, wie diese Strafen von den Opfern angenommen werden. Auf den Gesichtern der Märtyrer scheint unter Missachtung des Schmerzes Ekstase auf; auf den Gesichtern der Verdammten dagegen erkennt man, wie im Gleichnis vom Königlichen Hochzeitsmahl nachzulesen ist, «äußerste Finsternis, Heulen und Zähneknirschen» (Matthäus 22,13).

Die Jüngsten Gerichte gehören also zu den Instrumenten, mit denen die Kirche versucht hat, Gehorsam zu erzwingen und die Orthodoxie zu bewahren. Wenn es die Situation erforderte, konnten als reale Vorwegnahmen der Höllenqualen selbstverständlich Folter und Scheiterhaufen hinzukommen. Der ideologische Part des Gebots aber war diesen Werken überlassen, die zur Verbreitung der strengen Mahnung konzipiert worden waren.

Seit Urzeiten gehört es zu den Zielsetzungen einer jeden Religion, die zersetzenden Kräfte, die sich innerhalb der menschlichen Gemeinschaften entwickeln, einzudämmen. Schon der Sophist Kritias formulierte im 5. Jahrhundert v. Chr. in seinem Drama *Sisyphos* die These, die Götter seien erfunden worden, um die Leidenschaften im Zaum zu halten bzw. um die Menschen zu moralischem Verhalten zu zwingen. Die Diskussion über dieses Thema hat sich im Laufe der Jahrhunderte fortgesetzt; selbst Exponenten der heutigen «Modernen» – die sich um das Jenseits eigentlich kaum scheren – lamentieren über die Tatsache, dass das Versprechen des ewigen Lebens oder die Drohung der ewigen Verdammnis nicht mehr mit der notwendigen Aufmerksamkeit beachtet werden.

Es gibt mindestens drei Methoden, asoziale Tendenzen von Individuen unter Kontrolle zu halten: die Androhung von Strafen im Jenseits; die Androhung irdischer Strafen wie Gefängnis, Zwangsarbeit, Todesstrafe; oder eine größtmögliche Anzahl von Individuen dazu zu bringen, sich über die Notwendigkeit eines moralischen Verhaltens zu verständigen, was hieße, die bürgerlichen Rechte und Pflichten aus innerster Überzeugung zu beachten. Die letztere Methode ist die schwierigste, obwohl sie, wenn sie erst einmal im großen Maße verwirklicht ist, die sicherste ist. Als einer der Ersten hat Spinoza erkannt, dass diese Lösung die vorteilhafteste ist. Und auch Kant missfiel es, dass sich das Individuum nur aus Angst vor Strafe zu korrektem Verhalten genötigt fühlen sollte. Das Ideal, vielleicht sollte man sogar sagen: die Utopie der Aufklärer bestand im korrekten Verhalten als Ergebnis einer frei gereiften Überzeugung.

In den mit Angst vor göttlicher Strafe belegten Geboten verbirgt sich die Gefahr einer Theokratie, also einer Gesellschaft, in der kein Unterschied gemacht wird zwischen der Sünde, die eine Beleidigung der Gottheit ist, und dem Delikt, das eine Verletzung der Regeln des menschlichen Zusammenlebens bedeutet. Dies stellt die schlimmste der möglichen Lösungen dar, wie es heute in den streng islamisch regulierten Gesellschaften zu beobachten ist.

Ein gewisser Sinn für das «Heilige» ist positiv, wenn er in der intimen Sphäre des Gewissens kultiviert wird, auch weil es sich im Allgemeinen um Regeln handelt, die sich die Menschen auferlegt haben, um sich vor sich selbst zu schützen. Wenn aber versucht wird, den Sinn für das Heilige zu propagieren, als sei er ein für alle gültiger sozialer Wert, ist das ein gefährlicher Gewaltakt. Es werden nämlich auch denjenigen die moralischen Wertvorstellungen einer Religion aufgezwungen, die diese Religion gar nicht teilen, was in den fortgeschritteneren Gesellschaften seit dem 18. Jahrhundert als eine schwere Verletzung des Individualrechts betrachtet wird. Die Strafen, die das Gesetz für diejenigen vorsieht, die Straftaten begehen, basieren auf klaren, von einem Parlament beschlossenen Regeln. Die göttlichen Strafen hingegen schüren dunkle Ängste, sind unbestimmte, furchteinflößende Drohungen und machten sich häufig die Leichtgläubigkeit zunutze, die wiederum leicht zu Aberglauben und Fanatismus werden kann. Dabei handelt es sich um eine hochemotionale, explosive Mischung, wie es alle alten und neuen Religionskriege demonstrierenen, von wem auch immer sie ausgehen.

Im «Heiligen», das zum Glauben wird, und im Glauben, der sich als Wahrheitsprogramm ausgibt, sich sogar im Besitz der absoluten «Wahrheit» wähnt, liegt die Quelle für jede Intoleranz, denn solche «Wahrheiten» dulden keinen Widerspruch. Wenn die hohen Würdenträger einer Religion behaupten, die von ihnen verkündeten Werte seien «nicht verhandelbar», und diese deshalb unabhängig von ihrer Überzeugung allen aufzwingen, verraten sie jenes Prinzip von Nächstenliebe, das in der Theorie das eigentliche Fundament vieler Religionen ist, zum Beispiel auch des Christentums.

Hier liegt eine der größten Reibungsflächen zwischen einer sakralen Konzeption des Lebens und einer Vision laizistischer Toleranz. Im Übrigen ist die Trennung zwischen der ethisch-religiösen Sphäre einerseits und der der bürgerlichen Rechte und Pflichten andererseits eine der größten Errungenschaften der westlichen Zivilisation. Wie vor einiger Zeit der Schriftsteller Claudio Magris feststellte: «Die sublime Bergpredigt des Evangeliums ist größer als jedes Gesetzbuch, als Gesetzbuch aber untauglich.»[5]

Unterm Strich ist es also ein Fortschritt, dass die Jüngsten Gerichte inzwischen niemandem mehr Angst machen und ausschließlich dafür geschätzt werden, was sie oft sind: meisterhafter Ausdruck menschlicher Kreativität.

XI. LA SERENISSIMA

Shylock und die Erfindung des Ghettos

Diese Geschichte am Schluss des Buches beginnt mit einer Persönlichkeit nicht aus der Realität, sondern aus der Phantasie. Ein Mann, nicht aus Fleisch und Blut, sondern aus Gefühlen und Leidenschaften, der ursprünglich aus einer Novelle des 16. Jahrhunderts von Giovanni Fiorentino stammt, weiterentwickelt von einem der größten Dichter der Menschheit, vielleicht dem größten, William Shakespeare. In seiner Tragödie *Der Kaufmann von Venedig* sticht die Figur des Shylock hervor, der Jude, Geschäftsführer eines Pfandhauses, der zu korrekten Zinssätzen Geld verleiht. Etwas anderes könnte er auch gar nicht tun, weil die Gesetze der Stadt ihm nur dies erlauben. Im Falle eines Kredits für den Edelmann Bassiano, als dessen Bürge Antonio (der «Kaufmann» aus dem Titel) auftritt, fordert er bei Nichterfüllung des Vertrags nicht die üblichen Zinsen, sondern ein Pfund Fleisch aus Antonios Körper. Shylock hegt Antonio gegenüber eine große Abneigung, die mit der Zeit in echten Hass umgeschlagen ist. An einem bestimmten Punkt (I, 3) wird er sagen: «Ihr scheltet mich abtrünnig, einen Bluthund …, nun zeigt es sich, dass ihr mich braucht.»[1] In Shakespeares Drama passiert eine ganze Menge, es sind die verschiedensten Handlungsstränge miteinander verflochten, im Fokus der Tragödie aber bleibt dieser Hass, der im berühmten Verteidigungsmonolog des III. Aktes explodiert. Eine Schmährede und ein Bekenntnis, denn Shylock öffnet seine Seele, in der Gefühle und Leidenschaften kochen, die seine grausame Forderung erklären:

> Er hat mich beschimpft, mir 'ne halbe Million gehindert; meinen Verlust belacht, meinen Gewinn bespottet, mein Volk geschmäht, meinen Handel gekreuzt, meine Freunde verleitet, meine Feinde gehetzt. Und was hat er für Grund! Ich bin ein Jude. Hat nicht ein Jude Augen? Hat nicht ein Jude Hände, Gliedmaßen, Werkzeuge, Sinne, Neigungen, Leidenschaften? Mit derselben Speise genährt, mit denselben Waffen verletzt, denselben Krankheiten unterworfen, mit denselben Mitteln geheilt, gewärmt und gekältet von eben dem Winter und Sommer als ein Christ? Wenn ihr uns stecht, bluten wir nicht? Wenn ihr uns kitzelt, lachen wir nicht? Wenn ihr uns vergiftet, sterben wir nicht? Und wenn ihr uns beleidigt, sollen wir uns nicht rächen? Sind wir euch in allen Dingen ähnlich, so wollen wir's euch auch darin gleich tun.[2]

Hier spricht ein zutiefst gekränkter Mann, der die Gründe seines Grolls regelrecht auskotzt. Er fordert Antonios Fleisch in der vertraglich festgesetzten Menge ein; nicht einmal das Doppelte oder Dreifache der vereinbarten Garantiesumme könnte ein Ersatz sein für dieses Pfand, das keinen ökonomischen Wert hat, sondern eine reine Wiedergutmachung darstellt, ein Schmerzensgeld. Der Doge wird sich der Anwendung des Gesetzes nicht verweigern können. Die Sache wird schließlich ein ganz anderes Ende nehmen, und der Konflikt löst sich in einem beinahe glücklichen Ende auf. Im Geflecht der Handlung mit ihren verschiedensten Personen und Situationen beeindruckt die Fülle von präzisen historischen Bezügen, die den Hintergrund für das Geschehen bilden, angefangen bei der Dimension des Seehandels der Serenissima Repubblica. Die absolute Notwendigkeit zur Einhaltung der Gesetze entspringt nämlich genau dieser Position als Handels- und Seemacht: Wenn Venedig das Wort gegeben hat, muss sich, damit der Handel weiter floriert, jeder darauf verlassen können.

So erwartet Antonio, der Reeder und Seehandelskaufmann, die Rückkehr seiner Schiffe aus fernen Ländern, «… er hat eine Galeone, die auf Tripolis geht, eine andre nach Indien. Ich höre ferner auf dem Rialto, dass er eine dritte zu Mexiko hat, eine vierte nach England.»[3] Ein Hinweis auf das Ausmaß der Vernetzung im 16. Jahrhundert, in dem das Drama spielt, als Venedig eine wichtige Rolle in der Weltpolitik innehat und auf dem Gipfel seiner Prosperität und seines Ruhmes ist. Und zu einem Gutteil waren es die Juden, die durch ihren geschickten und erfinderischen Umgang mit Geld zu diesem Wohlstand beigetragen haben. Damit handelten sie sich zwar den Ruf von Wucherern ein, in Wirklichkeit aber nahmen sie im Auftrag der Republik eine essentielle Aufgabe wahr.

Auf die eine oder andere Art und Weise ist immer und überall auf der Welt Geld verliehen und geliehen worden, auch vor der Erfindung der Banken. Vor den Banken im heutigen Sinne gab es die *banchi*, die Tische der Geldwechsler, an denen man gegen Pfand oder Schuldscheine Geld leihen konnte, zu einem Zinssatz, der umso günstiger war, je mehr Garantien man vorzuweisen hatte. Die Erfindung des Kreditwesens gehört zu den italienischen Glanzleistungen des 15. Jahrhunderts. Die Schecks, die Frachtbriefe, die Schuldverschreibungen, die Wechsel waren Innovationen, die den Handel beschleunigten und das Risiko verminderten, auf meist abenteuerlichen Reisen riesige Geldmengen mitführen zu müssen. Es waren die Vorläufer unserer heutigen Kreditkarten.

Die Juden waren von vielen Handwerksberufen ausgeschlossen, vom Gewerbe, vom Unterricht; Immobilien- und landwirtschaftlicher Grundbesitz war ihnen untersagt. Es blieben nur wenige Möglichkeiten, auf ehrliche Weise Geld zu verdienen, darunter der Handel mit gebrauchten Textilien und der Geldverleih gegen Zinsen, der den Christen qua Religion verboten war. Auf dem Festland, in Mestre, gab es einen kleinen Kreis jüdischer Bankiers mit der Lizenz, in die Lagunenstadt zu kommen, um dort ihre Geschäfte abzuwickeln, dies aber unter der Voraussetzung, dass sie sich nicht länger als zwei Wochen dort aufhielten. Nun geschah es zum Beispiel 1508 – zur Zeit der Liga von Cambrai[4] –, dass feindliche, gegen Venedig koalierende Truppen beinahe die Stadt erreicht hatten und viele Einwohner von Mestre, einschließlich der Juden, auf die Lagune flüchteten. Die Juden suchten einen Unterschlupf, die Serenissima brauchte Geld, es kam zu einem Treffen, und die ursprünglich noch sehr kleine Kerngemeinde wurde allmählich größer. Die Aufenthaltsgenehmigungen waren immer noch zeitlich befristet, und um sie zu bekommen, musste man zahlen, doch handelte es sich inzwischen um sehr viel längere Fristen als die einstmals nur 14 Tage.

Zur Liga von Cambrai gehörte auch Papst Julius II. Della Rovere, der gegen Venedig kämpfte, weil er sein Herrschaftsgebiet auf Ravenna und die Romagna-Küste ausdehnen wollte. Nach einigen Monaten wurde dem Papst jedoch klar, dass von Frankreich, das ebenfalls seinem Bündnis angehörte, eine sehr viel ernsthaftere Gefahr ausging als von Venedig. Er wechselte die Fronten und verbündete sich mit der Serenissima. Für Venedig wurde dadurch die Gefahr geringer, für die Juden dagegen nicht.

Im Augenblick der größten Bedrängnis, als es nämlich so aussah, als stünde die Vernichtung der Stadt durch die mächtigen feindlichen Koalitionäre unmittelbar bevor, brach eine weitere Gefahr über die Juden herein. Es waren ausgerechnet die Franziskaner-Prediger, die von Kanzel zu Kanzel ständig wiederholten, dass die Feinde erst zurückgedrängt und die Gefahr erst dann abgewendet wären, wenn Venedig die Sünden vertrieben hätte, die sich in der Stadt eingenistet hatten. Und eine davon sei in die Anwesenheit der Juden, der «Christusmörder» zu sehen.

Solche Worte fielen nicht auf unfruchtbaren Boden. Die Serenissima hatte ihre Unabhängigkeit zwar bewahrt, figurierte nun aber als Verbündete des Papsttums. In dieser Situation wurde eine Maßnahme getroffen, die die Weltgeschichte verändern sollte oder zumindest die Geschichte des jüdischen Volkes in der Welt. Im Großen Rat erhoben sich immer mehr Stimmen gegen die Juden mit dem Vorwurf, sie würden illegal Synagogen errichten und den Staat korrumpieren. Als einer der unnachgiebigsten Gegner der Juden tat sich das Ratsmitglied Zaccaria Dolfin hervor, der, besorgt über den Zustand des Staatsvermögens und verblendet von einem glühenden Antisemitismus, am 26. März 1516 die Anklage vorbrachte, die venezianischen Juden seien ein Fremdkörper und ihre Anwesenheit Ursache zahlreicher Übel. Ein Heilmittel gebe es aber, dass man sie nämlich alle in einem einzigen, leichter zu kontrollierenden Viertel konzentriere: «*...mandarli tutti a star in geto nuovo, ch'è come un castello, e far ponti levadori et serar di muro*», «sie alle ins festungsähnliche Ghetto novo zu schicken, Zugbrücken zu errichten und Mauern hochzuziehen».[5] Drei Tage später, am 29., wurde ein Dekret mit folgender Anordnung erlassen:

> Die Juden müssen alle gemeinsam in dem Komplex von Häusern wohnen, die sich im Ghetto bei San Girolamo befinden, und damit sie nicht die ganze Nacht umhergehen, seien an jener Seite des Ghetto Vecchio, wo es eine kleine Brücke gibt, und gleichermaßen an der anderen Seite der Brücke zwei Tore errichtet, das heißt je eines für die beiden genannten Orte. Jenes Tor muss morgens beim Klang der Marangona-

> Glocke geöffnet und abends um 24 Uhr durch vier christliche Wachen zugesperrt werden, die dafür von den Juden angestellt und bezahlt werden zu dem Preis, der Unserem Kollegium angemessen erscheint.[6]

An diesem Tag Ende März 1516 wurde eine neue Institution begründet und gleichzeitig ein neuer Begriff geprägt – mit weitreichenden Folgen: das Ghetto. Der Institution sollte eine traurige Verbreitung in der Welt beschieden sein. Die Bezeichnung, deren Herkunft ungewiss ist, leitet sich wahrscheinlich vom venezianischen Wort *geto* her, das für ein geschlossenes Areal verwendet wurde, wo es vorher eine Metallgießerei gegeben hatte: von *gettare* = gießen, allerdings mit hartem *g*, was vielleicht auf deutsche Juden zurückgeht, die sich dort als Erste niederließen. (Italienisch würde *geto* eigentlich mit einem weichen *j* wie in «Jet» ausgesprochen – z. B. *di getto* = aus einem Guss.)

Einen Teil der Bevölkerung in eine umschlossene Zone zu verbannen und dort einzusperren, war an sich schon eine ungeheuerliche Maßnahme. Aber das war noch nicht alles. Alle von außerhalb des Ghettos sichtbaren Türen und Fenster mussten zugemauert werden, die vier Tore wurden um Mitternacht zugesperrt und erst morgens wieder geöffnet, zwei (von den Juden bezahlte) Boote patrouillierten nachts in den äußeren Kanälen und stellten die Überwachung sicher.

Und doch hatte die Maßnahme in ihrer praktischen Umsetzung auch ihr Gutes. Immerhin war ein Viertel geschaffen worden, in dem Juden ansässig werden konnten, und allein dies war schon eine Anerkennung, wenn nicht sogar ein Privileg. Innerhalb dieser Umzäunung konnten die Juden ungestört ihre Feste und Gottesdienste feiern, ohne die ständige Angst vor Angriffen und in Sicherheit vor den Hasspredigten, die so oft von den Kanzeln ausgegangen waren. Das Areal war klein und wurde für die ständig zunehmende Zahl der Bewohner immer enger (wie man noch heute aus der vertikalen Ausdehnung der Wohnhäuser schließen kann), es war aber ein geschützter Raum. Vor Plünderungsversuchen geschützt waren auch die Banken und die Ladengeschäfte. Ein Übriges bewirkte der politische Pragmatismus der Venezianer, der dazu führte, dass die Restriktionen mit einer gewissen Elastizität gehandhabt wurden, nicht zuletzt weil die Tätigkeit der Bankiers unverzichtbar war, um zu vernünftigen Zinsen Geld zu bekommen: «Für die armen Leute gibt es keinen Monte di Pietà,[7] wie es in anderen Ländern üblich ist», präzisiert eine Chronik. Der Oberste Prokurator (und spätere Doge) Antonio Grimani wird wenig später offen aussprechen, dass «die Juden» nicht nur «notwendig sind, um den armen Leuten unter die Arme zu greifen», sondern dass sie «uns in diesem Krieg zu ziemlich viel Geld verholfen haben». In der Tat, zu ziemlich viel Geld werden die Juden der Republik auch weiterhin verhelfen, mit einer Reihe von Zwangs-«Anleihen», die ihnen für all die vielen Kriege, in die die Serenissima involviert ist, immer wieder auferlegt werden.

Auch Marin Sanudo, ein Politiker und aufmerksamer Chronist, unterstreicht in seinen unüberschaubar vielen «Tagebüchern» (mehr als 58 Bände!) den sozialen Nutzen der Geldverleiher: «Ich hätte gern das Wort ergriffen, nicht um über die Kinder Israels zu sprechen und über die Betrügereien, die sie beim Geldverleih gegen Zinsen begehen, sondern … um zu zeigen, dass die Juden in einem Land so dringend gebraucht werden wie die Brotbäcker … was unsere Alten immer beachtet haben, die uns rieten, die Juden zu halten, um gegen Zinsen Geld zu verleihen.» Sanudo war der Ansicht, dass es eine unkluge Anordnung wäre, die Juden zu verjagen, ohne dass an ihre Stelle ein Monte di Pietà träte.

Das Ghetto war aber nicht die einzige von der Serenissima ergriffene Maßnahme. Wenn die Juden ihr Quartier verließen, mussten sie, auf die Kleidung aufgenäht, als Erkennungszeichen einen gelben Ring tragen, später ersetzt durch eine ebenfalls gelbe Kopfbedeckung. Davon ausgenommen waren nur die jüdischen Ärzte, die einen sehr guten Ruf hatten und eine besondere Rolle spielten, doch nur für eine begrenzte Zeit. Vom Gründonnerstag bis Ostern mussten die Juden als Zeichen der Reue für ihr Verbrechen an Christus in ihren Häusern und Wohnungen bleiben, was aber auch wieder eine Art Schutz gegen mögliche Aggressionen war, die während der Passionszeit hätten hochkochen können. Der Historiker und Judaist Riccardo Calimani (dem ich sehr viele wertvolle Informationen verdanke) hat in seinem Buch über die Geschichte des Ghettos von Venedig außerdem daran erinnert: «Ausländer einzusperren war nicht nur bei den Venezianern üblich: In Alexandria war es beispielsweise den Venezianern verboten, während der muslimischen Gebetsstunden oder am Freitag aus dem Haus zu gehen. Und nachts wurden sie eingesperrt.»[8]

In Rom wurde die Einrichtung des Ghettos mit großem Interesse zur Kenntnis gekommen. Papst Carafa, der 1555 unter dem Namen Paul IV. den Thron bestiegen hatte, dachte sofort daran, dies nachzuahmen. Nur zwei Monate nach seiner Wahl beeilte er sich, mit einer berühmt gewordenen Bulle *Cum nimis absurdum* (Es ist völlig absurd), auch in Rom ein Ghetto zu gründen. Was eigentlich sollte denn so «völlig absurd» sein?

> Es ist völlig absurd und im Äußersten unangemessen, dass die Juden, die durch eigene Schuld von Gott zu ewiger Knechtschaft verdammt wurden, mit der Ausrede, sie seien durch die christliche Liebe beschützt und in ihrem Zusammenwohnen mitten unter uns toleriert, eine derartige Undankbarkeit gegenüber den Christen an den Tag legen können, dass sie diese für ihre Barmherzigkeit schmähen und Herrschaft beanspruchen statt Unterwerfung: Und weil wir erfahren haben, dass in Rom und an anderen der Heiligen Römischen Kirche unterstellten Orten ihre Unverfrorenheit so weit gediehen ist, dass sie es nicht nur wagen, mitten unter den Christen zu leben, sondern sogar in der Nähe von Kirchen, ohne die geringste Kennzeichnung der Kleidung, und dass sie sogar in den Hauptstraßen und -plätzen Häuser mieten, kaufen und Immobilien besitzen, Hausmädchen, Ammen und andere christliche Dienerschaft einstellen und zahlreiche weitere Missetaten begehen, zur Schande und zur Verachtung des Christentums, sehen wir uns gezwungen, die folgenden Maßnahmen zu ergreifen …

An Maßnahmen war vorgesehen: *in primis* die Einrichtung eines Ghettos und die Vorschrift, dass in jedem Ghetto nicht mehr als eine Synagoge stehen durfte; das Verbot von Immobilienbesitz; die Verpflichtung zu einem äußerlichen Erkennungszeichen; das Verbot, christliche Bedienstete einzustellen; die Genehmigung zur Ausübung einer nur begrenzten Anzahl an Handwerken, darunter wieder einmal der Handel mit gebrauchter Kleidung und der Geldverleih. Papst Pius V. (Antonio Ghislieri), einer von Pauls Nachfolgern, der von 1566 bis 1572 regierte und für seinen Antijudaismus bekannt war, empfahl allen Nachbarstaaten die Einrichtung von Ghettos. Eine Empfehlung, der man allerorten umgehend nachkam, ausgenommen in Livorno und Pisa.

In Rom blieben die meisten dieser Anordnungen lange Zeit in Kraft. Unter den vielen bezeichnenden Geschichten dazu kann man den Fall Amedeo Modiglianis anführen, der wegen eines Missgeschicks seines Urgroßvaters 1884 in Livorno geboren wurde. Viele Jahre zuvor hatte sich die Familie Modigliani in der Stadt des Papst-Königs niedergelassen, weil man sich in der lebhaften Handelsmetropole Rom bessere Geschäfte versprach. Amedeos Vorfahre, ein vermögender Mann, vielleicht Bankier, wahrscheinlich Betreiber eines Pfandleihhauses, hatte Gelegenheit, einem bedeutenden Kardinal in finanziellen Nöten Geld zu leihen und ihm damit aus einer schwierigen Situation zu helfen. Die Angelegenheit ließ sich so sehr zur beiderseitigen Zufriedenheit regeln, dass der unbesonnene Modigliani glaubte, er könne trotz des päpstlichen Verbots den Erlös des Geschäftes in einen Weinberg in den Albaner Bergen investieren. Als die Sache ruchbar wurde, befahlen die Männer der Kurie dem unverschämten Juden unter Androhung schwerster Sanktionen, das Grundstück unverzüglich wieder abzugeben. Einen Kirchenfürsten vor Pleite und Schande bewahrt zu haben, war keine ausreichende Voraussetzung für den Erwerb von Grund und Boden. Zähneknirschend musste Modigliani gehorchen, scharte aber verärgert und beleidigt sofort seine Familie um sich und zog mit Sack und Pack von Rom nach Livorno. Ferdinand I. (1587–1609), Großherzog der Toskana, Förderer der Künste und der Wissenschaften, ein kluger Herrscher, der vom Wunsch beseelt war, diese herrliche Bucht zu urbanisieren und zu bevölkern, hatte Livorno in eine Art Freihafen verwandelt, in den er jeden einlud, der sich dort ansiedeln wollte, politische und religiöse Asylanten eingeschlossen. Die jüdische Gemeinde Livornos erfreute sich denn auch eines gewissen Wohlstands, wie es unter anderem die Pracht ihrer barocken Synagoge demonstriert. Als die Familie Modigliani 1849 nach Livorno kam, lebten dort etwa 5000 Juden bei einer Gesamtbevölkerung von 70 000 Einwohnern.

Im Gegensatz dazu sind die Juden in Venedig immer sehr viel weniger zahlreich gewesen. Dazu Ricardo Calimani: «Gegen Ende des 16. Jahrhunderts belief sich die jüdische Bevölkerung der Venetischen Republik, einem Staat mit mehr als anderthalb Millionen Einwohnern, auf insgesamt 3000 Personen.»[9] Mitte des 17. Jahrhunderts waren es beinahe 5000 geworden, die Volkszählung von 1869 ergab aber nur noch 2415 (bei einer Gesamtbevölkerung von 114 000 Einwohnern), eine Zahl, die vor dem Ersten Weltkrieg wieder auf 3000 stieg.[10] Die faschistischen Rassengesetze und die Razzien während der Nazi-Okkupation zeitigten tragische Folgen: Von den zweihundert deportierten venezianischen Juden haben nur sieben überlebt. Bei Kriegsende zählte die Gemeinde gerade noch knapp 1000 Mitglieder, die sich im Jahr 2000 nochmals um die Hälfte reduziert hatte.

Mal mehr, mal weniger dicht bevölkert, war die venezianische Gemeinde in drei Komponenten oder «Nationen» unterteilt. Die größte war die deutsche (*«tedesca»*), außerdem gab es die sogenannte levantinische Gemeinde und die ponentinische. Mit der Zeit schwächten sich die Unterschiede in Sprache und Ritus ab – nicht zuletzt infolge der häufigen Mischehen –, ohne aber je ganz zu verschwinden. Auch die Rabbiner, die anfangs nur ihre jeweils eigene «Nation» repräsentierten, wurden zuletzt aufgrund ihrer persönlichen Verdienste zu Vertretern der ganzen Gemeinde gewählt. Von der alten Aufteilung in «Nationen» zeugen die zahlreichen Synagogen, die man im Ghetto von Venedig noch heute bewundern kann: die deutsche, die spanische, die italienische, die levantinische Schola (= «Schule»): Orte, die reich an Tradition sind, aber auch an eindrucksvoller Architektur, Rauminszenierung und Innenausstattung, an Paramenten (Messgewändern) und Silber.[11]

Wie in jeder geschlossenen Gemeinschaft war auch im Ghetto das soziale Leben besonders intensiv und turbulent, ob es sich nun um freundschaftliche, amouröse oder auch feindselige Beziehungen handelte, um solidarische Freundschaften, Allianzen oder Rivalitäten, um Eifersüchteleien oder nicht selten auch Zank und Streit. Das Ganze verkompliziert durch das schwierige Verhältnis zur christlichen Stadt und den Würdenträgern der Kirche. In Venedig war die Atmosphäre insgesamt entspannter als in Rom oder in den päpstlichen Territorien. Es blieb aber verbreitete Annahme, dass die Stadt mit Gottes Hilfe gegründet worden und ihr geschäftlicher und militärischer Erfolg auch weiterhin vom göttlichen Wohlwollen abhängig sei, was dem Klerus einen beträchtlichen Einfluss auf die Angelegenheiten der Bürger verschaffte.

Die Regierung der Republik hatte immer versucht, eine liberale Unabhängigkeit zu erhalten und ein offenkundiges Untertanenverhältnis zum Papsttum, wie es in anderen Territorien der Halbinsel vorherrschte, zu vermeiden. Doch nicht einmal Venedig konnte die Feindseligkeit der Kirche gegenüber den Juden vollständig ignorieren, vor allem in solchen Zeiten nicht, in denen die Serenissima gezwungen war, politische oder militärische Allianzen mit Rom einzugehen.

Als 1542 jener große Komplex der Neufassung vieler Normen und Lehren vorbereitet wurde, der später unter dem Begriff «Gegenreformation» zusammengefasst werden sollte, hatte Papst Farnese (Paul III.) der Inquisition mit der berüchtigten Bulle *Licet ab initio* einen neuen Schub verliehen. Fünf Jahre später kam durch Dekret des Dogen das Kirchentribunal auch in der Lagune an, unter der Leitung des päpstlichen Gesandten, des Patriarchen und eines Franziskaners, der, obgleich er den Eid auf die Gesetze der Republik schwören musste, der eigentliche Inquisitor war. Nach 1560 ging die Amtsführung an die Dominikaner über. Die Franziskaner-Prediger waren im Übrigen die eifrigsten, wenn es um die Forderung ging, Gottes Wohlwollen gegenüber der Stadt durch Buße zurückzugewinnen, wobei nach ihrer Ansicht eine der schlimmsten Sünden darin bestand, den Juden exzessive Freiheit gewährt zu haben.

Die Reaktion der Kirche auf Luthers Reformation und die neuen päpstlichen Gegenmaßnahmen stärkten die Macht der Inquisition auch gegenüber den «Häretikern». Das musste gegen Ende desselben Jahrhunderts der Philosoph Giordano Bruno am eigenen Leibe erfahren, der sich 1592 in Venedig niedergelassen hatte, um einem gewissen Giovanni Mocenigo, einem venezianischen Kleinadeligen, Lektionen in «Mnemotechnik» zu geben. Die Beziehung der beiden stand unter keinem guten Stern, und als Bruno ankündigte, er wolle die Stadt verlassen, lief Mocenigo beleidigt zum Kirchentribunal und denunzierte ihn. Er behauptete, der Philosoph habe geflucht, missachte die Religion, glaube nicht an die Dreifaltigkeit, dafür aber an die Ewigkeit der Welt und an die Existenz unendlicher Welten, er praktiziere Zauberei, leugne die Jungfräulichkeit Marias etc. Noch am selben Abend wurde Bruno verhaftet und ins Gefängnis gesperrt. Er nahm wohl an, er käme glimpflich davon, aber im Zeichen des bevorstehenden Heiligen Jahres begann Rom, sich für den Fall zu interessieren. Dorthin wurde Bruno überführt, um ihm erneut den Prozess zu machen. Am 17. Februar 1600 wurde er auf dem Campo de' Fiori verbrannt.

Ein weiteres Problem waren die Konversionen. In Rom waren die Zwangskonversionen von Juden gängige Praxis, in Venedig aber konnten nicht dieselben, bisweilen brutalen Methoden angewendet werden wie in der Papsthauptstadt, das hätte die Regierung der Republik nicht gestattet. Die Juden wurden im Allgemeinen aber auch nicht als Ketzer betrachtet, von einigen Sonderfällen abgesehen. Zum Beispiel setzte ein Dekret Bonifatius' VIII. fest, dass erst ein zum Christentum konvertierter, also getaufter Jude, der wieder zum Judentum zurückkehren wolle, als Häretiker betrachtet und als solcher behandelt werden sollte. Während in Rom die Nötigungen zur Konversion weitergingen, einschließlich der – von Schweizergarden überwachten – für Juden obligatorischen Predigten im Haus der Katechumenen, vermied man in Venedig diese Art von Bekehrungsversuchen der Juden zum Katholizismus – entsprechend selten waren Konversionen, wenngleich in manch einem Fall spektakulär.

Aufsehen erregte die Taufe des Sohnes von Asher Meshullam, dem Ghetto-Vorsteher, in der Frari-Kirche. Es gab eine feierliche Zeremonie, bei der der Neukonvertit mit allen Ehren und großem Pomp empfangen wurde. Das war jedoch ein außergewöhnlicher Fall, im Allgemeinen wurden solche Ereignisse mit großer Diskretion behandelt. Es fehlte aber auch nicht an peinlichen Fällen von kalkulierter Konversion, für die im Gegenzug Almosen erwartet wurden. So geschehen einem jungen, in Not geratenen Juden, der sich insgesamt viermal – zweimal in Venedig, außerdem in Ravenna und Modena – taufen ließ. Im Inquisitionsprozess gestand er: «Ich habe mich taufen lassen, weil meine Kleidung verschlissen war, und um ein Dach über dem Kopf zu haben, habe ich mich taufen lassen ... Ich wusste, dass das schlecht war und gegen die Gebote des christlichen Glaubens verstieß und dass es Sünde war, aber ich tat es, weil ich nicht wusste, wie ich überleben sollte.» Er wurde dazu verurteilt, zwanzig Jahre auf einer Galeere zu dienen.[12]

Die Konvertiten verloren ihren ursprünglichen Namen und übernahmen in der Regel den Nachnamen des Taufpaten und den des Tagesheiligen. Ein kurioses Beispiel für einen solchen Übertritt von einer Religion zur anderen ist Lorenzo Da Ponte, Mozarts genialer, berühmter Librettist. Sein ursprünglicher Name war Emanuele Conegliano. Er war der Sohn von Geremia, einem Rauchwarenhändler, der Witwer war und in zweiter Ehe eine katholische Frau heiraten wollte. Um diese Ehe zu schließen, musste er sich aber taufen lassen, und bei der Gelegenheit ließ er seine Kinder aus erster Ehe gleich mittaufen, unter ihnen Emanuele, der damals – wir schreiben das Jahr 1763 – vierzehn Jahre alt war. Der Bischof von Ceneda, Monsignor Da Ponte, gab dem Jungen seinen eigenen Namen, taufte ihn Lorenzo und schenkte ihm die Übernahme der Kosten für sein Studium im Priesterseminar, damit er anschließend eine kirchliche Laufbahn einschlagen konnte. Mit 24 Jahren wurde Lorenzo tatsächlich zum Priester geweiht und begann in verschiedenen Kollegien Venetiens zu unterrichten. Zum Priester war er aber nicht besonders geeignet. Er ließ sich mit vielen Frauen ein, erklärte sich zum Anhänger Rousseaus und der Aufklärung und bekam einen Sohn von einer venezianischen Adligen, was wahrscheinlich der Auslöser seiner Flucht aus Italien war. 1781, inzwischen 32 Jahre alt, kommt er nach Wien mit einem Empfehlungsschreiben an Antonio Salieri in der Tasche, dem Kapellmeister am kaiserlichen Hof. Er erhält eine Anstellung als Librettist (heute wäre er vielleicht Drehbuchautor), beginnt mit seiner Arbeit und lernt Mozart kennen, für den er die drei grandiosen «italienischen» Libretti schreibt: *Le nozze di Figaro, Don Giovanni, Così fan tutte.* Der weitere Verlauf seines Lebens war nicht weniger abenteuerlich. Er ging nach New York und lehrte Literatur an der heutigen Columbia University. In New York starb er auch, seines fast neunzigjährigen Lebens wahrscheinlich überdrüssig.

Das Ghetto blieb bis zum Ende des 18. Jahrhunderts bestehen, und seine Abschaffung führte verständlicherweise zu großer Ausgelassenheit und Fröhlichkeit, obwohl die Umstände, die dazu führten, dramatisch waren. General Bonaparte hatte seinen Italienfeldzug von 1796/97 siegreich abgeschlossen. Was blieb, war die Furcht vor der militärischen Schlagkraft Österreichs, die man auf irgendeine Weise im Zaum halten musste. Seit Jahrhunderten hatten die Habsburger vorgehabt, das Dominium Venetum zu Lande und zu Wasser in ihren Besitz zu bringen. Napoleon erfüllte ihnen diesen Wunsch, denn in dem sich nun anbahnenden Tauschgeschäft war Venedig seine Trumpfkarte. 1797, zunächst im April in Leoben, dann im Oktober in Campoformio unterzeichnete der General zwei Friedensverträge mit einem Repräsentanten des österreichischen Kaisers; der abschließende Artikel 6 legte fest:

> Die Französische Republik stimmt zu, dass Seine Majestät, der Kaiser der Römer und König von Ungarn und von Böhmen in ganzer Souveränität und zu Eigentum die nachstehend genannten Länder besitze, nämlich: Istrien, Dalmatien, die vormals venezianischen Inseln der Adria, die Bucht von Kotor, die Stadt Venedig, die Lagunen und die zwischen den Erbländern Seiner Majestät des Kaisers und Königs, dem Adriatischen Meer und einer Linie liegenden Ländereien, die von Tirol ausgehen, dem Strom [Etsch] vor Gardola folgen, den Gardasee bis Lacise überqueren wird; von dort einer beiden Parteien gleichen Vorteil bietenden Militärlinie bis nach Sangiacomo, die von genialen, vom einen und vom andern Teil vor der Auswechslung der Ratifikationen des vorliegenden Vertrages nominierten Offizieren bezeichnet werden wird.[13]

Das war praktisch das Ende der politischen Existenz der Serenissima, in Kraft gesetzt von dem Mann, der im Namen der republikanischen Tugenden und der Freiheit der Völker seine Kriege geführt und seine Siege gefeiert hatte. Es gab aber eine Gegenleistung: Der Verlust Venedigs musste kompensiert werden durch die Geburt der Cisalpinischen Republik, wie es der folgende Artikel 8 festlegt:

> Seine Majestät, der Kaiser der Römer und König von Ungarn und von Böhmen, erkennt die Zisalpine Republik als unabhängige Macht an. Diese Republik umfasst die vormalige österreichische Lombardei, das Bergamaskische, das Brescia'sche, Cremassische, die Stadt und Festung von Mantua, das Mantua'sche, Peschiera, die Partie der vormals venezianischen Staaten im Westen und im Süden der in Artikel 6 zur Abgrenzung der Staaten Seiner Majestät in Italien bezeichneten Linie, das Modensische, die Grafschaft von Massa und Carrara und die drei Gesandtschaften von Bologna, Ferrara und der Romagna.[14]

Es war aber nicht nur das Ende Venedigs. In der eisigen Sprache der Diplomatie war dies auch eine Quittung für die jahrhundertelange Unfähigkeit ganz Italiens, sich zu einem Nationalstaat zu vereinigen. Im Verhältnis zu den Supermächten – wie wir im heutigen Politik-Jargon sagen würden – war das politische Gewicht der Serenissima auf Null reduziert; um die Stadt, die Lagune, die Besitztümer im Adriaticum, einen Gutteil des Veneto wurde auf dem internationalen Kriegsschauplatz buchstäblich gewürfelt.

Die Regierung Venedigs hatte bereits am 12. Mai 1797 abgedankt und den französischen Truppen die Stadttore geöffnet. In seiner monumentalen *Storia documentata di Venezia* (Geschichte Venedigs in Dokumenten) schreibt Samuel Romanin: «Zeiten äußerster Entmutigung, die Unabhängigkeit zur Illusion herabgesunken, Zeiten des Untergangs öffentlicher und privater Reichtümer, den man mit einem künstlichen Freudentaumel zu verbergen suchte … Zeiten, in denen man alles erneuern wollte und die Vertreter der öffentlichen Sache, Betrogene oder Betrüger, sich in weitschweifigen Deklamationen überboten und aus der Regierung ein Puppentheater machten.»[15] Ohne Widerspruch befürchten zu müssen, können wir sagen, dass sich in der Geschichte Italiens dieses «Puppentheater» der verschiedenen Regierungen, dieser sogenannten Vertreter der *res publica*, ob nun «Betrogene oder Betrüger», in ähnlich dramatischen Momenten oft wiederholt hat.

In den ersten Tagen des Juni beschloss die Provisorische Munizipalität (der auch die Juden angehörten) im Taumel des Neubeginns, die Tore, die bis dahin den Ghetto-Bezirk umschlossen, niederzureißen. Am 9. Juli (im «Ersten Jahr der Italienischen Freiheit») wurden die Juden in der Spanischen Synagoge zusammengerufen, um ihnen zu verkünden, dass mit den Toren des Ghettos die «abscheuliche Trennung» insgesamt abgeschafft werde. Das bedeutete die Anerkennung der vollen Staatsbürgerschaft, die ihnen bis zu diesem Augenblick verweigert oder nur eingeschränkt gewährt worden war. Tatsächlich wurde die Nationalgarde damit betraut, die Anordnung materiell umzusetzen: «Die Provisorische Munizipalität … hat verfügt, dass die Tore fallen müssen …, jene Trennungsmarke zwischen Juden und den anderen Staatsbürgern, damit sichtbar wird, dass es keine Trennung mehr gibt.»[16] Pier Gian Maria de' Ferrari, der das dritte Bataillon befehligte, hat uns eine sehr farbige Beschreibung der Ereignisse hinterlassen:

> Die Genugtuung und Zufriedenheit des ganzen zusammengelaufenen Volkes lässt sich nicht in Worte fassen, das unter freudigen Rufen wie «Es lebe die Freiheit!» nicht müde wurde, jene Schlüssel [des Ghettos] auf dem Boden zu schleifen und diese Stunde und den Augenblick der Wiedergeburt zu segnen. Diese hellen Hochrufe wurden fast eins mit dem Geräusch, das entstand, als nacheinander alle vier Tore unter der Leitung des Adjutanten Goldoni, der sich mit dem Eifer eines Patrioten hervortat, niedergerissen wurden. ... In dem Augenblick, als man die Tore schliff, begannen Personen beiderlei Geschlechts inmitten des Platzes, der von der Nationalgarde gedeckt wurde, demokratische Freudentänze aufzuführen. Es bleibt festzuhalten, dass auch die nach jüdischer Art gekleideten Rabbiner tanzten, was die jüdischen Bürger in noch größeren Schwung versetzte.[17]

Im Triumph wurden die «demolierten» Tore auf die Piazza del Ghetto nuovo getragen, dort wurden sie im Beisein der Nationalgarde zertrümmert und «mit Freudenschreien dem Feuer übergeben, das sie rasch verzehrte».[18] Niemand wusste in diesen Julitagen, dass das Schicksal der Republik in Wahrheit bereits vom ersten, drei Monate zuvor in Leoben unterzeichneten Abkommen zwischen Frankreich und Österreich besiegelt war. Um diese unbändige Freude auszulösen, reichte die Gewissheit, dass die Epoche der Diskriminierung abgeschlossen war und ein neues Leben begann.

Mit dieser Hoffnung hatten die jubelnden Bewohner des Ghettos Recht, zumal dieser Zustand andernorts noch nicht verwirklicht war, wie es der Bürger Massa, Vorsteher der Società patriottica, anprangerte: «Die Juden sind aus Neapel verbannt worden. ... In Rom sind sie dann beleidigt und ungestraft verhöhnt worden. ... In Rom werden die Juden wie Vieh auf dem Markt gezeichnet. ... Dank an den unsterblichen Bonaparte, der die Wurzeln der italienischen Sklaverei ausriss!»[19] Als er seine Begeisterung herausschrie, wusste der Bürger Massa wahrscheinlich noch nicht, dass die französischen Besatzer als eine der ersten Maßnahmen neue Steuern in Höhe von insgesamt 870 000 Dukaten erheben würden, ein Viertel davon zu Lasten der Juden.

Am 17. Oktober trat der Vertrag von Campoformio in Kraft, die österreichischen Truppen hielten Einzug in die Stadt und lösten das französische Kontingent ab, von dem niemand so recht wusste, ob man es als Besatzungs- oder Befreiungstruppe bezeichnen sollte. Es dauerte nicht lange, und die Dinge änderten sich ein weiteres Mal. Bereits im Januar 1798 verloren die Juden ihre rechtliche Gleichstellung gegenüber den übrigen Staatsangehörigen wieder und mussten, diesmal vonseiten der Österreicher, erneut Beschränkungen hinnehmen. Auf jeden Fall aber kam es nie wieder zur Erniedrigung durch verriegelte Tore vom Einbruch der Dunkelheit bis zum Morgengrauen.

Der Ruhm Venedigs verblasste, wie immer, aufgrund politischer Kurzsichtigkeit und der Unzulänglichkeit der Kräfte, aber auch der Menschen. Die Machthaber der Serenissima waren weder imstande, den Wandel der Zeit zu erkennen, noch auf die neuen gesellschaftlichen Erfordernisse zu reagieren, die auf sie zukamen. Auf eine kleine Oligarchie reduziert, machte sich die Regierung der Republik vor, sie könne die Situation durch Einigelung und Verteidigung des Status quo aussitzen. Einer der größten Fehler, den die Historiker der Republik zum Vorwurf machen, war die Verweigerung eines Bündnisses zwischen der Stadtregierung und dem Adel des Festlands, was eine Zufuhr frischer Energie und engere Verbindungen zwischen der Serenissima und dem Hinterland bedeutet hätte. Das Gegenteil passierte, diese Verbindungen wurden gelockert, schlugen sogar in Feindseligkeit um. Zu allem Überfluss wurde auch noch ein unentschlossener Mann wie Ludovico Manin Doge, den ein Chronist der Zeit mit diesen Worten beschreibt: «Er hatte buschige Augenbrauen, braune und blasse Augen, eine große Adlernase, eine vorstehende Oberlippe, einen müden Gang, den Rücken leicht gebeugt. Dem Ausdruck seines Gesichts abzulesen war die innerliche Erschütterung, die jede seiner Handlungen leitete und beherrschte.» Dieses für einen politischen Führer nicht gerade schmeichelhafte Porträt korrespondiert mit dem Charakter des Mannes, den wir aus seinen Handlungen ableiten können: Er war unentschlossen in einem Augenblick, in dem höchste Entschlossenheit vonnöten gewesen wäre.

Sein Name erinnert uns aber natürlich auch an den sehr viel verdienstvolleren von Daniele Manin, mit dem Beinamen der «letzte

Doge», der kurioserweise diesen letzten Teil der Geschichte mit der des Ghettos verbindet. Daniele war jüdischer Abstammung. Sein Großvater, Samuele Medina, war 1759 gemeinsam mit seiner Frau Allegra Moravia konvertiert, beim Übertritt hatte auch sie den Namen des Taufpaten angenommen, der eben Ludovico Manin war. Ludovico war an den Aufständen von 1848 in Venedig beteiligt. Unter seiner Führung wurde die (von Österreich) unabhängige Repubblica di San Marco ausgerufen. Von den Österreichern gefangengenommen, wurde er (gemeinsam mit Niccolò Tommaseo) von der aufgebrachten Menge wieder befreit.

Von diesem historisch letzten Dogen, Ludovico Manin, kennen wir das vernichtende Porträt Ippolito Nievos in seinem großen Roman *Bekenntnisse eines Italieners.* Nievo skizziert mit ein paar Strichen seinen ängstlichen Charakter: «Bei dieser Gelegenheit sprach der Durchlauchtigste Doge Ludovico Manin, während er im Raum auf und ab ging und sich die Hosen über den Bauch zog, die denkwürdigen Worte: ‹Heute Nacht sind wir nicht einmal in unseren Betten sicher.›»[20] Wenige Seiten später folgt die dramatische Beschreibung der letzten Sitzung des Großen Rates, in der Manin mit einer schmählichen Rede ohne jeglichen Widerstand sein Amt niederlegte:

> Bleich und zitternd erhob sich der Doge vor der Staatsgewalt des Großen Rats, dessen Repräsentant er war und dem er einen beispiellos schmählichen Vorschlag zu machen wagte. … Ludovico Manin stammelte ein paar Worte über die Notwendigkeit, diese Bedingungen anzunehmen ohne unnützen, ja aussichtslosen Widerstand, über die Großmütigkeit des General Bonaparte. Ludovico Manin … entehrte mit seinem Gestammel sich selbst, den Großen Rat und das Vaterland, und nirgendwo war eine entschlossene Hand, die gewagt hätte, ihm den Dogenmantel von den Schultern zu reißen, ihm den feigen Schädel auf diesem Boden zu zerschmettern, auf den die Minister von Königinnen und päpstlichen Legaten den Kopf herabgebeugt hatten.[21]

Ludovico Manin, der sich mitsamt der venezianischen Regierung so willfährig in die Entmachtung schickte, ging als der «weinende Doge» in die Geschichte ein. In seiner Kulturgeschichte *Venezia e il suo estuario* (Venedig und seine Lagune) von 1926 schließt Giulio Lorenzetti das Kapitel über das Ende der Serenissima mit diesen trostlosen Worten:

> So unehrenhaft endete, ohne das geringste Aufbäumen von Heldentum, zwischen Kleinmut und Feigheit einer ängstlichen und korrupten Aristokratie und der vergeblichen Illusion von einer fanatischen und törichten Demokratie, die ruhmreiche Serenissima, «Ornament Italiens und der Welt», deren jahrhundertelange Größe gewiss ein weniger schmähliches Ende verdient hätte.[22]

Die Geschichte des Ghettos von Venedig betrifft nicht nur die Juden, sie verweist vielmehr auf eines der tiefsten und folgenreichsten «Geheimnisse» Italiens, vielleicht müsste man es aber eher ein unauflösbares «Rätsel» nennen. Gemeint sind die Gründe, weshalb in der Geschichte der Halbinsel nie einer jener Verträge aufgesetzt und umgesetzt wurde, die mühsam und Schritt für Schritt, bisweilen auf Kosten von sehr viel Blut, die Rechte der Individuen verkündet, erweitert, garantiert und gewährleistet haben. Dabei denke ich an Beispiele anderer Länder – wie den Augsburger Frieden von 1555 oder den Westfälischen Frieden von 1648 –, in denen Schritt für Schritt zunächst die religiösen und dann die individuellen Freiheiten anerkannt wurden. Zwar hat es den einen oder anderen Versuch gegeben, doch handelte es sich dabei um sporadische Einzelfälle, die nach kurzer Dauer wieder im Keim erstickt wurden: so in Neapel 1799, so in Rom 1849. Man kann von Napoleon halten, was man will – und es fehlt nicht an kritikwürdigen Momenten in seinem Handeln, auch das eiskalte Kalkül, mit dem er den Österreichern Venedig abtrat, erzeugt ein verständliches Missfallen –, es war aber Napoleon, der den Juden in Venedig die Freiheit brachte. Ihm ist es letztlich auch zu verdanken, dass der Prozess der nationalen Einheit endlich konkret in Gang kam. Der Kanonendonner von Marengo war ein Weckruf für ein Italien, das seit Jahrhunderten in einen Dornröschenschlaf versunken war. In Marengo besiegte Napoleon am 14. Juni 1800 die österreichischen Truppen, und dies war der Auslöser für den Prozess, der dann das Risorgimento hervorbrachte. Das Königreich Lombardo-Venetien war eine Provinz der Donaumonarchie. Ohne die Schlacht bei Marengo hätte es 1848 wahrscheinlich die «Fünf Tage von Mailand»[23] nicht gegeben, mit denen die Vertreibung der Österreicher aus Italien begann.

Als Kuriosum kann hinzugefügt werden, dass die Schlacht von Marengo einen sehr unübersichtlichen Verlauf nahm. Fast den ganzen Tag über schien es, als hätten die Österreicher gesiegt. Dieser Eindruck war so offensichtlich, dass der österreichische Kommandant, General von Melas, eine Depesche mit der Siegesmeldung nach Wien schickte. Erst die unerwartete Ankunft des französischen Generals Desaix mit frischen Truppen ließ den Ausgang der Schlacht plötzlich ins Gegenteil umschlagen.

Hierzu ein kleiner Schlenker zur Verarbeitung des Themas im Melodram, das ja in Italien immer einen guten Orientierungspunkt abgibt: Mit dem Missverständnis über den Ausgang der Schlacht bei Marengo spielt die Handlung von Giacomo Puccinis *Tosca*. Die Nachricht, dass Napoleon geschlagen ist, verbreitet sich wie ein Lauffeuer und erreicht Rom. Dort beeilt man sich, zum Dank ein *Te deum* zu organisieren. Kurze Zeit später (natürlich in der fiktionalen Zeitebene) trifft die Meldung der Wende ein (*«Melas è in fuga» – «Melas ist geflüchtet»*), und Cavaradossi kann den berühmten Freudenschrei anstimmen: «Viktoria! Viktoria! Der siegreiche Tag erscheint, der die Schufte erzittern lässt! Die Freiheit erhebt sich gegen die Tyrannei!»

So viel zum Melodram, in dem im Übrigen eine gute Dosis Realismus enthalten ist, wenn man bedenkt, dass der Maler Cavaradossi und seine Freunde eine kleine isolierte Gruppe von Patrioten in einer trägen und ziemlich feigen Stadt sind. Kehrt man zur realen Geschichte zurück, ist die Wahrheit vielleicht noch schlimmer: Um Tyranneien zum Einsturz zu bringen, damit sich die Freiheit erheben kann, ist in Italien meist Hilfe von außen notwendig gewesen. Italien ist ein Land mit einem Höchstmaß an kleinen Freiheiten – der Freiheit, Abfall auf die Straße zu werfen, bei Rot über die Ampel zu fahren, Häuser auf Grundstücke zu bauen, die kein erschlossenes Bauland sind, usw. Während sich viele ungeniert, nach Gutdünken und missbräuchlich diese kleinen Freiheiten nehmen, sind die großen bürgerlichen Freiheiten, die den Individuen die Ausübung ihrer Rechte garantieren, für sehr lange Phasen, bis in unsere Tage, missachtet und sogar mit Füßen getreten worden.

Bewusst habe ich Venedig als Schlusskapitel gewählt, diese Wahl basiert auf der tiefen Melancholie, die das traurige Ende der Serenissima Repubblica seit meiner Schulzeit immer in mir hervorgerufen hat. Wie hat es passieren können, fragte ich mich in diesen lange zurückliegenden Jahren, dass ein stolzer, gut verwalteter Stadtstaat, eine globale Handels- und Seemacht, militärisch schlagkräftig, scharfsinnig in der Politik, so schnell am Ende war? Noch dazu auf diese Weise? Ich kann mich erinnern, dass ich als Junge bei Bergwanderungen durch die Wälder von Trient gelegentlich auf Grenzsteine mit dem Emblem des Löwen von San Marco gestoßen bin. Bis hier oben, wurde mir erklärt, hatte das Gebiet von Venedig gereicht, und die Wälder waren der Holzlieferant für die Werften und die Flotte. Mit der Zeit kam ich zu der Überzeugung, dass das Ende Venedigs als ein unabwendbares Schicksal und sein Verschwinden als ein Modell für andere Ereignisse der italienischen Geschichte gesehen werden kann. Ob die Historiker da mit mir übereinstimmen, weiß ich nicht. Es sind persönlich gefärbte Ansichten, von Empfindungen geprägt, also diskutierbar.

Die Serenissima fiel aufgrund des unglückseligen Zusammentreffens verschiedener Faktoren: Eine entkräftete, uneinige Führungsschicht, eine der Situation nicht gewachsene Regierung, ein Volk mit völlig unzulänglichem politischem Bewusstsein trafen auf überlegene feindliche Streitkräfte. Dieselben Faktoren finden wir wieder in den Ereignissen des 8. September 1943 mit ihren desaströsen Folgen. Und es ist sicher kein Zufall, dass wir sie mit leicht veränderter Physiognomie auch in der Haltung finden, mit der sich die amtierende politische Führungsschicht seit 2008 monatelang der Finanzkrise gestellt (oder nicht gestellt) hat, indem sie sie als irrelevant und jedenfalls überwunden, ja sogar als «sehr gut überwunden» hinstellte.

Diese Unentschlossenheit bedeutet nicht, dass die Italiener grundsätzlich unfähig sind, den Blick auf weitere Horizonte zu lenken, die es erlauben würden, im Namen eines allgemeineren Interesses den Eigennutz wenigstens eine Zeitlang zurückzustellen. Sie erlaubt es aber zu behaupten, dass diejenigen, die zu einem solchen Versuch bereit wären, zahlenmäßig nur selten stark genug sind, um sich politisch durchsetzen zu können.

Nur bei einigen wenigen Gelegenheiten hat in Italien auch eine Minderheit ausgereicht, um Geschichte zu schreiben. In den Jahren des Bürgerkriegs (1943–1945) nach dem unheilvollen 8. September hat eine Minderheit von jungen Menschen durch den Kampf gegen den Nazi-Faschismus und mit ihrer Organisation der *Resistenza*, wo immer sie konnte, dem Land die Würde wiedergegeben, die es durch die Allianz mit dem verbrecherischen Regime des Dritten Reichs verloren hatte. Eine Minderheit, gewiss, die es aber, ausgehend von der politischen wie der moralischen Überzeugung, erreicht hat, die Befreiung durchzusetzen. Einer der wenigen positiven Momente in einem Jahrhundert, in dem bei weitem die entgegengesetzten Momente überwogen haben.

Voltaire, der ein großer Bewunderer der englischen Kultur und Zivilisation war, hat die Geschichte dieser Insel als einen einzigen Kampf gegen die Macht der Despoten gelesen. In seinen *Lettres philosophiques* (*Philosophische Briefe*, 1734), auch als *Briefe an die Engländer* bekannt, betrachtet er den Bürgerkrieg wie einen nationalen Befreiungskrieg des Dienstpersonals. Die Philosophie John Lockes, Vater des modernen Empirismus, die Entdeckungen Isaac Newtons, denen (aber das konnte Voltaire nicht vorhersehen) die eines weiteren Genies, Charles Darwin, folgen sollten, hatten ihn verführt. In der intellektuellen Freiheit sah er die unabdingbare Voraussetzung für Theorien und Entdeckungen von enormer Reichweite. Der französische Historiker Gustave Lanson wagte in seinem *Voltaire* (1906) die Behauptung, mit dem Verfassen dieser Briefe habe Voltaire «die erste Bombe auf das Ancien Régime geschleudert».

1688 hatten die Engländer eine von ihnen selbst als «glorreich» titulierte Revolution (*Glorious Revolution*) vollbracht, 1776 erkämpften sich die Amerikaner die Unabhängigkeit, 1789 bricht in Paris eine weitere Revolution aus, die Voltaire nicht mehr erlebt (er stirbt 1778), an deren Vorbereitung er aber persönlich beteiligt war. Ich stelle diese Daten in eine Reihe, weil auf der italienischen Halbinsel – während die Welt diesseits und jenseits des Atlantiks ihre Bewegung beschleunigte – nichts dergleichen passierte. Damit ein sehr langsames Erwachen, das (vielleicht) mit den Kanonenschüssen von Marengo beginnt, allmählich eine Physiognomie annimmt, muss man bis zu den revolutionären Bewegungen von 1848 warten: bis zur liberalen Verfassung, mit der Carlo Alberto von Savoy die konstitutionelle Monarchie einführte, bis zu den Fünf Tagen von Mailand, bis zum kurzlebigen Versuch einer Römischen Republik.

Von allen Geheimnissen Italiens ist dies das am besten gehütete und das bedeutendste, ein Geheimnis, das fast alle übrigen in sich birgt: Aus welchem Grund hat die Geschichte der Halbinsel so wenig mit einer Freiheitsgeschichte zu tun? Viele, mich selbst eingeschlossen, haben sich diese Frage immer wieder gestellt. Niemand kann die endgültige Antwort geben, doch unter allen möglichen Hypothesen liegt die, die mir das meiste Gewicht zu haben scheint – ich wiederhole das –, in den berühmten Worten Benedetto Croces, als man ihn nach dem Volkscharakter fragte. Der Charakter eines Volkes, sagte der Philosoph, ist seine Geschichte, seine ganze Geschichte. Wenn Croce Recht hat, müssen wir das Geheimnis genau dort suchen, um es zu ergründen und womöglich irgendwann zu überwinden. Worte, die nicht neu sind, schon oft wiederholt, unter anderem von Ugo Foscolo, der in seiner Inauguralrede an der Universität von Padua am 20. Januar 1809 mit dem Titel *Dell'origine dell'ufficio della letteratura* (Vom Ursprung der Aufgabe der Literatur) mahnte:

> Oh, Italiener, ich ermahne euch, Geschichten zu schreiben, weil kein Volk mehr als ihr so viel Unheil zu beweinen, so viele Fehler zu vermeiden und so viele Tugenden zu respektieren hat.

Es bleibt die Hoffnung, dass diese Ermahnung früher oder später Wirkung zeigt.

ANHANG

DANKSAGUNG DER ÜBERSETZERIN

«Die Geheimnisse Italiens» ist nach «Die Geheimnisse des Vatikan» und «Die Geheimnisse Roms» meine dritte Übersetzung eines Buchs von Corrado Augias ins Deutsche. Die Arbeit mit diesem Autor und seinen Texten ist immer eine Herausforderung und eine Freude zugleich. Eine Herausforderung, weil es seine Bücher inhaltlich und sprachlich in sich haben, eine Freude, weil die Zusammenarbeit mit ihm äußerst anregend und spannend ist. Bei seinem «Roman einer Nation» nimmt Augias an manchen Stellen eine sehr italienische Perspektive ein und bezieht sich immer wieder auf Dinge oder Ereignisse, die für Italiener zum selbstverständlichen kulturellen Horizont oder einfach zur Zeitgeschichte gehören, deren Kenntnis man bei deutschen Lesern aber nicht unbedingt voraussetzen kann. Für die deutsche Ausgabe wurden daher in Absprache mit dem Autor gewisse Ergänzungen oder Präzisierungen vorgenommen. Außerdem habe ich wieder ausführliche Anmerkungen und eine Literaturliste erarbeitet. Alle Zitate wurden von mir übersetzt, sofern keine deutsche Quelle angeführt wird. Im Personenregister wurden für alle wichtigen Namen Lebensdaten eingefügt, was bei der prinzipiell nicht-chronologischen Erzählweise von Corrado Augias schnelle Orientierung sein kann.

Sehr viele Menschen haben zum Gelingen der Übersetzung beigetragen. Großer Dank gebührt Thomas Clasen und Gabi von der Heyden für ihr aufmerksames Lektorat in der Schlussphase des Projektes sowie der Italienisch-Lektorin Grazia Caiati, die mir bei der Lösung vieler vertrackter Übersetzungsprobleme geholfen hat. Albrecht von der Heyden hat mich über das schwierige Verhältnis von Internationalem Recht und Völkerrecht aufgeklärt. Michael Breitbach hat zum Problem sich überlagernder Rechtssysteme innerhalb bestimmter Sozialstrukturen (hier: Sizilien) Recherchen angestellt und wesentlich zur Klärung der Terminologie beigetragen. Die Altphilologin Barbara Lynker hat die Latein-Zitierweisen und -übersetzungen überprüft. Frank Degler, der Leiter des Ernst-Bloch-Archivs im Ernst-Bloch-

Zentrum (Ludwigshafen am Rhein), hat die unauffindbar scheinenden Bloch-Zitate recherchiert und gefunden. Megan Brenn-White hat bei der Übertragung schwieriger englischer Originaltexte Hilfestellung geleistet. Henri Hohenemser hat mir Hinweise bei Fragen von Theaterarchitektur gegeben. Die Judaistin Christa Wiesner, die Kunsthistorikerin Sigrid Ruby, der Politikwissenschaftler Christoph Bieber, die Soziologin Heike Greschke und der Theaterwissenschaftler Philipp Schulte haben mich bei der Fachterminologie beraten. Jochen Trebesch hat wichtige Hinweise zu Giuseppe Tomasi di Lampedusa gegeben. Der großartige Poesie-Übersetzer Hans Krieger hat (mithilfe von Geraldine Gabor-Dreyer) exklusiv für das Buch die Verse eines erotischen Belli-Sonetts übersetzt. Ich danke meinen Kindern Beatrice und Stefano Di Buduo für die moralische Unterstützung und die gelegentliche Hilfe bei spezifischen Sprachfragen. Ich danke den freundlichen Mitarbeitern der Gießener Universitätsbibliothek für das geduldige Aufspüren entlegener Literatur.

Ein besonderer Dank geht an Petra Rehder für ihr kluges und akkurates Lektorat und die Erstellung des Registers der italienischen Orte; und an Ulrich Nolte, den Lektor des Verlags C.H.Beck, ohne den dieses Buch nicht zustande gekommen wäre und der mir während der Arbeit am Text ein sehr wichtiger Gesprächspartner gewesen ist. Seine konstante Unterstützung war fundamental. Last but not least: ein herzliches Dankeschön an Corrado Augias für die vertrauensvolle und unkomplizierte Zusammenarbeit – zunächst per E-Mail, dann bei unserem mehrtägigen Arbeitstreffen in Umbrien.

Sabine Heymann

ANMERKUNGEN

Die Italiener, gibt es sie überhaupt?

1 Öffentlich zugänglicher Park in Rom, der fast die gesamte Fläche zwischen Aventin und Caelius bedeckt. 1553 wurde das Gelände von Giacomo Mattei erworben. 1581 beauftragte Ciriaco Mattei den Architekten Giacomo del Duca mit dem Bau des sog. Casinos und einer ersten Gestaltung des Parks. Danach arbeiteten die Brüder Fontana an der Ausgestaltung, Gian Lorenzo Bernini entwarf die Brunnen. 1802 wurde das Anwesen an Manuel de Godoy verkauft, danach wechselten die Besitzer in schneller Folge, bis 1869 Baron Riccardo Hoffmann die Villa erwarb. 1918 wurde sie vom italienischen Staat enteignet und 1926 an die Stadt Rom übertragen, die den Park der Öffentlichkeit zugänglich machte.

2 Vergil: *Aeneis*. Buch VI, Verse 851–853. Prosaübertr., Nachw. u. Namensverz. v. Volker Ebersbach. Ditzingen 2007, S. 188.

3 2010, sieben Jahre nach dem spektakulären Zusammenbruch des italienischen Nahrungsmittelkonzerns Parmalat, wurde Firmengründer Calisto Tanzi von einem Gericht in Parma zu einer Gefängnisstrafe von 18 Jahren Haft verurteilt. Der damals 72-Jährige hatte sich wegen Insolvenzbetrugs und Bildung einer kriminellen Vereinigung zu verantworten. – Der Ex-Bürgermeister von Parma, Pietro Vignali (von Berlusconis Partei Polo della Libertà) hat seinem Nachfolger Federico Pizzarotti (von Beppe Grillos Fünf-Sterne-Bewegung) 800 Millionen Euro Schulden hinterlassen.

4 Die Angaben über die italienischen Verluste variieren stark. In der Mussolini-Ära z. B. wurden sie extrem niedrig beziffert. Vertrauenswürdige Untersuchungen gehen von 10 000 bis 13 000 Gefallenen und 30 000 Verwundeten aus.

5 Nievo, Ippolito: *Bekenntnisse eines Italieners*. Roman (2 Bde.). Aus dem Italienischen übersetzt von Barbara Kleiner. Zürich 2005.

6 Vgl. Pirandello, Luigi: *Die Narrenkappe*. Deutsch von Georg Richert. Bearbeitet von Michael Rössner und Maria Sommer. Berlin 1954; Sciascia, Luigi: *La corda pazza. Scrittori e cose dalla Sicilia*. Milano 1991.

7 Bloch, Ernst: *Experimentum Mundi*. Frage, Kategorien des Herausbringens, Praxis (= Gesamtausgabe Band 15). Frankfurt a. M. 1975, S. 26.

8 Pietro Zullino hat in seinem *Guida ai misteri e piaceri di Palermo* (Führer zu den Geheimnissen und Freuden Palermos). Mailand 1973 einen amüsanten Gegensatz zwischen dem Acqua di Parma und dem Acqua di Palermo ausgegraben. Eau de Parme ist ein feines Kölnisch Wasser, dessen Duftnote so beschrieben wird: «*Lumineuse avec la fraîcheur de l'orange,*

de la bergamote, du romarin, e de la verveine.» (Leuchtend, mit der Frische von Orange, Bergamotte, Rosmarin und Eisenkraut). Acqua di Palermo dagegen ist eine hochgiftige Mixtur auf Arsenbasis, auch unter dem Namen Aqua Tofana bekannt, besonders heimtückisch wegen seiner Geschmacksneutralität. Mozart hegte den Verdacht, damit vergiftet worden zu sein.

9 Brilli, Attilio: *In viaggio con Leopardi.* Bologna 2000.

10 Leopardi, Giacomo: *Das Gedankenbuch.* Auswahl, Übersetzung und Nachwort von Hanno Helbling. München 1992 (1985), S. 562.

11 Ebd., S. 570f.

12 Clerici, Luca (Ed.): *Scrittori italiani in viaggio I. 1700–1861.* Mailand 2008.

13 Petrarca, Francesco: *Canzoniere.* CXLVI, Verse 13–14. Zit. nach: zeno.org.

I. Ein Land voller Überraschungen

1 Lord Byron an John Murray, Pisa, 4. Dezember 1821. Zit. nach: Byron in seinen Briefen und Tagebüchern, dargestellt von Cordula Gigon. Zürich und Stuttgart 1963, S. 562.

2 Maler und Politiker (1798–1866) romantischer Schriftsteller in der Nachfolge Alessandro Manzonis, mit dessen Tochter er verheiratet war. D'Azeglio wurde durch historische Romane und romantisch inspirierte Gemälde bekannt. Von König Viktor Emanuel II. wurde er 1849 zum Premierminister des Königreiches Sardinien-Piemont ernannt und mit der Bildung eines Kabinetts beauftragt.

3 *«On one side of the coin was ‹Italy›, the country of beauty and culture; on the other side were the ‹Italians›, an ingenious but corrupt, untrustworthy and licentious race.»* Zit. nach: Sponza, Lucio: *Italian Immigrants in Nineteenth-Century Britain: Realities and Images.* Leicester 1988.

4 Praz, Mario: *Bellezza e bizzarria. Saggi scelti.* Ed. Andrea Cane. Mailand 2002.

5 Radcliffe, Ann: *Der Italiäner oder Der Beichtstuhl der Schwarzen Büßermönche.* Roman. Aus dem Englischen von Friedrich Palakovicz. Frankfurt a. M. und Leipzig 1991 (1973).

6 Ebd., S. 16 und S. 62.

7 Zit. nach: *The Letters of Percy Bysshe Shelley. Volume II. Shelley in Italy.* Edited by Frederick L. Jones. Oxford 1964, S. 9 (Shelley in einem Brief vom 20. April 1818 aus Mailand an seinen Freund Thomas Love Peacock) und S. 58 (am 25. Juli 1818 aus Bagni di Lucca an William Godwin).

8 Vgl. Bonstetten, Karl Viktor von: *Der Mensch im Süden und im Norden oder Über den Einfluss des Clima's.* Deutsch von Friedrich Gleich. Leipzig 1825.

9 «Mein Vaterland, ich seh' die Mauern und die Tore ragen / Und die Säulen, die Bildnisse, die Hermen / Türme der Väterzeit; / Doch seh' ich nicht den Ruhm, / Den Lorbeer und das Schwert, die sie getragen, / Uns're großen

Ahnen», heißt es in Giacomo Leopardis Gesang *All'Italia.* Zit. nach der Übersetzung von Paul Heyse in: zeno.org.

10 Stendhal (H. Beyle): *Römische Spaziergänge.* Deutsch von F. v. Oppeln-Bronikowski u. E. Diez, Jena 1913, S. 35.

11 Mann, Thomas: *Doktor Faustus.* Das Leben des deutschen Tonsetzers Adrian Leverkühn erzählt von einem Freunde. Frankfurt am Main 1974 (1960), S. 231 f.

12 Ebd., S. 232.

13 Fleischhauer, Jan: Italienische Fahrerflucht. Der Spiegel, 23.01.2012.

14 Auf schriftliche Anfrage bei Wolfgang Schäuble, ob er sich erinnern könne, in welchem Zusammenhang, in welcher Rede er das gesagt hat, und ob er ein autorisiertes Zitat geben könne, schrieb er am 27. März 2013: «Gern hätte ich Sie bei Ihrer Umsetzung seines [Augias'] dritten Buches unterstützt. Allerdings habe ich keine Erinnerung mehr an das von Ihnen wiedergegebene Zitat. Auch erinnere ich mich nicht an den Zusammenhang.» Er wünscht dem Übersetzungsvorhaben gleichwohl gutes Gelingen.

15 Vittorio Alfieri (1779–1803) war ein italienischer Dichter und Dramatiker der Aufklärung.

16 Der Legende nach schlug Claretta Petacci die Gelegenheit zur Flucht aus.

17 Erster Ministerpräsident des neuen Königreichs Italien.

II. De Amicis' «Herz» und D'Annunzios «Lust»

1 Das Zitat stammt aus Italo Calvinos Aufsatz «Warum Klassiker lesen?», zit. nach der Übersetzung von Susanne Schoop, Frankfurt a. M. 2003, S. 11.

2 Als «Halbkünstler und Pädagoge» bezeichnete ihn Benedetto Croce in seiner *Geschichte Italiens 1871–1915*, die nicht nur eine Darstellung der politischen Ereignisse ist, sondern einen Überblick über die Entwicklung des philosophischen, moralischen und politischen Denkens in Italien gibt. Zit. nach der Übersetzung von Ernst Wilmersdoerffer. Berlin 1928, S. 157.

3 Mosso, Mimì: *I tempi di Cuore: vita e lettere di Edmondo De Amicis ed Emilio Treves.* Mailand 1925.

4 Amicis, Edmondo de: *Herz.* Übertragen von Elisabeth Schoop-Naef. Zürich 1948, S. 13 und S. 26.

5 Alle Zitate ebd., S. 13.

6 Ebd., S. 56.

7 Ebd., S. 57.

8 Vgl. ebd., S. 11f: «Gestern Abend … trat der Direktor ein mit einem Neueingeschriebenen, einem Knaben mit sehr braunem Gesicht, schwarzen Haaren, großen schwarzen Augen, dichten Augenbrauen, die auf der Stirne zusammengewachsen waren; er ging ganz dunkel gekleidet und trug einen Gürtel aus schwarzem Saffianleder. Nachdem der Direktor dem Lehrer etwas ins Ohr gesagt hatte, ging er hinaus und ließ den Knaben neben

ihm, der uns mit seinen großen schwarzen Augen wie erschreckt ansah. Da nahm ihn der Lehrer bei der Hand und sagte zur Klasse: ‹Freut euch, Kinder. Heute tritt ein kleiner Italiener in die Schule ein, der in Reggio di Calabria geboren ist, mehr als fünfhundert Meilen von hier. Habt euren Bruder lieb, der von weit her gekommen ist. Er ist in einem ruhmreichen Land geboren, das Italien hervorragende Männer geschenkt hat und das ihm gute Arbeiter und tapfere Soldaten schenkt; in einem der schönsten Gebiete unseres Vaterlandes, wo große Wälder und Berge sind, bewohnt von einem Volk voll Geist und Mut. Habt ihn gern, damit er nicht fühlt, wie weit er von der Stadt weg ist, wo er geboren wurde; zeigt ihm, dass ein Italienerbub, in welche Schule Italiens er auch seinen Fuß setzt, Brüder findet.›» Der Lehrer zeigt den Schülern daraufhin Kalabrien auf der Landkarte und fordert den Klassenersten auf, den *Knaben aus Kalabrien* (so der Titel der Geschichte) zum Gruß zu umarmen. Und alle klatschen in die Hände. Der Lehrer weiter: ‹Denkt gut an das, was ich euch sage. Damit es möglich wird, dass ein Kalabreserknabe in Turin wie zu Hause ist und ein Turinerknabe wie zu Hause in Reggio di Calabria, kämpfte unser Land fünfzig Jahre lang und dreißigtausend Italiener starben.›»

9 Ebd., S. 170.

10 Ebd., S. 56.

11 Eco, Umberto: *Diario minimo* (Dt. Ausgabe: *Platon im Striptease-Lokal. Parodien und Travestien*). Mailand 1963. Aus dem Buch wurden nur einzelne Texte ins Deutsche übersetzt, nicht aber *L'elogio di Franti.*

12 Scarfoglio, Edoardo: *Il libro di Don Chisciotte.* Neapel 1990.

13 Übersetzt von Geraldine Gabor und Ernst-Jürgen Dreyer.

14 D'Annunzio, Gabriele: *Römische Elegien.* Deutsch von Eugen Guglia. Wien 1903, S. 15f. (Das Gedicht heißt hier nicht «Abend», wie die wörtliche Übersetzung des Originaltitels gelautet hätte, sondern «Piazza Barberini».)

15 D'Annnunzio, Gabriele: *Lettere a Barbara Leoni.* Florenz 1954.

16 Vgl. D'Annunzio, Gabriele: *Lust.* Aus dem Italienischen von Claudia Denzler. Stuttgart 1995, S. 105.

17 Ebd., S. 22.

18 Ebd., S. 49.

19 Ebd., S. 71.

20 Ebd., S. 87.

21 Ebd.

22 Ebd., S. 97.

23 Vgl. Pancrazi, Pietro: *Scrittori italiani dal Carducci al D'Annunzio.* Bari 1937.

24 Croce, a. a. O.

25 Politisch-Literarische Wochenzeitschrift, die von 1879 bis 1919 in Rom erschien.

26 D'Annunzio, *Lust.* A.a.O., S. 330. Nach der Vereinigung Italiens wollten die Italiener Kolonien in Afrika besitzen und besetzten den an der Küste

gelegenen Teil von Eritrea. Schon als sie sich 1885 der früher ägyptischen Stadt Massawa bemächtigt und die Kolonie Eritrea gegründet hatten, war es zu Spannungen mit Abessinien gekommen, das sich mit dem Besitz Massawas einen Zugang zum Meer zu sichern suchte. 1886 mündete der Konflikt in einer italienischen Kriegserklärung. Nach mehreren Niederlagen der Italiener wurde Höhepunkt des Krieges die Schlacht bei Dogali (nahe Massawa), bei der am 25. und 26. Januar 1887 eine italienische Armeeabteilung von einem äthiopischen Heer geschlagen wurde. Dabei kamen mehr als 500 italienische Soldaten ums Leben.

27 Guido Gustavo Gozzano (1883–1916) war der wichtigste Vertreter des *Crepuscolarismo* (Dämmerdichtung), einer literarischen Strömung, die sich den schwülstigen Formen der heroischen und erhabenen Dichtung des Fin de siècle verweigerte. Gozzano hing einem spiritualistischen Kulturpessimismus sozialistischer Prägung an und wandte sich entschieden gegen D'Annunzios Dekadenz.

28 Fogazzaro (1842–1911) stammte aus wohlhabender Familie, promovierte 1864 in Turin in Rechtswissenschaft und frequentierte in Mailand die Zirkel der *Scapigliatura* (von *scapigliare* – die Haare zerzausen), einer anti-bürgerlichen Künstlerbohème. Er arbeitete nur kurz als Rechtsanwalt und wandte sich dann der Schriftstellerei zu. In seinen Werken thematisierte er die Spannung zwischen Pflicht und Leidenschaft, Glaube und Vernunft und experimentierte mit neuen Mitteln zur Auslegung des Positivismus und des Evolutionismus. 1905 wurden einige seiner Werke von der katholischen Kirche auf den Index gesetzt. – Die Democrazia Cristiana, die sich als gemäßigte katholische Volkspartei der Mitte verstand, war zwischen 1945 und 1993 die maßgebliche Partei Italiens.

III. Leopardi in Rom

1 Leopardi, Giacomo: *Der Froschmäusekrieg und seine Folgen. Der Krieg der Krebse und Mäuse.* Übersetzt von Helmut Endrulat. Berlin 1992, S. 131.

2 Panzini, Alfredo: *Casa Leopardi.* Florenz 1948. Die Legitimisten vertraten das monarchische Legitimitätsprinzip.

3 Zit. nach: Rock, Otto Ernst: *G. G. Belli. 1791–1863. Die Wahrheit packt dich ... Eine Auswahl seiner frechen und frommen Verse.* München 1978, S. 45.

4 Chateaubriand, François-René de: *Erinnerungen (Mémoires d'outre-tombe).* Herausgegeben, neu übertragen und mit einem Nachwort von Sigrid von Massenbach. München 1968, S. 533.

5 Übertragung von Hans Krieger.

IV. Palermo Città Misteriosa

1 Goethe, Johann Wolfgang von: *Italienische Reise*. In: Werke in zehn Bänden. 10. Band. Berlin und Weimar 1974, S. 240. Bezeichnenderweise war Sizilien nicht Teil der Gran Tour, deren Itinerar gewöhnlich nur einen Abstecher von Rom nach Neapel vorsah.
2 Der «Musikbaron», eine lokale Größe in Palermo, schon zu Lebzeiten (1931–2010) eine Legende, schien direkt einem Roman entstiegen. Er sah aus wie ein arabischer Emir oder ein Kalif, war korpulent, mit sehr heller Haut, Falsettstimme. Ein Mann von außerordentlicher Musikkultur, zu dessen Freunden Giuseppe Tomasi di Lampedusa, Karlheinz Stockhausen, Luigi Nono, Luciano Berio und Maurizio Pollini gehörten. Ein Musterbeispiel für das kultivierte Sizilien, in der Schwebe zwischen Europa und arabischer Welt.
3 Tomasi di Lampedusa, Giuseppe: *Der Leopard*. Deutsch von Charlotte Birnbaum. Hamburg 1975 (1959), S. 125. Neuübersetzung *Der Gattopardo*. Deutsch von Giò Waeckerlin Induni. München 2004. Der Roman wurde 1954 geschrieben, aber erst posthum 1958 publiziert.
4 Name einer freundlichen, alten Hexe, die nach dem italienischen Volksglauben in der Nacht vom 5. auf den 6. Januar auf der Suche nach dem Jesuskind auf einem Besen von Haus zu Haus fliegt und Geschenke verteilt, die sie durch den Schornstein in den Kamin wirft.
5 Zullino, a. a. O.
6 Die Ordensregeln des Ignatius von Loyola schreiben vor, sich von Gott und den Vorgesetzten leiten zu lassen *«perinde ac si cadaver essent»* – «als seien sie ein Leichnam» (der alles mit sich geschehen lässt). Vgl. http://www.duden.de.
7 Kline, Morris: *La matematica nella cultura occidentale*. Mailand 1976.
8 Shakespeare, William: *Hamlet*, Akt V, Szene 1. In: Shakespeare, William: Sämtliche Werke. Ins Deutsche übertragen von August Wilhelm Schlegel, Dorothea und Ludwig Tieck, Wolf Graf Baudissin, Ferdinand Freilinggrath, Friedrich Bodenstedt, Gottlob Regis, Karl Simrock. Wiesbaden o. J., S. 825.
9 Sciascia, Leonardo: *La corda pazza. Scrittori e cose della Sicilia*. Mailand 1991. «Der Titel *La corda pazza* ist nicht unmittelbar übersetzbar, er geht von Pirandellos Bild aus, der Sizilianer habe drei Schnüre, die sein Triebwerk in Gang halten wie die Gewichte einer alten Uhr, und als dritte Schnur eben die der Narrheit, eine ‹corda pazza›», schreibt Nino Erné in seinem Essay «Siziliens menschliche Stimme. Leonardo Sciascia (1921–1989)». In: Ders.: *Don Quijotes Lanze: europäische Autoren vor den Windmühlen der Wirklichkeit*. Paderborn 1997, S. 259. *La corda pazza* wird manchmal auch als «Die verrückte Saite» übersetzt.
10 Pirandello, Narrenkappe, a. a. O., S. 12.
11 Pirandello, Luigi: *Heinrich IV*. Deutsch von Georg Richert. Überarbeitet von Michael Rössner und Maria Sommer. Berlin 1961, S. 38.

12 Sciascia, Leonardo: Sizilien und das Sizilianische, in: *Mein Sizilien.* Aus dem Italienischen von Martina Kempter. Berlin 2009, S. 9.
13 Ebd., S. 11f.
14 Camilleri, Andrea: *La Sicilia degli stravaganti.* La Repubblica – Venerdi, 28. April 2000.
15 *Literatur und das nationale Leben* (in den «Gefängnisheften»).
16 Das «Gesetz des Schweigens» wurde lange Zeit sehr ernst genommen. Welche Blüten das treiben konnte, illustriert folgender Witz: Ein Mafioso wird nach der mündlichen Abiturprüfung gefragt, wie es gelaufen ist. Seine Antwort: «Die haben mich zwei Stunden lang durch die Mangel gedreht, ich habe aber kein Wort gesagt!» Der erste prominente *pentito* (wörtlich «Reumütige») der Mafia war Tommaso Buscetta (Don Masino, 1928–2000), der dem später ermordeten Staatsanwalt Giovanni Falcone wichtige Informationen über die Organisationsstruktur von Mafia und Cosa nostra offenbarte. Er war damit der erste einer ganzen Reihe von *pentiti,* also Mitgliedern der Mafia, die sich nicht an das Gebot der *omertà* hielten, und wurde zum wichtigsten Kronzeugen in den großen sog. Maxi-Prozessen der 1980er und 1990er Jahre.
17 Der *Verismo* (von *vero* – wahr) ist eine Strömung der italienischen Literatur im 19. Jahrhundert, die in Analogie zum Naturalismus und Realismus das Leben vor allem der einfachen Menschen beschreibt bzw. abbildet.

V. Mezzogiorno

1 Provinzen Kampaniens.
2 Unter dem Begriff *Meridionalismo* wird eine Fachrichtung der Geschichtswissenschaft in Italien zusammengefasst, die sich im 20. Jahrhundert entwickelte und mit der Problematik der Integration des Mezzogiorno in das vereinigte Italien befasst. Unter *Meridionalismo* versteht man aber auch eine parteiliche Haltung zugunsten Süditaliens.
3 Prezzolini, Giuseppe: *Codice della vita italiana, capitolo IV.* Florenz 1921.
4 Di Mauro, Tullio: *Storia linguistica dell'Italia unita.* Bari 1963.
5 Settembrini, Luigi: *Ricordanze della mia vita.* Mailand 1964.
6 Nach dem Ende der neuen Demokratie wurde Settembrini (1813–1877) gemeinsam mit anderen Liberalen in einem offenkundig unfairen Prozess zum Tode verurteilt. Das Urteil wurde in eine lebenslange Haftstrafe umgewandelt. Settembrini blieb acht Jahre im Gefängnis.
7 Der fast sechzig Jahre andauernde Konflikt um den Status Roms als italienische Hauptstadt und den staatsrechtlichen Status des Vatikans als Machtzentrum der Katholischen Kirche nach der Einnahme des verbliebenen Kirchenstaates durch italienische Truppen am 20. September 1870.
8 Das Risorgimento wurde mit einer Art Referendum abgeschlossen, bei dem allerdings nach Strich und Faden getrickst wurde. Bei diesem «Plebis-

zit» wurde die Bevölkerung Siziliens gefragt, ob sie zum Königreich Italien gehören wollte. Fast alle antworteten mit Ja.

9 Als *lazzari* (auch: *lazzaroni*) wurde vom 17. bis zum 19. Jahrhundert ein Teil von Neapels Unterschicht bezeichnet. Die *lazzari* hatten weder einen festen Wohnsitz noch eine Arbeit.

10 Stendhal (H. Beyle): *I briganti in Italia.* Genua 2004.

11 Fra Diavolo war ursprünglich Mönch oder gab sich zumindest als solcher aus. Als Jugendlicher Mitglied und später Anführer einer Bande von Straßenräubern, wurde er von Kardinal Ruffo begnadigt und in den Kampf gegen die Parthenopäische Republik geschickt. Auch nach der Rückeroberung Neapels durch die Franzosen 1806 führte er zunächst erfolgreich einen Kleinkrieg gegen sie. Im Herbst 1806 wurde er von den Franzosen gefangengenommen und in Neapel gehängt.

12 Auch im Versteck des Mafiabosses Bernardo Provenzano – der 2006 gefasst wurde, nachdem er vierzig Jahre untergetaucht war – sind Heiligenbilder, Devotionalien und eine Bibel gefunden worden, in der dieser Mann, der zweimal in Abwesenheit zu «Lebenslänglich» verurteilt worden war und die Schule nur bis zur zweiten Grundschulklasse besucht hatte, in seiner Einsamkeit las.

13 Im ostsizilianischen Bronte kam es 1861 aufgrund einer fatalen Fehleinschätzung Garibaldis, der in Unkenntnis der jüngeren Geschichte Siziliens einen gegen den Landadel gerichteten Bauernaufstand blutig niederschlagen ließ, zu einem Massaker. Am 4. August stürmte der Mob den Palast des Barons und brachte ihn und seine Familie um. Als Reaktion darauf ließ Garibaldis Statthalter, Nino Bixio, im Ort wahllos Erschießungen durchführen. Giovanni Verga hat die Umstände der Massaker auf beiden Seiten in seiner Novelle *Libertà* (Freiheit) geschildert.

14 Dem *diritto internazionale* entspricht in der deutschen Sprache der Begriff «Völkerrecht». In der italienischen Sprache ist der dem «Völkerrecht» entsprechende Begriff *diritto delle Genti* nicht mehr gebräuchlich. Der Begriff «Internationales Recht» ist im Deutschen der Oberbegriff u. a. für das Völkerrecht, das internationale Privatrecht und das internationale Strafrecht. Im deutschen Sprachgebrauch bezeichnet man mit «Völkerrecht» das zwischenstaatliche öffentliche Recht, d. h. das Recht, das sich auf die Rechtsbeziehungen zwischen Staaten in ihrer hoheitlichen Funktion bezieht.

15 Lucius Quinctius Cincinnatus (um 519–430 v. Chr.), römischer Adliger und Politiker, Konsul 460 v. Chr. und Diktator in den Jahren 458 v. Chr. und 439 v. Chr. Aufgrund seines zurückgezogenen Lebens als Bauer in einfachen Verhältnissen und der Tatsache, dass er für die Ausübung seiner politischen Ämter keinerlei Bezahlung verlangt haben soll, galt er vielen Römern, allen voran Cato dem Älteren, als Musterbeispiel für die republikanischen Tugenden und wurde zum Symbol des guten Führers.

16 Diese Geschichte hat Corrado Augias in seinem Buch *I segreti di New York*, Mailand 2000, ausführlich erzählt.

17 Garibaldi, Giuseppe: *Memorie autobiografiche.* Mailand 2011.

18 Poli, Oscar De: *De Naples a Palerme.* Paris 1865.

19 *La relazione della Commissione d'inchiesta parlamentare intorno al brigantaggio* (Der Bericht der parlamentarischen Untersuchungskommission zur Frage des Brigantentums). In: «La civiltà cattolica» Oktober–November 1863.

20 D'Azeglio, Massimo: *I Savoia e il massacro del sud.* Rom 1996.

21 Carducci, Giosuè (Hg.): *Letture del Risorgimento italiano.*. Bologna 1895.

22 Auch Neapolitanische Republik genannt; sie war eine durch französischen Revolutionsexport errichtete italienische Tochterrepublik, gebildet aus dem Königreich Neapel (ohne Sizilien), ausgerufen während des Zweiten Koalitionskrieges am 22. Januar 1799, aufgelöst nach der Rückeroberung Neapels durch Koalitionstruppen im Juni 1799.

23 Der Historiker und Politiker Giustino Fortunato (1848–1932) bildete gemeinsam mit Pasquale Villari, Francesco Saverio Nitti und Gaetano Salvemini eine Gruppe von sozialpolitischen Theoretikern, die als «Meridionalisten» bezeichnet wurden.

24 Italienischer Historiker, Journalist und Antifaschist (1900–1937), der 1937 in Frankreich zusammen mit seinem Bruder Carlo von faschistischen Killern umgebracht wurde.

VI. Neapel

1 Livius, Titus: Römische Geschichte. Fünfundzwanzigstes Buch, Kapitel 13. Übersetzt von C. F. Klaiber. Stuttgart 1829, S. 1456.

2 Ebd., S. 1457.

3 Campanella, Tommaso: *Der Sonnenstaat.* In: Der utopische Staat. Morus – Utopia, Campanella – Sonnenstaat, Bacon – Atlantis. Übersetzt und mit einem Essay «Zum Verständnis der Werke», Bibliografie und Kommentar herausgegeben von Klaus J. Heinisch. Reinbek 1964 (1960), S. 136. In Heinischs Übersetzung ist von siebzigtausend Menschen die Rede, die in Neapel leben, von denen kaum zehn- oder fünfzehntausend arbeiten. Diese Angaben wurden im Zitat der vorliegenden Ausgabe entsprechend dem Originaltext von Campanella korrigiert.

4 Ortese, Anna Maria: Eine Brille. In: Dies.: Neapel Stadt ohne Gnade. Erzählungen. Übersetzung von Charlotte Birnbaum. Frankfurt a. M. 1955, S. 31.

5 Goethe, Italienische Reise, a. a. O., S. 194 und 217f.

6 Ein Begriff des amerikanischen Soziologen E. C. Banfield. Das Zivilbewusstsein, als Sinn der Zugehörigkeit zu einer Gemeinschaft verstanden, dem Rechte und Pflichten entspringen, ist in Italien aus verschiedenen historischen Gründen mangelhaft. 1958 beschrieb das der amerikanische Anthropologe Edward C. Banfield als «amoralischen Familismus», also Mangel an Bürgersinn und Misstrauen gegenüber der Gesellschaft, im Namen einer einzig auf die Familie beschränkten Ethik. Vgl. Banfield, Edward C.: *The Moral Basis of a Backward Society.* Glencoe 1958.

7 Zit. nach Forster, John: Charles Dickens' Leben. Zweiter Band. Ins Deutsche übertragen von Friedrich Althaus. Berlin 1872–1875 (gutenberg.de, 8. Kapitel).

8 Vgl. Striano, Enzo: Die Portugiesin. Aus dem Italienischen von Barbara Krohn. München, Zürich 1997, S. 230.

9 Auf diese Ereignisse bezieht sich Luigi Comencini im Finale seines Films *Tutti a casa* (dt. Fassung: Der Weg zurück) von 1960, in dem die Soldaten und Offiziere einer italienischen Garnison infolge der Nachricht vom Waffenstillstand den Krieg für beendet halten, die deutschen Truppen ihre bisherigen Verbündeten von Stund an aber als Verräter und Feinde betrachten, sie beschießen und gefangennehmen. Alberto Sordi übernimmt in der Rolle eines versprengten Unterleutnants das Kommando über eine kleine Gruppe von Aufständischen.

10 Vgl. Malaparte, Curzio: Die Haut. Aus dem Italienischen von Hellmut Ludwig. Mit einem Nachwort von Thomas Steinfeld. Wien 2006, S. 58f. Über den *Basso* heißt es hier: « … ein fensterloser Raum, mit einer kleinen Tür im Hintergrund, ein gewaltiges Bett längs der Rückwand, und die anderen Wände entlang eine Art Spiegeltisch, ein schäbiger weißgelackter, metallener Waschtisch, eine große Truhe und, zwischen Bett und Truhe, ein Tisch. Auf dem Spiegeltisch stand eine große Glasglocke, welche die bunten Wachsstatuetten einer Heiligen Familie barg. An den Wänden hingen volkstümliche Öldrucke mit Szenen aus ‹Cavalleria rusticana› und ‹Tosca›, ein Vesuv mit der Rauchsäule, die aussah wie der Kopfputz eines für das Piedigrotta-Fest aufgezäumten Pferdes, und Photographien von Frauen, Kindern, alten Leuten, die nicht als Lebende, sondern als Tote abgebildet waren, auf dem Totenbett, von Blumen umrahmt. Über das Bett war eine riesige Decke aus himmelblauer Seide gebreitet, deren langer, goldgestickter Fransensaum den Fußboden aus grüner und roter Majolica streifte.»

11 Vgl. ebd., S. 95.

12 Ramondini, Fabrizia und Müller, Andreas F. (Hg.): Neapel. Zürich 1988, S. 13.

13 Bewohner Padaniens (ital. *Padania*). Padanien ist ursprünglich die geografische Bezeichnung der Poebene, der am stärksten industrialisierten Großregion Italiens. Padanien ist aber seit den 1990er Jahren auch ein von der Partei Lega Nord verwendeter Propagandabegriff, der ganz Oberitalien einschließlich des Alpenanteils und Liguriens umfasst und sich, gemeinsam mit Mittelitalien, vom Südteil abspalten soll.

VII. Franziskus der Erneuerer

1 Die Ghibellinen (auch: Waiblinger) waren im mittelalterlichen Italien die Parteigänger des Kaisers. Die Guelfen (auch: Welfen) unterstützten die Politik des Papsttums. Allerdings kam es vor, dass die Guelfen sich auf die

Seite des Kaisers schlugen, wenn es in ihrem Interesse war. Die Trennung in Ghibellinen und Guelfen war also nicht so ausgeprägt, wie es immer dargestellt wird.

2 Der Franziskaner und Chronist Tommaso da Celano (1190–1260) wurde nach Franziskus' Heiligsprechung (1228, also nur zwei Jahre nach seinem Tode) von Papst Gregor IX. beauftragt, eine Legende des Franz von Assisi abzufassen. Das Werk *La Vita Beati Francisi* ist eine durch theologische Deutungen erweiterte Lebensgeschichte. Die hagiografische Absicht des Textes liegt augenscheinlich in der Verherrlichung der Qualitäten des Heiligen, bei der die Sündhaftigkeit einer Stadt wie Assisi, die sogar mit Babylon verglichen wird, kräftig hervorgehoben wird.

3 Celano, Thomas von: Leben und Wundertaten des hl. Franz von Assisi. Übersetzt von P. Camill Bröll O. M. Cap. mit einer Einleitung von Otto Karrer. München 1925, S. 23f.

4 Ebd.

5 Ebd., S. 34.

6 Ebd., S. 40. Die kursiv gedruckte Passage weicht von der Celano-Übersetzung ab und zitiert den Brief an die Galater. In: Die Bibel. Einheitsübersetzung Altes und Neues Testament. Hrsg.: Bischöfe Deutschlands und Österreichs und Bistümer Bozen-Brixen und Lüttich, Freiburg, Basel, Wien 1980, S. 1308.

7 Celano, a. a. O., S. 39f.

8 Ebd., S. 47.

9 Teilweise zitiert aus Celano, a. a. O., S. 53. Da die italienische Celano-Ausgabe des Autors von der deutschen Ausgabe abweicht, musste die Passage durch eigene Übersetzungen ergänzt werden.

10 Anonymer italienischer Text des späten 14. Jahrhunderts, ein in 53 kurze Kapitel eingeteiltes Florilegium (Blütenlese) über das Leben des Franz von Assisi.

11 Diese und die folgenden Zitate vgl.: Die Blümlein des Heiligen Franziskus von Assisi. Aus dem Italienischen von Rudolf G. Binding. Frankfurt a. M. 1973, S. 32ff.

12 Die Mediävistin Chiara Frugoni hat sich in verschiedenen Werken mit Franziskus auseinandergesetzt, darunter (als dt. Ausgabe erschienen): Franz von Assisi. Die Lebensgeschichte eines Menschen. Einsiedeln 1997.

13 Agamben, Giorgio: Höchste Armut. Ordensregeln und Lebensform. *Homo sacer IV, 1*. Aus dem Italienischen von Andreas Hiepko. Frankfurt a. M. 2012, S. 36. «Agamben … ist einer der weltweit meistdiskutierten Philosophen und macht seit zwanzig Jahren mit einer eigenwilligen, von Walter Benjamin, aber mehr noch von Martin Heidegger beeinflussten Theorie-Mischung von sich reden», schreibt Martin Assheuer nach Agambens Vorstoß zur Gründung eines neuen Europa unter französischer Führung am 11. April 2013 in «Die Zeit».

14 Vgl. Agamben, a. a. O., S. 45.

15 Frugoni, a.a.O., S. 129.
16 Eco, Umberto: Der Name der Rose. Aus dem Italienischen von Burkhart Kröber. München 1982, S. 307.
17 Chiara Frugoni unterstreicht, dass Franziskus die heiligen Wundmale nirgends erwähnt, diese aber vom Generalvikar des Ordens, Bruder Elias, auf seinem Leichnam festgestellt wurden. Nicht einmal Papst Gregor IX. kann daran geglaubt haben, denn in der Kanonisierungsbulle erwähnt er sie nicht; es sei denn, er hätte später seine Meinung geändert. Die Frage ist also komplex und heute kaum noch zu lösen. Sie kann auf verschiedene Weise interpretiert werden: rational als *pia fraus* (frommer Betrug) oder als psychosomatische Autosuggestion. Wenn man sich aber auf die mystische Ebene begibt, wird aus Franziskus jedenfalls der erste Heilige, dem diese Stigmatisation nachgesagt wird.
18 Barbero, Alessandro: Stichwort *«L'Invenzione di san Francesco»*. In: *Atlante della letteratura italiana.* Band I. Turin 2010.
19 Mussolini, Benito: *Messaggio francescano.* In: Arte-Luce-Parola, Februar 1926, S. 5.
20 Zit. nach der Übersetzung von Maria Sybille Bienentreu. In: Doyle, Eric: Von der Brüderlichkeit der Schöpfung. Der Sonnengesang des Franziskus. Zürich 1987, S. 53f. Im Italienischen ist die Sonne männlich: *il sole*, und der Mond weiblich: *la luna*. Im italienischen Original heißt es daher: *frate sole* und *sora luna*, also Bruder Sonne und Schwester Mond.
21 Cacciari, Massimo: *Doppio ritratto. San Francesco in Dante e Giotto.* Mailand 2012.
22 Dante: Göttliche Komödie. Das Paradies, Elfter Gesang, Vers 50, zit. nach: Dante Alighieris Göttliche Komödie. Übersetzt und erläutert von Karl Streckfuß. Mit berichtigter Übertragung und völlig umgearbeiteter Erklärung neu herausgegeben von Dr. Rudolf Pfleiderer. Leipzig 1876; und Dante: Göttliche Komödie. Das Paradies, Elfter Gesang, Vers 65f., zit. nach der Übersetzung von Richard Zoozmann aus dem Jahre 1922.

VIII. Duchessa di Parma

1 Antonio da Correggio (eigentlich Antonio Allegri), kurz Correggio (1489–1534), Maler der Renaissance; Girolamo Francesco Maria Mazzol, kurz Parmigianino (1503–1540), Maler und Radierer des Manierismus; Giuseppe Fortunino Francesco Verdi (1813–1901), Komponist der Romantik; Arturo Toscanini (1867–1957), Dirigent; Attilio Bertolucci (1911–2000), Lyriker; Bernardo Bertolucci (Jg. 1940), Filmregisseur.
2 Gregorovius, Ferdinand: Lucrezia Borgia. Hamburg o. J., S. 44.
3 Eigentlich Franz II., 1792–1806 letzter Kaiser des Heiligen Römischen Reiches Deutscher Nation sowie 1804–1835 (als Franz I.) Kaiser von Österreich. Um dem Hegemoniestreben des französischen Kaisers Napoleon

Bonaparte in Mitteleuropa zu begegnen und einem Statusverlust vorzubeugen, nahm er 1804 den Titel eines erblichen Kaisers von Österreich an und wurde als solcher als Franz I. bezeichnet.

4 Zit. nach Herre, Franz: Marie-Louise. Napoleon war ihr Schicksal. Bergisch Gladbach 1998, S. 265.

5 Ebd., S. 276.

6 Ebd.

7 Vgl. Chateaubriand, a.a.O., S. 361. Zitiert wird nur der Satz «Die Minister ...» Der Rest ist eine eigene Übersetzung, da die deutsche Ausgabe bearbeitet und gekürzt ist und die entsprechenden Teile fehlen.

8 In der deutschen Chateaubriand-Ausgabe nicht vorhanden, daher eigene Übersetzung.

9 Chateaubriand, a.a.O., S. 361.

10 Im Original deutsch.

11 Vgl. Herre, a.a.O., S. 245. Der Autor kommentiert: «Den ersten Mann hatte sie nehmen müssen, den zweiten Mann nahm sie sich.» Denn sie ließ Adam auf ihr Zimmer kommen, vor dem bei dieser Gelegenheit nicht, wie vorgeschrieben, ein Bediensteter auf Posten stand.

12 Zit. nach Herre, Franz, a.a.O.

13 Der in Österreich als bedeutender Heerführer gefeierte und in Deutschland nicht zuletzt durch den Radetzky-Marsch sehr populäre Feldmarschall genießt in Italien bis heute einen schlechten Ruf. Dies vor allem aufgrund seines harten Vorgehens gegen die von ihm als Verräter und Feinde erachteten national-italienischen Aufständischen, die sich 1848 gegen die österreichische Herrschaft erhoben.

14 Stendhal: Die Kartause von Parma. Gesammelte Werke in Einzelbänden. Hrsg. von Manfred Naumann. Übersetzt von Erwin Rieger. Berlin 1977, S. 8.

15 Ebd.

16 Ebd., S. 367f.

17 Ebd., S. 595.

IX. Gesichter Mailands

1 Zit. nach: Poli, Magda: *Milano in Piccolo* (Mailand im Kleinen). Mailand 2007.

2 Ebd.

3 Ebd.

4 Gebetsform, bei der an neun aufeinanderfolgenden Tagen bestimmte Gebete verrichtet werden, die aus einem gleichbleibenden und einem täglich wechselnden Teil bestehen, um von Gott besondere Gnadengaben zu erflehen.

5 Am 9. April 1953 wurde in Torvaianica, einem Strand unweit von Rom, die Leiche von Wilma Montesi gefunden, einem zwanzigjährigen Mädchen,

das unter nie ganz geklärten Umständen getötet wurde. Der Krieg war seit acht Jahren zu Ende, in den Skandal waren hochrangige Politiker verwickelt, zum ersten Mal wurde die Truppe der Carabinieri von einer der involvierten Parteien (deren Namen inzwischen unwichtig geworden sind) zum Zwecke des politischen Kampfes benutzt.

6 Staatsmann und Politiker. Von 1947 bis 1953 Premierminister sieben wechselnder Koalitionsregierungen der Democrazia Cristiana (DC), gilt er als einer der Gründerväter der EU.

7 Galli, Carlo: *I riluttanti. Le élites italiane di fronte alla responsabilita* (Die Widerstrebenden. Die italienischen Eliten und die politische Verantwortung). Bari 2012.

8 *Confederazione generale dell'industria italiana* – Italienischer Arbeitgeberverband.

X. Nicht nur Giotto und Michelangelo

1 Die Offenbarung nach Johannes, 8.7–9. In: Die Bibel, a.a.O., S. 1391.

2 Deutsch von Paul Heyse. Zit. nach: Rock, a.a.O., S. 49f.

3 Vasari, Giorgio: Das Leben des Michelangelo. Neu übersetzt von Victoria Lorini. Herausgegeben, kommentiert und eingeleitet von Caroline Gabbert. Berlin 2009, S. 121ff. Die Herausgeberin verweist in der Fußnote allerdings darauf, dass Vasaris Anekdote in der zweiten Ausgabe der Vita komplett überarbeitet wurde, «möglicherweise, weil der Zeremonienmeister des Papstes, Biagio Martinelli da Cesena, sowie zahlreiche Mitglieder der Kurie die Zerstörung des *Jüngsten Gerichts* gefordert hatten». Ebd., S. 354.

4 Vgl. Condivi, Ascanio: Das Leben des Michelangelo Buonarroti. Leipzig o.J., S. 80.

5 Magris, Claudio: *Dove batte il cuore dell'Iran* (Wo das Herz des Iran schlägt). Corriere della Sera, 5. September 2004.

XI. La Serenissima

1 Shakespeare, *Der Kaufmann von Venedig.* In: Sämtliche Werke, a.a.O., S. 168.

2 Ebd., S. 175f.

3 Ebd., S. 168.

4 1508 wurde in Cambrai von Vertretern des französischen Königs Ludwig XII. und Kaiser Maximilians I. ein Bündnisvertrag unterzeichnet, dem sich Papst Julius II., der aragonesische König Ferdinand der Katholische, der ungarische König Vladislav II. und der englische König Heinrich VIII. anschlossen. Dieses Bündnis wird Liga von Cambrai genannt. Offizielles Ziel des Bündnisses war ein Feldzug gegen die osmanischen Türken, tatsächliches Ziel war aber ein Vernichtungsfeldzug gegen die Republik Venedig.

5 Aus den monumentalen Tagebüchern des italienischen Historikers und Schriftstellers Marin Sanudo, der seit 1584 im Großen Rat von Venedig saß. Zwischen 1496 und 1533 hielt er täglich die Ereignisse in Venedig fest. Seine Freimütigkeit als Chronist brachte ihn dabei um die Stelle des amtlichen Historikers der Republik. Die Diarien wurden vom Rat der Zehn unter Verschluss genommen und waren bis zum Jahr 1784 verschollen. Zit. nach: Calimani, Riccardo: Die Kaufleute von Venedig. Die Geschichte der Juden in der Löwenrepublik. Deutsch von Sylvia Höfer. München 1990, S. 204.

6 Calimani, a. a. O., S. 67.

7 *Monte di Pietà* (Berg der Barmherzigkeit) hießen in Italien im Spätmittelalter und in der frühen Neuzeit die mildtätig arbeitenden, nicht gewinnorientierten Pfandleihgeschäfte, bei denen Armen gegen Pfand und geringe Zinsen Kleinkredite gewährt wurden. Eine Einrichtung der Franziskaner, die sich gegen die Juden wandte.

8 Calimani, a. a. O., S. 76.

9 Calimani, a. a. O., S. 235.

10 Italien war bis 1915 neutral und trat erst am 23. Mai 1915 gegen Österreich-Ungarn in den Ersten Weltkrieg ein.

11 Im Stadtbild fallen die Synagogen allerdings kaum auf, da sie wegen des Verbots, Synagogen auf venezianischen Grundstücken zu bauen, entweder in der äußeren Gestalt von Wohnhäusern oder auf deren Dächern errichtet wurden.

12 Vgl. Calimani, a. a. O., S. 108f.

13 Zit. nach einer Übersetzung des authentischen französischen Vertragstextes *(Recueil des principaux traités d'alliance, de paix, de trêve etc.)* durch Mag. Arthur H. Lambauer 2007/2011, S. 4. http://ahlambauer.files.wordpress.com/2011/03/17971017_friede_hrr_fr_campo-formio_01.pdf

14 Ebd.

15 Zit. nach Calimani, a. a. O., S. 388.

16 Ebd., S. 387f.

17 Aus dem Bericht Pier Gian Maria de Ferraris', Chef des dritten Bataillons, zweite Brigade Bucchia, zitiert nach Calimani, ebd., S. 391f.

18 Ebd.

19 Ebd., S. 395.

20 Nievo, a. a. O., S. 760.

21 Ebd., S. 792.

22 Lorenzetti, Guido: *Venezia e il suo estuario.* Triest 1974.

23 1848 kam es in Mailand zum Fünf-Tage-Aufstand der Bevölkerung gegen die österreichische Besatzung, bei dem Feldmarschall Radetzky mit seinen Truppen aus der Stadt vertrieben wurde; er nahm sie dann aber drei Monate später wieder ein.

LITERATUR

Agamben, Giorgio: Höchste Armut. Ordensregeln und Lebensform. Homo sacer IV, 1. Aus dem Italienischen von Andreas Hiepko. Frankfurt a. M. 2012.

Augias, Corrado: I segreti di New York. Mailand 2000.

Banfield, Edward C.: The Moral Basis of a Backward Society. Glencoe 1958.

Barbero, Alessandro: Stichwort «L'Invenzione di san Francesco». In: Atlante della letteratura italiana, Band I. Turin 2010.

Die Bibel. Einheitsübersetzung Altes und Neues Testament. Hrsg.: Bischöfe Deutschlands und Österreichs und Bistümer Bozen-Brixen und Lüttich. Freiburg, Basel, Wien 1980.

Bloch, Ernst: Experimentum Mundi. Frage, Kategorien des Herausbringens, Praxis (= Gesamtausgabe Band 15). Frankfurt a. M. 1975.

Die Blümlein des Heiligen Franziskus von Assisi. Aus dem Italienischen von Rudolf G. Binding. Frankfurt a. M. 1973.

Bonstetten, Karl Viktor von: Der Mensch im Süden und im Norden oder Über den Einfluss des Clima's. Deutsch von Friedrich Gleich. Leipzig 1825.

Brilli, Attilio: In viaggio con Leopardi. Bologna 2000.

Byron in seinen Briefen und Tagebüchern dargestellt von Cordula Gigon. Zürich, Stuttgart 1963.

Cacciari, Massimo: Doppio ritratto. San Francesco in Dante e Giotto. Mailand 2012.

Calimani, Riccardo: Die Kaufleute von Venedig. Die Geschichte der Juden in der Löwenrepublik. München 1990.

Calvino, Italo: Warum Klassiker lesen? Übersetzung von Susanne Schoop. Frankfurt a. M. 2003.

Camilleri, Andrea: La Sicilia degli stravaganti. La Repubblica – Venerdi, 28. April 2000.

Campanella, Tommaso: Der Sonnenstaat. In: Der utopische Staat. Morus – Utopia, Campanella – Sonnenstaat, Bacon – Atlantis. Übersetzt und mit einem Essay «Zum Verständnis der Werke», Bibliografie und Kommentar herausgegeben von Klaus J. Heinisch. Reinbek 1964 (1960).

Carducci, Giosué (Hg.): Letture del Risorgimento italiano. Bologna 1895.

Celano, Thomas von: Leben und Wundertaten des hl. Franz von Assisi. Übersetzt von P. Camill Bröll O. M. Cap. mit einer Einleitung von Otto Karrer. München 1925.

Chateaubriand, François-René de: Erinnerungen (Mémoires d'outre-tombe). Herausgegeben, neu übertragen und mit einem Nachwort von Sigrid von Massenbach. München 1968.

Clerici, Luca (Ed.): Scrittori italiani in viaggio I. 1700–1861. Mailand 2008.

Condivi, Ascanio: Leben des Michelangelo Buonarroti. Leipzig o. J.

Croce, Benedetto: Geschichte Italiens 1871–1915. Nach der vierten Ausgabe ins Deutsche übertragen von Ernst Wilmersdoerffer. Berlin 1928.
Dante Alighieris Göttliche Komödie. Übersetzt und erläutert von Karl Streckfuß. Mit berichtigter Übertragung und völlig umgearbeiteter Erklärung neu herausgegeben von Dr. Rudolf Pfleiderer. Leipzig 1876.
D'Annunzio, Gabriele: Lettere a Barbara Leoni. Florenz 1954.
D'Annunzio, Gabriele: Lust. Aus dem Italienischen von Claudia Denzler. Stuttgart 1995.
D'Annunzio, Gabriele: Römische Elegien. Deutsch von Eugen Guglia. Wien 1903.
d'Azeglio, Massimo: I Savoia e il massacro del sud. Rom 1996.
De Amicis, Edmondo: Herz. Übertragen von Elisabeth Schoop-Naef. Zürich 1948.
Di Mauro, Tullio: Storia linguistica dell'Italia unita. Bari 1963.
Doyle, Eric: Von der Brüderlichkeit der Schöpfung. Der Sonnengesang des Franziskus. Zürich 1987.
Eco, Umberto: Diario minimo (Dt. Ausgabe «Platon im Striptease-Lokal. Parodien und Travestien»). Mailand 1963.
Eco, Umberto: Der Name der Rose. Aus dem Italienischen von Burkhart Kröber. München 1982.
Erné, Nino: Siziliens menschliche Stimme. Leonardo Sciascia (1921–1989). In: Ders.: Don Quijotes Lanze: europäische Autoren vor den Windmühlen der Wirklichkeit. Paderborn 1997.
Forster, John: Charles Dickens' Leben. Ins Deutsche übertragen von Friedrich Althaus. Berlin 1872–1875.
Frugoni, Chiara: Franz von Assisi. Die Lebensgeschichte eines Menschen. Einsiedeln 1997.
Galli, Carlo: I riluttanti. Le élites italiane di fronte alla responsabilita. Bari 2012.
Garibaldi, Giuseppe: Memorie autobiografiche. Mailand 2011.
Goethe, Johann Wolfgang von: *Italienische Reise*. In: Werke in zehn Bänden. 10. Band. Berlin, Weimar 1974.
Gregorovius, Ferdinand: Lucrezia Borgia. Hamburg o. J.
Herre, Franz: Marie-Louise. Napoleon war ihr Schicksal. Bergisch-Gladbach 1998.
Kline, Morris: La matematica nella cultura occidentale. Mailand 1976.
Leopardi, Giacomo: Der Froschmäusekrieg und seine Folgen. Der Krieg der Krebse und Mäuse. Übersetzt von Helmut Endrulat. Berlin 1992.
Leopardi, Giacomo: Das Gedankenbuch. Auswahl, Übersetzung und Nachwort von Hanno Helbling. München 1992 (1985).
Livius, Titus: Römische Geschichte. Übersetzt von C. F. Klaiber. Stuttgart 1829.
Lorenzetti, Guido: Venezia e il suo estuario. Triest 1974.
Magris, Claudio: Dove batte il cuore dell'Iran. Corriere della Sera, 5. September 2004.

Malaparte, Curzio: Die Haut. Aus dem Italienischen von Hellmut Ludwig. Mit einem Nachwort von Thomas Steinfeld. Wien 2006.
Mann, Thomas: Doktor Faustus. Das Leben des deutschen Tonsetzers Adrian Leverkühn erzählt von einem Freunde. Frankfurt a.M. 1974 (1960)
Mosso, Mimì: I tempi di Cuore: vita e lettere di Edmondo De Amicis ed Emilio Treves. Mailand 1925.
Mussolini, Benito: Messaggio francescano. In: Arte-Luce-Parola, Februar 1926.
Nievo, Ippolito: Bekenntnisse eines Italieners. Roman (2 Bde.). Aus dem Italienischen übersetzt von Barbara Kleiner. Zürich 2005.
Ortese, Anna Maria: Eine Brille. In: Dies.: Neapel Stadt ohne Gnade. Erzählungen. Übersetzung von Charlotte Birnbaum. Frankfurt a.M. 1955.
Pancrazi, Pietro: Scrittori italiani dal Carducci al D'Annunzio. Bari 1934.
Panzini, Alfredo: Casa Leopardi. Florenz 1948.
Petrarca, Francesco: Canzoniere. CXLVI, Verse 13–14. Zit. nach: zeno.org.
Pirandello, Luigi: Heinrich IV. Deutsch von Georg Richert. Überarbeitet von Michael Rössner und Maria Sommer. Berlin 1961.
Pirandello, Luigi: Die Narrenkappe. Deutsch von Georg Richert. Bearbeitet von Michael Rössner und Maria Sommer. Berlin 1954.
Poli, Magda: Milano in Piccolo. Mailand 2007.
Poli, Oscar De: De Naples a Palerme. Paris 1865.
Praz, Mario: Bellezza e bizzarria. Saggi scelti. Hg. von Andrea Cane. Mailand 2002.
Prezzolini, Giuseppe: Codice della vita italiana. Florenz 1921.
Radcliffe, Ann: Der Italiäner oder Der Beichtstuhl der Schwarzen Büßermönche. Roman. Aus dem Englischen von Friedrich Palakovicz. Frankfurt a.M., Leipzig 1991 (1973).
Ramondini, Fabrizia und Müller, Andreas F. (Hg.): Neapel. Zürich 1988.
Rock, Otto Ernst: G. G. Belli. 1791–1863. Die Wahrheit packt dich ... Eine Auswahl seiner frechen und frommen Verse. München 1978.
Scarfoglio, Edoardo: Il libro di Don Chisciotte. Neapel 1990.
Sciascia, Leonardo: La corda pazza. Scrittori e cose della Sicilia. Milano 1991.
Sciascia, Leonardo: Sizilien und das Sizilianische, in: Mein Sizilien. Aus dem Italienischen von Martina Kempter. Berlin 2009.
Settembrini, Luigi: Ricordanze della mia vita. Mailand 1964.
Shakespeare, William: Sämtliche Werke. Ins Deutsche übertragen von August Wilhelm Schlegel, Dorothea und Ludwig Tieck, Wolf Graf Baudissin, Ferdinand Freilinggrath, Friedrich Bodenstedt, Gottlob Regis, Karl Simrock. Wiesbaden o.J.
The Letters of Percy Bysshe Shelley. Volume II. Shelley in Italy. Edited by Frederick L. Jones. Oxford 1964.
Sponza, Lucio: Italian Immigrants in Nineteenth-Century Britain: Realities and Images. Leicester 1988.
Stendhal: Die Kartause von Parma. Gesammelte Werke in Einzelbänden. Hrsg. von Manfred Naumann. Übersetzt von Erwin Rieger. Berlin 1977.

Stendhal (H. Beyle): Römische Spaziergänge. Deutsch von F. v. Oppeln-Bronikowski und E. Diez. Jena 1913.
Stendhal (H. Beyle): I briganti d'Italia. Genua 2004.
Striano, Enzo: Die Portugiesin. Aus dem Italienischen von Barbara Krohn. München, Zürich 1997.
Tomasi di Lampedusa, Giuseppe: Der Leopard. Deutsch von Charlotte Birnbaum. Hamburg 1975 (1959).
Trebesch, Jochen: Giuseppe Tomasi di Lampedusa. Leben und Werk des letzten Gattopardo. Berlin 2013.
Vasari, Giorgio: Das Leben des Michelangelo. Neu übersetzt von Victoria Lorini. Herausgegeben, kommentiert und eingeleitet von Caroline Gabbert. Berlin 2009.
Vergil: Aeneis. Prosaübertr., Nachw. u. Namensverz. v. Volker Ebersbach. Ditzingen 2007.
Zullino, Pietro: Guida ai misteri e piaceri di Palermo. Mailand 1973.

BILDNACHWEIS

Seite 34, 109, 153, 192, 206: © Archivio RCS
Seite 20, 129, 185, 187: © Publifoto/Olycom
Seite 202, 203: © Scala, Florenz

PERSONENREGISTER

ORTSREGISTER